U0928680

中国城镇职工养老保险制度的可持续性研究

艾 慧 著

上海大学出版社
·上海·

图书在版编目(CIP)数据

中国城镇职工养老保险制度的可持续性研究/艾慧著. —上海：上海大学出版社，2015. 12
ISBN 978-7-5671-2057-0

Ⅰ.①中… Ⅱ.①艾… Ⅲ.①城镇-职工-养老保险制度-研究-中国 Ⅳ.①F842.67

中国版本图书馆 CIP 数据核字(2015)第 288015 号

责任编辑 傅玉芳
封面设计 柯国富
技术编辑 金 鑫 章 斐

中国城镇职工养老保险制度的
可持续性研究

艾 慧 著

上海大学出版社出版发行
(上海市上大路 99 号 邮政编码 200444)
(http://www.press.shu.edu.cn 发行热线 021-66135112)
出版人：郭纯生

*

南京展望文化发展有限公司排版
上海华教印务有限公司印刷 各地新华书店经销
开本 890×1240 1/32 印张 8.25 字数 222 千
2015 年 12 月第 1 版 2015 年 12 月第 1 次印刷
ISBN 978-7-5671-2057-0/F·149 定价：38.00 元

前言

养老保险作为关系民生的重要领域，随着改革的进行及老龄化进程的加快，日渐成为讨论和争论的焦点，而这些争论源于现行养老保险制度在财务收支及保障参保人权益方面面临的重重困境。本课题以现行城镇职工养老保险制度(简称养老保险制度)的可持续运行能力为研究对象，在重建城镇职工基本养老保险统筹账户可持续运行能力的衡量指标基础上，以精算模型作为研究的出发点，测算统筹账户的年度缺口、累积余额及平均替代率。研究个人账户的支付规律，考虑其制度选择可能对统筹账户缺口造成的叠加效应，尽可能准确全面地预测未来统筹账户养老金的支付负担。通过预测账户的偿付能力及缺口大小，估计维持账户良好运转所需要的融资规模和时间节点；在预测收支及衡量替代率水平的定量研究基础上，为政府政策的制定和调整提供相应的预警和建议。

针对养老保险制度面临的困境和引发的争论，学术界已经做出大量努力，积累了丰富的研究成果，成为完善制度的重要推动力量。然而目前看来困境仍未解除，制度还要进一步完善，哪些问题尚未解决，现有文献对这些问题的研究情况如何，在此基础上需要做何种改进和探索，将在第一章“导论”中呈现。

对于养老保险可持续运行能力的定量研究及政策建议与制度变迁紧密相关，因此现行制度来龙去脉的对比分析必不可少并且非常重要，这关系到所建模型的准确度和完整性，必然影响着预测结果的可信度和政策措施的可行性。第二章“我国养老保险制度的历史变迁及比较分析”放于建模之前,起到的作用非同一般,不是简单例行公事地涉及或者为了照顾篇章结构完整性的刻意安排,而是后面各章的基础,第二章对比分析的结果会在后面多次提及。

第三章“养老金债务测算的精算理论基础”概括性地介绍了建立养老金收支模型所使用的精算理论,包括利息理论、生命表理论及年金和生存年金理论,这些精算方法是本书建立统筹账户年度收支模型及个人账户年度收支的基础,结合现行城镇职工养老保险制度及权威数据,尽可能准确地预测未来养老保险账户的收支情况和规模,为制度改革或参数调整提供客观性依据。

第四章“养老保险统筹账户面临的挑战及可持续运行能力”开篇提出一个问题:什么是养老保险统筹账户的可持续运行能力,进而将可持续运行能力归结为两个指标。以现行制度为基础建立养老保险统筹账户的收支模型并对参数进行假设,计算两大指标作为对现行制度可持续能力的基本判断。此外,通过参保人员类别区分,大体估计隐性债务的规模,并判断统筹账户的支付趋势及缺口高峰期,可以起到预警作用,为资金筹措及政策面提供时间节点的参考。

第五章“统筹账户参数变动的比较静态分析”选择对统筹账户可持续性造成综合影响的三个参数:退休年龄、在岗职工的平均工资和参保率,按照比较静态分析方法研究:其他条件不变时,其中一个因素的变动对账户收支、累积结余及平均替代率所造成的影响。并非所有的措施都能起到维持账户可持续运行的作用,因此第三章的目的在于按照账户可持续运行能力的衡量标准在诸多措施中进行选择,摒弃无效措施并对有效措施进行排序。

第六章“个人账户面临的挑战及对统筹账户债务的叠加效应”将重点放在个人账户收支结构的预测上,目的有二:一是个人账户的两种运作模式(实账积累制、名义账户制)孰优孰劣存在争议,哪种模式更有利于制度转轨也并非三言两语的文字描述能够证实,通过模型模拟进行对比可以得到更直观的判断,从而为选择并坚定改革的方向提出可供参考的建议。二是个人账户的收支状况与统筹账户直接相关，第三章的预测低估了统筹账户的支出额，个人账户的计算可以更为客观真实地反映出统筹账户的财务状况。根据《国务院关于深化企业职工养老保险制度改革的通知》(国发[1995]6号)规定，职工离退休后，基本养老保险个人账户的存储额已经领取完毕时，由社会统筹基金按规定标准继续支付，直至其死亡。通过对个人账户支出结构的预测，可以呈现个人账户对统筹账户在原有缺口基础上的叠加效应及其对制度转轨成本的影响。

第七章“养老保险基金筹资的重要性及面临的困境”承接第四、五、六章的分析，以可持续运行能力的衡量指标筛选出的有效措施为基础，重点论证筹资对于增强账户可持续运行能力的重要性，全面分析账户管理和筹资结构方面存在的问题、所面临的一系列困境及原因。筹资困境归根结底是制度不完善所造成的制度吸引力不足，导致内源性筹资效果不佳。深度挖掘造成筹资困境的制度根源，将制度、制度吸引力以及筹资状况紧密结合起来，探索弥补收支缺口的资金渠道。

第八章“国外养老保险制度改革的历程和经验”选择制度上有代表性的12个国家，从养老金筹资、发放、投资，养老保险制度转轨、激励约束制度等方面分析案例国家制度改革的经验。

第九章“增强城镇职工基本养老保险制度吸引力的措施分析”在第七、八章的基础上分析实施有效措施过程中所遇到的阻力、困难，认为最为关键的是提高制度吸引力以保证有效措施的顺利实施。以第八章所列举的国际经验为基础，探讨增强制度吸引力所需要进行的制度完善及途径。

第十章“养老保险制度破冰式改革的方向”着眼于近期养老保险的改革实践，分析制度碎片化的福利影响及制度并轨的破冰式改革，在此基础上分析养老保险制度存在的尚待解决的棘手问题：延迟退休缺乏配套式改革、参保扩面有难度以及养老金入市风险大，将来的改革可能需要在解决这些问题上面下工夫。

第十一章"主要结论及政策建议"着眼于前十章的分析，总结主要结论，结合国际经验着重针对实施有效措施的制度环境展开讨论，深入挖掘实施这些措施的宏观和微观条件，从内源性筹资及外源性融资两个层面分析资金筹措的方式，为增强账户的可持续运行能力出谋划策。

第十二章"养老保险制度的微观领域研究现状"围绕学术界对于养老保险制度微观层面的最新研究展开，宏观研究高屋建瓴，微观研究则见微知著。微观研究主要集中在参保率和满意度的微观主体意愿调查、数据计量以及养老保险制度改革的微观经济效应。

第十三章"老龄产业的运作和发展"以老年产品的供给为角度探讨提升生活质量的途径。养老保险制度提供高质量生活的可能性，老龄产业的运作则提供高质量生活的现实性。本部分对比老年用品市场和老年服务市场发现，两个市场运行模式和效果不同，老年人具有特殊的消费特征，老年用品市场需要充分利用社会资本以满足老年人的消费需求。

第十四章"老年退休社区运作模式及发展趋势"以英国持续护理的老年退休社区 Hartrigg Oaks 模式为例，从硬件设施的人性化设计、邻里式社交活动支持、多样化的服务供给、周到的付款计划等方面，全面体现新型退休社区的经营和服务理念。瑞典、日本的生态型老年住宅设计代表了将来退休社区生态型和智能性的发展趋势。

第十五章"老年人力资本的开发"是延长退休政策的延伸，延长退休意味着大量低龄老人将活跃于职场，那么老年人力资本的开发就成为绕不开的话题。本部分分析了老年人力资源就业状况及其优劣势，在此基础上提出开发老年人力资本的宏观、中观及微观措施。

目录

第一章 导论

一、研究背景及意义

近20年我国人口老龄化趋势不断加快，老年抚养比从1990年的8%上升至2011年的12%①，这意味着每8名劳动年龄人口要负担1名老年人。根据人力资源和社会保障部的预测我国将在2030年进入人口老龄化高峰阶段。人口老龄化所带来的负面影响也开始显现，日益严重的老龄化危机使得原有的“现收现付制”养老保险制度面临严峻挑战。为了缓解我国养老保障将面临的巨大压力，政府采取了制度转轨的应对办法，即“现收现付制”转变为“部分积累制”。国务院于1991年颁布了《关于企业职工养老保险制度改革的决定》，即国发[1991]33号文件，标志着我国养老保险制度开始由“现收现付制”向“部分积累制”过渡，但是该文件只提出了养老保险由国家、企业和个人三方承担，对于具体的细则却并没有做出明确规定；国务院于1997年出台的《关于建立统一的企业职工基本养老保险的决定》，即国发[1997]26号文件，首次提出把城镇参保职工划分为“老人”、“中人”和“新人”，且对各类城镇参保人群的养老保险金的积累和计发做出了明确规定，该文件的颁布标志着我国养老保险制度转轨历程的正式开始；为适应经济发展，满足民众对于养老保险制度的

① 数据来自《中国统计年鉴2012》。

诉求，国务院于2005年颁布了《关于完善企业职工基本养老保险制度的决定》即国发[2005]38号文件，该文件相比较于国发[1997]26号文件，在养老保险金的收缴和计发上都做了较大程度的变化，进一步在养老金计算规则方面考虑制度的激励性和公平性。2010年《社会保险法》的出台更是提供强有力的法律保障，在原有基础上增加了转移接续制度及征缴过程中的法律责任，有利于进一步扩大养老金覆盖面和加大违法行为的惩治力度，在基金征缴约束机制方面有了很好的突破。显然，养老保险制度的演变是一个不断完善的过程。

然而，实际运作中出现了一系列值得关注的问题，已经或正在影响着制度的可持续运行能力。其中最直接的表现是随着人口老龄化程度的加深以及“新人”退休年龄的临近，养老金隐性债务规模扩大带来的财务压力和个人账户“空账”影响未来支付的后果日益凸显。按照现行养老保险制度的设计，单位缴纳所形成的统筹账户用于现收现付的代际赡养，个人缴费所积累的个人账户通过保值增值实现跨期自我供养的作用，账面上实现了统筹账户和个人账户的分离，这样做的目的是通过代际赡养和自我供养相结合，将原来由统筹账户承担的全部养老金支付压力交给统筹账户和个人账户分担。然而，在转轨过程中出现了新的问题，有一部分人在原有制度下已经对上一代进行了代际赡养，新制度实施之后，他们的养老金支付就成为非常棘手的问题。首先，他们没有建立个人账户，无法实现自养。其次，新制度实施之后，以代际供养为目的建立起来的统筹账户所征缴的基本养老保险金难以满足对这部分人的养老金支付。于是隐性债务(Implicit Pension Debt，IPD)逐渐显性化，给我国养老保险制度带来了巨大的支付压力。养老保险制度转轨过程中以代际赡养为目的建立起来的统筹账户难以满足养老金支付。为兑现改革前的承诺，政府必须采用各种方式来弥补资金缺口，具体表现为各级财政补贴的逐年增加，挪用个人账户弥补统筹缺口，由此引起人们对统筹账户的财务可持续性和个人账户安全性的质疑，这已经影响到制度的吸引力和养老金的缴费积极性。事已至此，我们不免会有一连串的疑问：养老金财务收支状况是否有规律可循？呈现什么样的状态？支付高峰何时到来，与什么因素关系密切？我们现行的养老保险制度是否具有可持续运作的能力以从容应对即将到来的支付困境？如果制度的可持续运作能力不乐观，那么我们又该采取什么措施比较恰当？是坐等制度本身进行自我调整还是未雨绸缪？是否有利于改善财务状况的措施都能维持统筹账户的可持续运行？为何有些措施被屡次提出却难以实施？在现行制度框架内进行部分调整是否可以承担养老金支付压力，还是需要进一步进行制度选择和改革？目前世界很多国家已经建立了形式多样的养老保险体系，对我国有何借鉴和启示？他们的经验是否可以为中国所用？我们要建立一个可持续运作的养老保险制度，对于上述问题的研究和回答是绕不开的，更关键的是我们应该怎样客观地分析并得出结论进而提出建设性的政策建议，这正是本书所努力探求的。

本书的研究意义在于，在国发[1997]26 号文件和国发[2005]38 号文件的基础上合理设定参数，并将城镇参保职工详细划分为“老人”、“老退休中人”、“新退休中人”、“在职中人”和“新人”五类人群，按照具体的养老金计发办法建立动态养老金收入支出模型，通过测算 2013 年至 2050 年间我国现行养老保险制度下养老保险金的收支规模、缺口状况以及养老保险金隐性债务问题，并在此基础上建立影响因素的替代率敏感性分析，找到影响制度运行的主要因素，为养老保险制度的完善和改革提供科学合理建议，并进一步在以下几方面为学术和实际操作尽绵薄之力：

第一，为制度的顺利转轨和持续有效运行提供科学合理的依据。因为本书的测算是建立在动态、开放的系统下的精算，相比较而言更有数据的相对精准的支持。动态的模型考虑了测算期内城镇参保职工的劳动参与率、死亡率、出生率、城乡转移率、社保法覆盖率、提前退休人数等因素；开放系统旨在利用统计年鉴数据、人口普查数据以及世界银行对中国人口数据的预测等多种权威数据，对 2013—2050 年间中国城镇职工的参保人口做了有新加入养老保险制度和有因死亡、提前退休等因素导致的退出养老保险制度的开放人口数据预测，并且我们经过对 1992—2010 年间参保人口数据的验证表明该测算方法是比较精确的，因此在此基础上的精算可以为制度分析和政策建议提供更加可靠的数据支持。

第二，养老金问题涉及每个参保职工老年生活的切身利益，是社会养老保障体系的核心之所在。但是在目前养老保险制度转轨中人口老龄化程度不断加深的情况下，养老金收支缺口不断增大、养老保险隐性债务资金来源问题不能彻底解决、统筹账户资金不足而挪用个人账户基金导致个人账户“空账”运行，进而会影响养老保险制度由“现收现付制”向“部分积累制”的转变遇到重大阻碍。长期这样下去会影响人们对制度长期有效运行的信心，进而会影响人们的参保积极性，最终将会影响到养老保险制度的覆盖率，而养老保险制度覆盖率下降将会形成一个循环的不良影响。因此，我们有必要对现行制度下养老保险基金进行精算研究，并在此基础上找到影响制度长期有效运行的因素，从而提出解决方案，更好的保障老年人的切身利益。

第三，为和谐社会的构建做出一定贡献。我国政府提出构建社会主义和谐社会的建设目标，老龄人口的养老问题是社会主义和谐社会的重要组成部分。随着人口老龄化的加速以及家庭组成模式的变化，传统的养老方式——家庭养老、子女养老变得越来越困难，而如果人们一直重视的“老有所养”、“老有所依”以及“老有所乐”的思想受到冲击，老年人的生活水平明显下降、“老无所养”将会给社会主义和谐社会的构建产生消极影响。而本书通过研究将为社会保障制度的改革和完善提供科学合理依据，为养老问题的解决提供策略建议，使养老保险制度能够持续良好运行，更好地保障老年人的生活水平，从而实现社会主义和谐社会的建设。

养老金问题是养老保障体系的核心，目前改革中面临 IPD 偿付压力与个人账户做实之间的矛盾，只有在兼顾代际公平的前提下，解决矛盾真正建立起部分积累制，才能保障老年人的长远利益，从而实现建设和谐社会主旋律。站在国家角度讲，在养老金偿付上财政负担过重会影响公共财政其他功能的发挥，本书将财政负担率控制在可承受范围内探讨制度转轨的可持续问题，有助于开拓思路引入更多的解决渠道。党的十八大对我国社会保障特别是养老保险制度的完善十分重视，指出："社会保障是保障人民生活、调节社会分配的一项基本制度。要坚持全覆盖、保基本、多层次、可持续方针"。十八大更加将关注民生放在特别突出的位置，报告明确指出"实现基础养老保险全国统筹，建立兼顾各类人员的社会保障待遇确定机制和正常调整机制"。关于社会保障制度的养老保险基金问题，十八大报告中还指出："扩大社会保障基金筹资渠道，建立社会保险基金投资运营制度，确保基金安全和保值增值。"而现阶段人口老龄化程度不断加深，养老保险制度转轨面临的资金来源问题日益凸显，因此对于养老保险制度的可持续性研究有其必要性和迫切性。

二、文献述评

现代养老保险体系的建立和改革与各国的经济发展阶段、社会矛盾的激化程度及政治传统关系密切。19 世纪末 20 世纪初西方主要发达国家为了在战时及经济危机时期缓和阶级矛盾相继建立起公共养老保险体系。二战结束之后，发达国家经历经济高速发展时期，养老保险制度的覆盖面及保障力度也有所加强，成为发展中国家纷纷效仿的模板。然而，进入 20 世纪 70—80 年代，西方世界又普遍出现经济增长速度放缓、生育率下降以及人口年龄结构老化的过程，建立在现收现付基础之上的公共养老金计划逐渐出现入不敷出的状况，民众对养老保险制度产生极大的"信任危机"致使改革迫在眉睫。实践上，各国和地区改革之初的思路和力度各不相同，主要分为三类：有的国家(如美国)和地区在既定的制度框架下，重新修改影响养老金收支的参数，以减轻养老金的支付压力。有的国家(如英国等欧洲国家)和地区着手通过各种方式压缩公共养老金的规模、扩大私人养老金计划以应对沉重的养老金支付所带来的财政压力。有的国家(如智利)和地区进行彻底改革,由现收现付制度转变为完全积累的个人账户制度。

伴随着改革的深入,20 世纪 70 年代至今成为现代养老保险理论快速发展时期,大量的文章、著作、研究报告问世,在研究角度和方法上不断推陈出新,研究逐渐从步改革后尘转变为对改革实践起到引领作用。按研究内容分,现有文献主要分为两类:一是养老保险制度优劣对比,并据国情和制度环境判断养老保险改革的大方向和趋势。主要有下列方面:现收现付制与基金积累制的特性决定其各有优势和缺陷,不同养老保险模式对宏观经济的影响各异,从而引发学术界对制度比较和选择的争论及转轨的成本分析;名义账户制的出现可以规避巨额的转轨成本,然而究竟名义账户还是实账更符合养老保险制度的可持续发展及运行还在争论之中。二是既有养老保险制度下的若干调整。描述或预测养老保险基金账户的运行状况,在国别对比分析的基础上对现行制度的收缴或计发方式重新进行参数设计,以增强制度的吸引力或改善账户的运行状况。按研究方法分,主要分为描述型和保险精算型两种。学术界对于制度选择的研究多采用国别对比和理论分析的方式;对于制度调整问题的判断,若仅使用理论分析进行描述型的研究,很容易得出带有较强主观性的结论,学术界越来越倾向于采用既定制度的账户精算及由此预测的年度收支状况、基金率、替代率等指标,账户精算成为养老保险理论研究的基本方向之一。如果精算结果显示未来有年度缺口或累积赤字,缺口弥补方式及账户余额投资模式成为亟待解决的关键问题。

(一) 既有养老保险制度下的精算研究及若干调整

针对目前养老金运作出现的一系列困境,在现行制度下养老金的收支状况、缺口规模以及养老金隐性债务问题成为学术界研究的重点,主要从养老金缺口和养老金隐性债务的成因、养老保险基金运行现状以及解决问题的政策建议三方面入手。

1. 精算分析

在我国养老保险制度研究领域,精算模型主要应用于三个方面:

隐性债务规模的测算、年度财务状况预测以及养老金替代率的敏感度分析。

关于隐性债务规模的测算，世界银行的 Yvonne Sin① 利用养老金预测模型 PROST，以国发[1997]26 号文件为基准，预测出 2001—2075 年我国养老保险制度的隐性债务为 13.56 万亿元。世界银行养老保险专家 Robert Holzmann② 总结了三种核算方法：计划终止时债务、当前参保人口债务、考虑新加入者未来的缴费和养老金收益情况的开放系统债务。我国学者多采用前两种测算方法，由于测算时点、参数值和样本数据有差别，得出的结果也不尽相同。何平③、王晓军④精算估计的隐性债务分别为 2.88 亿元以及 2.5 万～4.5 万亿元之间。贾康等⑤基于国发[1997]26 号文件，测算出隐性债务为 1.08 万亿元，2042 年隐性债务完全消失。

关于养老保险账户的年度财务状况预测，Yvonne Sin(2005)认为中国在 2002—2032 年期间个人账户存在累积余额，当个人账户的累积余额用完后，统筹账户在 2032—2050 年之间出现缺口，此时养老保险制度面临着双重的支付压力。王燕⑥认为没有资金积累的养老金债务包括 IPD 和转轨成本，而后者指由名义性的空账变成完全积累的财务负担。三种模拟对比分析表明目前的体制(现收现付和名义的个人账户)保持不变，现收现付体系是不可持续的。不对现行体系作根本改变，而只是通过提高退休年龄和扩大养老体

① Yvonne Sin, 2005. China Pension Liabilities and Reform Options for Old Age Insurance[R]. The Word Bank. Paper No. 2005 - 1.

② Robert Holzmann, 1998. Financing the Transition to Multi-pillar [C]. Social Protection Discussion Paper Series, No. 9809, World Bank.

③ 何平. 中国养老保险基金测算报告[J]. 人大复印资料，社会保障制度，2001(3)：3 - 10.

④ 王晓军. 对我国养老保险制度财务可持续性的分析[J]. 市场与人口分析，2002(2)：26 - 29.

⑤ 贾康，张晓云，王敏，段学仲. 关于中国养老金隐性债务的研究[J]. 财贸经济，2007(9)：15 - 21.

⑥ 王燕，徐滇庆. 中国养老金隐性债务、转轨成本、改革方式及其影响——可计算一般均衡分析[J]. 经济研究，2001(5).

系的覆盖面无法解决养老金债务问题，Dorfman（2000），Schwarz（1999）持有相似的看法。王晓军（2002）认为养老保险基金2021年出现缺口，在2045年达到缺口的最大值（2.64万亿元），需要采取增收减支的办法来保证制度的财务支付能力。谭湘渝、樊国昌①从保证基本替代率的角度出发，认为养老保险基金将会在2030年左右出现收支赤字，2040年将耗尽前期积累。社会保障课题组②建立人口预测模型和基本养老保险收支预测模型，结果表明：养老保险基金存量在2022年达到峰值16.8万亿元，2031年转为负值，解决办法是对现行制度进行调整。于洪、钟和卿③在三种模拟条件下，分别对养老保险收支模型的可持续运行能力进行测算。研究显示提高国民收入、改善分配格局对于基本养老保险基金的可持续运行能力有改善作用。

学者对养老金替代率的研究主要表现在参数的敏感性分析，多是从对“国发[1997]26号文件”和“国发[2005]38号文件”的对比入手的。邓大松、刘昌平④通过建立养老保险制度社会统筹账户养老金缺口模型和个人账户养老金平衡模型，研究了统筹账户养老金缺口的敏感性和个人账户养老金社会平均工资替代率的敏感性水平，找出影响统筹账户养老金缺口和个人账户养老金平均工资替代率的因素，认为应当实现个人账户养老社会养老金的投资运营、适当延长个人账户养老金给付年限以及实现个人账户养老金给付与商业保险的人寿养老金对接。邓大松、李琳⑤通过模型分析了养老金缴费年限、参保时工资水平与当时全省职工平均工资

① 谭湘渝，樊国昌.中国养老保险制度未来偿付能力的精算预测与评价[J].人口与经济，2004(1)：55-58.

② 社会保障课题组.我国养老保险覆盖面扩大及可持续性分析[J].统计研究，2008(12)：11-14.

③ 于洪，钟和卿.中国基本养老保险制度可持续运行能力分析[J].财经研究，2009(9)：26-35.

④ 邓大松，刘昌平.中国养老社会保险基金敏感性实证研究[J]，经济科学，2001(6).

⑤ 邓大松，李琳.中国社会养老保险的替代率及其敏感性分析[J]，武汉大学学报，2009(1).

比率以及退休年龄对养老金替代率的敏感性，发现“国发[2005]38号文件”更具激励作用，更强调个人在养老保险中的责任。钟仁耀、徐铁诚[①]利用生命周期理论和时代交叠理论，以模拟测算的方式对新旧制度下替代率做了比较。其结论表明：新方案的替代率相对较低，但是结构更合理；男女职工之间的替代率差距进一步拉大。周渭兵(2009)指出，我国养老金记账利率制度由于选择银行存款利率作为记账标准，从而导致无法抵御通货膨胀风险，以及因不能及时反映我国养老保险金的真实收益率而损害了养老计划参加者的正当权益，通过建立个人账户养老金风险评估模型并对面临的风险进行精算分析，比较新旧政策实施情况下养老金替代率的变化。

2. 政策研究

关于隐性债务偿付手段。首先，控制债务规模。依据IPD模型分析影响因素及敏感度，包括推迟退休年龄(Barre，2000；袁志刚[②]；Tamara Trinh[③])，合理确定养老金替代率(World Bank[④]；王永康，2004；袁志刚，2005)。其次，拓宽渠道。包括划拨国有资产(World bank，1996)，发放养老债券(陈志云，2001)，征税(Lawrence Thompson，2003；姜永宏[⑤])，调整财政支出结构(赵宇[⑥]；段曼丽[⑦])。但在债务—国有资产置换方面，Holzmann(1994)、袁志刚(2005)认为目前不现实。Kotlikoff(1995)认为举债期限不同对资本挤出效应和代际负担的影响有差异。最后，资金增值。在投资市

① 钟仁耀，徐铁诚. 城镇新旧养老保险模式中养老保险水平比较——以2005年资料为依据的模拟分析[J]. 财经研究，2006(11).

② 袁志刚. 养老保险经济学[M]. 2005年版. 上海：上海人民出版社.

③ Tamara Trinh. China's pension system Caught between mounting legacies and unfavorable emographics[R], Deutsche Bank Research, 2006.

④ World Bank. Old Age Security: Pension Reform in China, In China 2020series [R], Washington, D. C. 1997.

⑤ 姜永宏. 关于中国隐性养老金债务问题研究[J]. 暨南学报. 2006(3): 66-73.

⑥ 赵宇. 中国养老保险隐性债务问题[J]. 山东经济，2003(3): 33-36.

⑦ 段曼丽. 我国养老保险隐性债务补偿渠道研究[D]. 郑州大学，2005年.

场选择上，有两种观点：投入到中国上市公司①、完全走向海外市场②。

有关个人账户“空账”问题的研究。相对于 IPD 的研究来说，我国学者在“空账”问题的研究成果并不多，以“空账”为条件不限时间搜索，“中国知网”的结果只有 39 条。学术界对于“空账”的界定和产生的看法基本一致。空账的表现是个人账户只是名义上的，其中并没有资金③。关于“空账”的产生，林毓铭④认为“空账”成为基金收支之间的合法口，社会统筹基金不足时，用个人账户积累调剂。目前学术界对于是否要将“空账”做实存在争论：一种观点认为我国没必要做实个人账户，建议养老保险实行名义账户制（孙祁祥，2001；郑秉文⑤；杨建海⑥）；另一种观点强调我国应该做实个人账户，并对做实个人账户的办法进行了思考（孟昭喜⑦；易纲⑧）。

在应对养老金财务危机方面，现有文献一般从节支、增值和增收等三个方面提出政策建议。

多数文献提出推迟退休年龄以实现节支的目的。目前，世界上许多国家都对其退休年龄做了一定程度的调整。1983 年美国总统里根签署社会保障法修正案，从 1983—2017 年，把正规的退休年龄

---

① 陈志武. 股市步入正轨　养老金就可投入股市［EB/OL］. http://finance.chinanews.com/stock/2012/04-05/3796468.shtml. 2012.4.5.

② 郑秉文. DC 型积累制社保基金的优势与投资策略——美国“TSP 模式”的启示与我国社保基金入市的路径选择［J］. 中国社会科学院研究生院学报，2004(1)：27-40.

③ 孙祁祥. “空账”与转轨成本——中国养老保险体制改革的效应分析［J］. 经济研究，2001(5)：20-27.

④ 林毓铭. 充分认识养老保险个人账户从“空账”转向“实账”的长期性［J］. 市场与人口预测，2004(3)：20-25.

⑤ 郑秉文. “名义账户”制：我国养老保障制度的一个理性选择［J］. 管理世界，2003(8)：33-45.

⑥ 杨建海. 从“名义上”的个人账户到名义账户［J］. 兰州学刊，2012(9)：100-105.

⑦ 孟昭喜. 做实个人账户，建立可持续发展养老保险制度［J］. 中国社会保障，2005(1)：21-23.

⑧ 易纲，李凯. 转型名义账户制——探索中国养老保险体制改革的新思路［J］. 比较，2007(29)：33-56.

自 65 岁逐渐提高到 67 岁[①]。20 世纪 90 年代初,日本社会保险制度改革的重要内容之一,也就是逐渐把退休年龄提高到男性 65 岁、女性 60 岁[②]。退休年龄的延长可以同时起到基金增收减支的两种作用。在中国人口预期寿命不断提高的前提下,推迟法定退休年龄不但必要,也具有了现实可能性。根据测算,从中国 IDP 的削减程度来看,如果男女平均退休年龄提高到 60 岁,债务将缩减 18%,提高到 63 岁时,债务缩减 40%。同时,在我国退休年龄每延长一年,养老统筹基金可增收 40 亿元、减支 160 亿元,减缓基金缺口 200 亿元[③]。

发行养老债券。智利是养老保险改革较为成功的国家,智利政府对老制度中参加工作并转入新制度中的职工采取国家认可债券的形式,确认每个职工在老制度中的养老金债务[④]。智利政府共发行了 150 亿美元认可债券,需偿付本息共 170 亿美元,计划在长达四十年的时间内分批兑付。政府担保对认可债务进行指数化调整,并保证每年 4.6%的实际投资收益率,在工人达到退休年龄时,兑现认可债券用于防老[⑤]。由于智利发放"认可债券"的措施获得成功,在 20 世纪 90 年代,相继有 7 个拉美国家都在不同程度地效仿智利政府的做法[⑥]。

剩余资金投资增值。Watson[⑦] 指出,由于在不同的养老保险计划下的风险分布不同,可能会导致不同的投资组合策略,所以投资渠

---

① 袁辑辉.美国退休制度岌岌可危:美国白宫老年会议热门话题[J],国际观察,1996(3):24.

② 巴雷.日本缓慢调整退休金制度[N].参考消息,2000,4(4):10.

③ 姜永宏.关于中国隐性养老金债务问题研究[J].暨南学报,2006(3):33.

④ 阿雷纳斯-德没萨等著,杨燕绥等译.退休金计划——退休金、利润分享和其他延期支付[M].北京:经济科学出版社,2004:291.

⑤ Bravo. The Chilean pension system: a review of some remaining difficulties after 20 years of reform [J]. Institute of economic research, 2001(5):23.

⑥ 胡安·阿里斯蒂亚. AFP:三个字的革命——智利社会保障制度改革[M].北京:中央编译出版社,2001.

⑦ Watson, Ronald D. Does Targeted Make Sense [J], Financial Management, 1994(1):102.

道应该做到多元化。在具体投资市场的选择上,有人主张投资于国内市场,因为作为代表全国劳动者利益的社保基金,别无选择的要投入到中国而非外国的上市公司(陈志武,2005)。而另一种观点认为,应该将目前完全是"风险投资基金"性质的"全国社保基金"改造成为"储备基金",完全离开国内资本市场走向海外市场①。Romano 认为,公共养老金理事会比私人养老金理事会为养老基金的努力程度差,绩效也差些②。Clark 发现公共养老金理事会的投资决策保守,公共养老金的管理是重安全过多而不是重获取好的回报,是为了完成义务而不是追求收益③。但 David Hess 却发现公共养老金理事会并没有滥用养老金基金去参加股东行动,经验研究未能支持公共养老金理事会对基金绩效有负的影响,而由养老金计划参与人选出的受托人对绩效有正的影响④。

划拨国有资产。改革前,由于没有建立个人账户,劳动者的养老费用没有单独划拨出来进行核算,而是用于了国家与企业的投资建设,这部分养老金权益最终凝结在了现有国有及部分集体资产中。因此当这些劳动者退休时,出售或划拨部分经营增值收入、股权收益及变现部分国有存量资产来偿还这笔债务是理所当然的(曹祖耀,2004)。从操作的可行性上看,由于国有资产归属国家管理,因此养老金隐性债务的融资完全可以通过转移国有资产所有权的形式,将这些资产转移到中央级操作的养老保险基金中去(Pieter Bottelier,2001)。

增加财政支出。要想补偿隐性债务,就要通过减少财政在一般

---

① 葛延风.建立健全适合中国国情的社会保障制度[M].北京:经济管理出版社,2000:198-207.

② Roamno. How to Spent and Invest Retirement Sving[J]. Annals of Operations Research, 1995(17):80.

③ Clark. Dose Targeted Investing Make Sense? [J]. Financial Management, 2000(9).

④ David. The Expected Rate of Return on Pension Funds and Asset Allocation as Predictors of Portfolio performance [J]. The Accounting Review, 2003 (6):21.

竞争领域中的支出，压缩行政管理支出，提高财政资金使用的效益以及合理界定中央与地方政府财政资金支出的界限等方法来调整财政资金的支出结构(段曼丽，2005)。

征税。增加税收可以减少居民在转轨时期的总消费，从而增加经济的总储蓄与总资本(Lawrenee Thompson，2003)。从国际社会通行做法看，许多国家都是以开征社会保障税作为筹集社会保险资金的手段，一些经济发达国家其社会保障税一般都达到税收总额的30%到50%左右，西欧、北欧一些国家社会保障税已超过个人所得税成为第一大税①。

有些学者更倾向于综合治理的方式。刘敬怀②，认为要缓解日益严重的社会养老保险金的支付压力必须实行"两条腿走路"的方法：一方面进一步扩大养老保险制度的覆盖面，从而增加内源性资金来源；另一方面要调整财政支出结构，增加养老保险支出占财政支出的比例，即增加外源性资金的注入，还指出同时还可通过发行养老金彩票充实基金。王利军③指出，针对养老金缺口不断加大的现况政府应当采取以下措施：一是建立健全财政转移支付制度，加大财政支付的补贴力度，使财政支出向社会保障支出倾斜；二是改革缴费制为缴税制，有利于规范养老保险基金筹资途径，减少管理漏洞，提高养老保险基金的筹集能力；三是变现国有资产，我国改革前的经济政策使得企业职工的部分工资变成企业利润在国有资产中凝结，导致养老保险费用被侵占，因此应当变现国有资产收益偿还养老保险的隐性债务；另外还提倡发行特种国债等。任苑菁④指出，想要弥补我国日益严重的养老保险金缺口需要创新途径，其认为开征社会保障税和以房养老的思路将会打开弥补养老金缺口的新途径。开征社

① 鲍家志.中国养老金的隐性债务问题及其对策[J].广西社会主义学院学报，2006(1)：18.

② 刘敬怀.瞭望新闻周刊(49).2011-12-3.

③ 王利军.养老保险基金缺口的成因及对策分析[J].当代经济管理，2005(5).

④ 任苑菁.弥补我国养老保险金缺口的创新途径分析[J].时代经贸，2007(12).

会保障税的实施确实有利于实现社会公平，降低社会就业负担，提高效率促进经济进步，使养老保险金的来源更具持续性和稳定性。但是以房养老思路的实施将会面临严峻挑战，一方面，中国传统观念认为父母的房产一般是由子女来继承的，如果实施以房养老可能会引发子女与父母的情感和财产危机；另一方面，我国法律政策在这方面还是空白，无法支持以房养老思路的落实，缺乏法律保护环境的思路的变现将会困难重重。养老保险缺口的日益严重，大多数专家学者在提供解决建议时都会提出由国家财政承担弥补养老金缺口的重任，那该方法的可行性到底有多大？王利军①从理论和实证的角度分析了养老金缺口如果由财政承担，将对中国经济增长产生的影响。理论研究表明财政弥补养老金缺口：第一，可以从根本上做实个人账户；第二，可以保障退休、离职参保人员的生活水平；第三，可以更好地控制人口增长，缓解下一阶段的人口老龄化。实证分析的结果表明利用财政补贴弥补养老保险金缺口对经济增长确实起到一定程度的促进作用。因此，作者建议国家适当加大财政补贴在养老保险支出中的比重对经济增长是有利的，同时需要不断完善社保支出预算机制、多渠道筹集养老保险金等措施。但是刘祁(2012)在分析对比俄、日、加、美四国养老保险金缺口问题的解决实例的基础上提出我国养老保险金缺口的弥补不能依赖财政补贴。认为我国应当保证养老金确实足额征收，增强基金的保值增值方案与措施，加强养老保险基金的监督管理机制，应当认识到依靠财政补贴解决养老保险金缺口是不具有可持续性的，要靠制度自身的完善以及内源性资金解决养老保险金缺口问题。梅琼、迟文铁②指出养老保险基金缺口的产生与制度的转轨和制度设计有关，国家应当正视转制成本，通过增加社会保障支出在财政支出中的

① 王利军.中国养老金缺口财政支付对经济增长的影响分析[J].辽宁大学学报(哲学社会科学版)，2008(1).

② 梅琼，迟文铁.我国养老金缺口成因及对策分析[J].经济论坛，2010(9).

比重、变现国有资产、发行长期养老债券等途径解决隐性债务造成的养老金缺口；而对于个人账户部分的养老金缺口应当严格界定个人产权，结束统筹账户和个人账户的“混账”管理模式，并适当延长退休年龄。孙博[①]则从生育政策的角度出发研究二胎生育政策对解决养老保险基金缺口的影响。研究表明，生育政策的放宽对 2010—2038 年的养老保险基金缺口没有显著影响，而对 2039—2080 年的养老保险基金缺口影响是显著的，最终得到逐步放宽二胎生育政策能够改善养老保险金体系的财务可持续性。该文的研究结果——放宽生育政策对 2010—2038 年的养老保险金缺口没有显著影响，研究结果和本研究得到的结论具有相辅相成性，本研究表明养老保险金缺口主要出现在 2021—2034 年间，而缺口的主要形成因素是制度转轨过程中没有为“老人”、“老退休中人”和“新退休中人”已经积累的养老金权益建立筹资渠道，另一方面是人口老龄化高峰期的到来，而在 2030 年时人口老龄化达到峰值。就算是从现在放宽二胎生育政策，最早的就业人口将会出现在 2027 年左右，对 2011—2030 年间的养老保险基金缺口的影响是微乎其微的。况且国家放宽二胎生育政策，也不见得人们会积极响应，更多的是考虑自己家庭的抚养能力，最主要是放宽生育政策的更宽层次的影响也是需要考虑的。

（二）既有研究中值得探讨的问题

20 世纪 90 年代至今，国内外学者保持着对 IPD、“空账”、养老金收支缺口及参数敏感性的高度关注，出现了不少高质量的研究成果并被政府采用，为改革的顺利进行做出贡献，目前仍存在以下一些值得探讨的问题：

第一，衡量养老保险制度可持续运行能力的指标。目前的研究更注重养老金财务状况的研究，然而就养老保险制度的可持续运行

---

① 孙博，董克用，唐志远. 生育政策调整对基本养老金缺口的影响研究[J]. 人口与经济，2011(2).

能力而言，评判的指标不应该只是制度的收支平衡，还应该包含合理的替代率水平，如果以在职职工更高的负担水平和对退休人员更低的保障水平为代价，养老保险的财务收支平衡是没有意义的。

第二，流量缺口计算比存量测算更有意义，而目前绝大多数研究者侧重于对债务存量的估计。存量测算忽视了一个非常重要的因素，即现行制度的“统筹”部分是原有现收现付融资模式的延续，养老金隐性债务可以由新制度的持续运行得到偿付，而不是旧制度下积累的隐性债务总量需要在短时期内全部偿还。对于一国养老保险制度在转轨期的可持续发展而言，重要的不是未来债务总量的大小而是它的维持能力，因此，预测未来各年的养老金隐性债务显性化而产生的流量缺口比单纯计算养老金隐性债务总存量更有现实意义。

第三，国发[2005]38号文件中测算方法的变化对隐性债务数额及账户收支有影响，养老金精算应充分考虑不同参保人群适用的计发方式，如果仍沿用老办法计算将会产生误差。

第四，现有文献的精算多采用封闭系统测算方法，不考虑新参保人员的加入，缺乏动态分析。若政府决定终止现收现付养老保险制度，则计划终止时的债务虽然可以预知政府在计划终止那一刻所需要清偿的债务规模，但不能反映养老保险基金未来运行尤其是转轨的长期趋势。若要研究养老保险转制的偿付能力和发展前景，则测算开放系统债务最合适，然而目前封闭性研究比较多。

第五，统筹账户和个人账户性质不同，单独核算才能显现出两个账户独特的运作规律。区分两个账户有助于政府预先甄别偿付危机的类型，挖掘造成偿付危机的根源，有针对性地采取措施化解问题。然而，目前的研究更注重隐性债务预测以及包括统筹账户和个人账户在内的基本养老保险的收支核算，单独针对统筹账户的研究不多，这样的分析显然不够细化。

第六，养老金支出结构是怎样的，隐性债务在养老金统筹账户支出中所占比重的变化有何规律？目前的研究并没有回答。如果隐性债务长时间占据支出的较大比重，政府需要承担更多的转轨成本，否则就是养老保险制度设计出现偏差，需要在保证替代率的条件下调整收支制度，以达到财务的自平衡。

第七，由于现有文献的衡量指标不全面，最终得出的结论及政策措施值得商榷。首先，以财务收支平衡为衡量指标，结论将仅限于站在账户管理部门的角度预测收支年度缺口及累积赤字，并以此为基础得出弥补缺口的政策措施，然而仅考虑财务收支平衡的政策措施有助于财务平衡，但可能是以退休人员的保障水平降低为代价的。站在参保人员的角度，如果预期养老保险制度的生活保障水平较低，将会挫伤缴费积极性，甚至造成退保风潮影响参保率的提高和覆盖面的扩大，势必抑制制度的可持续运行能力。其次，可行性分析不够。关于我国缺口偿付手段的研究，学术界已有一些研究成果，但大多没有付诸实践。究其原因，主要是对偿付措施的可行性分析不够，有些手段有名无实。

第八，现有研究忽视可能出现的双重债务负担。目前成果侧重于 IPD 和"空账"的分别研究，然而将来某些年份我国将面临统筹账户收支缺口与个人账户"空账"的双重债务负担，因此应该将两者纳入共同框架以便全面准确地预测和审视将来的养老金支付负担，为应对即将到来的支付高峰做好充分的准备。

三、研究思路及研究方法

（一）研究思路

本书依三个逻辑上具有承继关系的问题展开：一是现行制度的精算研究。在统筹账户可持续运作能力指标重建和现行制度基础上建立模型，分别进行统筹账户和个人账户年度收支精算。预测个人账户对统筹账户在原有缺口基础上的叠加效应，全面分析统筹账户缺口规模和平均替代率走势。二是参数调整对统筹账户可持续运行能力的影响。参数变动对统筹账户可持续运作能力指标的影响。三是上述两点基础上，筛选有效的偿付方式及营造相应的制度环境是研究目的。

拟解决的关键问题：第一，养老保险制度可持续运行能力的指标重建。什么措施有利于提升统筹账户的长期运行能力？目前的缺口规模控制分析只聚焦于改善财务状况。站在参保人员的角度，如果预期养老保险制度的生活保障水平较低，将会挫伤缴费积极性，甚至造成退保风潮影响参保率的提高和覆盖面的扩大，势必抑制制度的可持续运行能力。因此，控制缺口规模的措施需要同时站在两个角度进行可行性分析，才能得出正确的结论和政策建议。第二，客观准确地预测统筹账户年度收支状况。以现行制度为基础建立养老保险统筹账户的收支模型并对参数进行假设，计算两大指标作为对现行制度可持续能力的基本判断。另外，不可忽视的是个人账户对于统筹账户缺口的影响。第三，现实操作中参数调整的困难及应对措施。对筛选出的参数做进一步分析。达到参数调整的目标所需要具备的条件以及当前制度环境下参数调整所面临的困境。通过国际案例的分析，寻找契合我国的解决之道。

关于模型及资料来源，根据国发[1997]26 号文件和国发[2005]38 号文件，将城镇参保职工合理划分为“老人”、“老退休中人”、“新退休中人”、“在职中人”和“新人”五类职工人群，建立养老保险动态开放模型；根据联合国 2008 年人口预测数据、全国市镇从业人口生命表、《我国统计年鉴》(2008—2010)、《我国劳动统计年鉴》(2002—2010)、《劳动和社会保障事业发展统计公报》(2002—2010)、第五次人口普查数据(2000)和第六次人口普查数据(2010)等资料整理出 2011—2050 年间分年龄、分性别的参保职工人数；根据国发[1997]26 号文件和国发[2005]38 号文件和《统计年鉴》等设定参数，测算并分析，得出结论，提出政策建议。

(二) 研究方法

1. 精算理论与中国实际相结合，建立我国城镇职工养老保险账户的精算模型

精算理论是建立精算模型进行定量研究的基础，而精算模型的

计算又是分析养老保险制度可持续运作能力的前提，因此精算理论对于本书研究的重要性不言而喻。然而，精算理论仅仅为我们提供了基本的模型框架和参照，模型预测的准确程度更是我们关心的问题，这就需要模型的建立必须在精算理论的基础上模拟现行制度的运作规则，运用合理的参数设定及权威的数据，结合我国人口老龄化、人口结构变化、城乡劳动力转移率、社保覆盖率、经济发展水平等的实际状况，尽可能地实现模型的准确预测功能。

2. 在动态分析与比较静态分析相结合的基础上，研究我国城镇职工养老保险的财务状况

在这里“动态分析”是指“开放系统债务”，即每年都会有职工加入或退出养老保险体系。多种因素导致职工加入到参保职工行列，亦有参保职工因死亡、离职或退休等因素退出养老体系。本书将充分考虑上述因素进行账户缺口测算。“比较静态分析”是在测算模型已建立的基础上，在其他参数不变的前提下变动相关参数，进而观察账户缺口的变动情况以预测我国城镇职工养老保险账户的财务状况预警范围，观察替代率的变化情况以判断退休职工的福利和生活保障情况。

3. 定量计算与定性分析相结合，客观衡量养老保险制度的可持续运行能力

定性研究分为两个层次：一是没有或缺乏数量分析的纯定性研究，结论往往具有概括性和较浓的思辨色彩，难以避免研讨时的主观性，故常引发无谓的争论；二是建立在定量分析的基础上的、更高层次的定性研究，这使得定性研究因事先做了较为客观的定量计算，而更具有研究依据和客观性，研讨和争论的焦点更多地转移到定量研究的准确程度上面。定量计算和定性分析密不可分，在进行定量研究之前，须借助定性研究确定所要研究的现象的性质；在进行定量研究过程中，又须借助定性研究确定现象发生质变的数量界限和引起质变的原因。养老保险制度可持续运行能力的研究的目的是在对未来账户预测的基础上探索账户收支规律和账户对退休职工的保障能

力，没有定量计算定性研究失去根基，没有定性分析，单纯的定量研究也难以判断账户运作规律的本质和原因，更无法提出可供操作的政策建议，因此在定量计算基础上进行定性分析能够为制度的完善和改革提供科学合理的依据。

4. 纵向比较与横向对比相结合，分析预测养老保险制度的未来发展趋势

定量计算更为直观地显现出我国养老保险制度目前及将来所面临的困境，然而造成这些困境的历史根源有赖于我们在制度沿革的纵向比较中进行发掘，这样才能在提出相对公平合理的政策建议。同时，各国的养老保险制度有其演变、传承和完善过程，从建立之初到现在，均在不断改革中寻求养老保障问题的解决之道。在我们看来是困境的制度问题也许在其他国家已经迎刃而解，因此，横向对比可以帮助我们挖掘出同等问题的不同分析角度，借鉴他国的经验思考本国的问题。当然，横向对比只能提供分析和解决问题的视角，究竟他国经验在中国的适用性如何？需要具备什么样的环境和条件？这将涉及更多的可行性分析。

四、创新点

针对文献述评中值得商榷的八个方面，本书尝试以现有文献为基础拟做以下改进：

1. 扩展养老保险制度可持续运行能力的评判指标

制度的可持续运行的决定因素之一是财务状况能否承担未来的养老金支出，目前学术界在这一点上已经达成共识。另一个决定因素，即退休职工生活水平的衡量指标：替代率，往往在可持续运行能力的分析过程中被忽视。该因素决定了参保人对制度的信赖程度和支持力度，也就间接影响着综合缴费率以及制度的覆盖面和参保率，在模型计算过程中，我们将看到上述因素对制度的财务状况有较大影响。评判指标发生变化，意味着某些有助于改善账户财务状况但有损于替代率的政策措施不具有可行性。

2. 以预测统筹账户的流量缺口为研究重心

隐性债务偿付资金主要来源于现行制度的统筹账户，账户的年度收支状况和偿付能力是制度能否顺利转轨的决定因素，因此账户流量缺口的预测比债务总量为核心的存量预测更能反映养老保险账户的财务可持续性。

3. 划分参保职工种类，保证支出模型的准确性

1997年7月，国务院颁布《关于建立统一的企业职工基本养老保险体制的决定》(国发[1997]26号)，标志着我国基本实现养老保险由现收现付制模式向部分积累制模式的转变。2005年12月，国务院颁布《关于完善企业职工基本养老保险制度的决定》(国发[2005]38号)，对城镇职工基本养老保险制度进行进一步改革。这两份文件详细规定了养老金的征缴和计发办法，是划分参保职工类型的依据，也是建立养老金收支模型的基础。

4. 采用开放系统债务的测算方式

预测账户长期的偿付能力和可持续发展前景，不仅要考虑因死亡原因退出制度的人群对于养老金收支的影响，还要考虑新参保者未来的缴费和养老金收益情况。使用“全国市镇从业人口生命表”可以确定因死亡原因退出体系的人数，后者可参照后文对于在职参保人数的假设，该假设充分考虑到人口迁徙和净增参保人员对于养老保险收支规模的影响。

5. 分别建立养老金统筹账户和个人账户支出测算模型

单独测算统筹账户年度收支缺口，而不是对包括统筹账户和个人账户在内的基本养老保险进行收支核算，研究统筹账户的独特运作规律，判断现行制度对隐性债务的偿付能力。分别按照现行制度及学者们热议的“名义账户制”测算未来的个人账户收支状况及对统筹账户支付缺口的叠加效应。同时考虑统筹账户和个人账户的目的是预测可能出现的双重债务负担，全面分析账户的财务状况。而两个账户在建模时区分对待，是因为两者收支政策有别。

6. 预测未来统筹账户的支出结构

按照职工类型所建立测算模型，可以预测未来统筹账户的支出结构，进而模拟隐性债务所占比重的变化趋势，比重越高、持续的时间越长表明隐性债务对转轨的影响越大，如果隐性债务高比重的状态消失之后统筹账户的年度缺口仍然大量存在，则说明制度设计出现问题。

第二章 我国养老保险制度的历史变迁及比较分析

养老保险制度最重要的使命是劳资分责、政府补贴的基础上平滑人生消费并为老年阶段提供经济保障，因此账户的财务状况及跨期保障能力是养老保险制度的核心。为了尽可能保证预测的客观性，模型的建立必须真实地模拟现行制度下的收缴和支付方式，不仅如此，现行制度的演进历程与建模关系密切，明确现行制度及其演进是建模的基础，也是分析措施可行性进而提出政策建议的基础。

国务院于1991年颁布了《关于企业职工养老保险制度改革的决定》，即国发[1991]33号文件，该文件的颁布标志着我国养老保险制度开始由"现收现付制"向"部分积累制"过渡，但是在该文件中只是提出了养老保险由国家、企业和个人三方承担，对于具体的细则却并没有做出明确规定；而国务院于1997年出台的《关于建立统一的企业职工基本养老保险的决定》即国发[1997]26号文件，首次把城镇参保职工划分为"老人"、"中人"和"新人"，且对各类城镇参保人群的养老保险金的积累和计发做出了明确规定，该文件的颁布标志着我国养老保险制度转轨历程的正式开始；为弥补[1997]26号文件的不足，完善养老保险征缴制度，在运行8年后国务院于2005年颁布了《关于完善企业职工基本养老保险制度的决定》即国发[2005]38号文件，该文件相比较于国发[1997]26号文件在养老保险金的收缴和计发上都做了较大程度的调整，在建立职工参保缴费的激励约束机制方面起到积极作用。随着流动人口的增多及养老保险制度覆盖面的逐步扩大，2009 年国务院颁布[2009]66 号文件，针对城镇企业职工基本养老保险关系转移接续的问题给出解决方案。2010 年《社会保险法》的出台更是提供强有力的法律保障，在原有基础上增加了转移接续制度及征缴过程中的法律责任，有利于进一步扩大养老金覆盖面和加大违法行为的惩治力度，在基金征缴约束机制方面有了很好的突破。

一、养老保险制度类型及我国的制度转轨

养老保险制度是集筹资、计发、监管、保值增值于一体的制度，根据筹资方式的不同，可分为现收现付制和基金积累制，尽管资金均来自在职参保人员，但前者是在职参保人员对同期退休人员的供养，后者是参保人员在职时积累养老金用于退休时期的自养。根据计发原则不同，可分为缴费确定型和给付确定型，前者是通过企业建立养老保险账户的方式，由企业或者是企业和职工定期按照一定比例向养老保险计划缴纳保险费，职工退休时领取的养老金金额取决于个人账户基金积累规模(包括投资收益)。后者是对生存概率、贴现率、投资收益率、工资增长率、通货膨胀率等有关参数进行假定的基础上，通过精算，事先确定职工退休时将能领取的保险金给付水平，然后再计算每期的缴费率。将筹资及支付方式相结合就可以产生四种养老保险制度：一是名义缴费确定型现收现付制，如瑞典等欧亚六国 20 世纪末实施的公共养老保障制度；二是给付确定型现收现付制，例如我国公共养老保险制度的社会统筹部分；三是缴费确定型积累制，典型的例子是智利等南美洲国家实行的公共养老保障制度；四是给付确定型积累制，如发达国家和地区的企业年金即私人养老保险制度。

我国养老保险金的收入与支出、收支缺口、养老保险金隐性债务以及替代率等问题的研究都离不开制度的设计，因此要追寻问

题的根源有必要将制度的发展与变化历程稍作分析，在此基础上按照现行制度建立模型进行中长期的预测，才能判断该制度下未来的发展趋势，才能立足制度的可持续发展性采取有效的政策措施，发挥养老保险的社会保障能力。从新中国成立至今我国的养老保险制度从大的方向经历了“现收现付制”与“部分积累制”两个阶段。

（一）“现收现付制”的养老保险制度阶段

养老保险“现收现付制”经历了制度创立时期（1951—1966 年）、制度遭受破坏时期（1966—1976 年）以及制度恢复时期（1976—1984 年）。政务院于 1951 年 2 月 16 日颁布的《中华人民共和国劳动保险条例》，标志着我国养老保险制度的建立。该制度对劳动保险金的征缴与保管、劳动保险的待遇与劳动保险实施的监督和管理等方面都做了相关规定，并在小范围内实行养老保险；1953 年 1 月政务院又颁布了《关于中华人民共和国劳动保险条例若干修改意见的决定》，扩大了养老保险的实施范围，并对养老金的收缴和发放做了详细规定；1955 年 12 月，国务院颁布《国家机关工作人员退休处理暂行办法》，首次对退休年龄作了规定：男性职工的退休年龄为 60 岁，女性职工的退休年龄为 50 岁。1958 年 2 月，国务院颁布的《关于工人、职员退休管理的暂行办法》是我国第一个养老保险单行法规，标志着我国建立了统一的职工退休制度，我国养老保险制度逐步建立并开始实施。但是，“文化大革命”却使得我国刚刚建立的养老保险制度遭受重创，养老保险制度一度停止运行。1969 年财政部发布的《关于国营企业财务工作中几项制度改革的意见（草案）》，规定“国营企业一律停止提取劳动保险金”，“企业的退休职工工资、长期病号工资以及其他劳保开支，改在营业列支”，使得社会养老保险倒退为“企业保险”。1978 年，国务院颁布的国发[1978]104 号文件宣布实施《国务院关于安置老弱病残干部的暂行办法》和《国务院关于工人退休、退职的暂行办法》，养老保险制度恢复运行。从养老保险制度开始实施至 1990 年我国养老保险制度一直是“现收现付制”的养老保险模式。

(二)“部分积累制”的养老保险制度阶段

为了应对我国养老保障将面临的巨大压力，政府采取了制度转轨的应对办法，即“现收现付制”转变为“部分积累制”。1991年6月，国务院颁布的《关于企业职工养老保险制度改革的决定》即国发[1991]33号文件，规定改革原来养老保险费由国家、企业承担的模式，实行养老保险费由国家、企业、个人共同承担的基本养老保险制度。该决定的颁布标志着我国养老保险体制开始由“现收现付制”向“部分积累制”转变。1997年7月，国务院颁布了《关于建立统一的企业职工基本养老保险体制的决定》即国发[1997]26号文件，该文件主要内容包括三个方面：第一，统一企业和职工的缴费比例；第二，统一个人账户规模以及个人账户资金来源；第三，统一养老金的计发办法。该文件的颁布实施标志着我国养老保险体制基本实现了由“现收现付制”向“部分积累制”的转化。2005年12月，国务院颁布了《关于完善企业职工基本养老保险制度的决定》即国发[2005]38号文件，该文件在总结东北三省试点的基础上对基本养老保险制度进行了重大改革。主要改革内容体现在以下三个方面：第一，提出要逐步做实个人账户；第二，改革基本养老保险金计发办法，相对国发[1997]26号文件有大幅度调整；第三，鼓励个体工商户和灵活就业人员参保，覆盖面在逐步扩大。

这三份文件在我国养老保险体制改革中占有重要地位，相当于我国养老保险体制改革的三座里程碑，而国发[1997]26号文件与国发[2005]38号文件尤其重要，因为这两份文件对参加养老保险制度的城镇职工的缴费和计发都有做详细的规定，而且按照时间节点的不同把城镇参保职工做了划分。这两份文件指导着我国养老保险工作的进行，也成为学者们研究养老保险问题的重要依据。

(三)转移接续政策

我国企业职工养老保险制度改革至今经历了覆盖面不断扩大的

过程，从最初的国有和集体企业职工扩大到与用人单位存在劳动关系的城镇职工，进而在2005年下发的《关于完善企业职工基本养老保险制度的决定》中，将城镇个体劳动者和灵活就业人员也纳入覆盖范围之内，并逐渐将签订正式劳动合同的农民工也纳入该体系。农民工是一批特殊的人群，具有流动性大、待遇不高的特点，他们为城市建设做出的贡献有目共睹，养老保险制度将其列入参保对象，退休后享受与城镇职工同等的养老待遇，是社会保障制度不断完善的结果。然而其流动性大的特点决定了为工作相对稳定的城镇职工量身定做的制度不一定适合这一特殊人群，因此出现了农民工参保积极性不高以及即使参保在流动就业时退保的情况，他们所担心的是养老保险金不能随身携带或者即使能够携带地区间还存在相互协调衔接问题，他们更担心退休返乡之后的待遇计算问题。针对他们的担心，2009年推出一系列转移接续的制度，针对如何提高流动人员参保积极性的问题，2009年2月，人力资源和社会保障部，曾拟定了《农民工参加基本养老保险办法》，其第二条缴费比例中规定：单位缴费比例为12%；农民工个人缴费比例为4%—8%，由所在单位从本人工资中代扣代缴，并全部计入其本人基本养老保险个人账户。其希望以低缴费做到广覆盖，并且缴费全部进入个人账户也有利于基本养老保险关系的转移和衔接。但这一制度并未正式实行，并于2009年底颁布施行了《城镇企业职工基本养老保险关系转移接续暂行办法》，把农民工参保问题纳入城镇职工中，跨省流动就业转移养老保险关系时，个人账户储存额全部转移，具体计算为，1998年1月1日之前个人缴费累计本息加上从1998年1月1日起计入个人账户的全部储存额；同时按以本人1998年1月1日后各年度实际缴费工资为基数的12%的总和转移养老保险资金。

二、国发[1997]26号文件与国发[2005]38号文件的对比

在我国养老保险制度中国发[1997]26号文件与国发[2005]38

号文件是相对细则性的文件，两份文件对养老保险金的积累和计发等具体问题做出了详细的规定，这也是本研究计算养老保险金收支规模、缺口状况以及养老金隐性债务的基础性文件。但是，这两份文件关于养老金的积累和计发办法却有着很大的不同，国发[1997]26号文件的主要内容包括以下三个方面：第一，统一企业和职工的缴费比例。规定企业的缴费比例一般不得超过企业职工工资总额的20%，个人缴费比例一般不得低于本人工资的4%，以后逐步提高到8%；第二，统一个人账户的规模。规定按职工缴费工资的11%建立基本养老保险个人账户，个人缴费全部进入个人账户，不足部分从企业缴费中划入；第三，统一基本养老保险金的计发。规定基本养老金由基础养老金和个人账户养老金组成，退休时的基础养老金按照当地职工上年度月平均工资的20%发放，个人账户养老金月发放标准为本人账户储存额除以120计算并发放。而国发[2005]38号文件的主要内容体现在：第一，逐步做实个人账户。国发[2005]38号文件指出做实个人账户是应对人口老龄化的重要举措，在东北三省试点的基础上抓紧制定其他地区的试点方案；第二，改革基本养老金计发办法。规定个人账户的规模统一由本人缴费工资的11%调整为8%，全部由个人缴费形成，单位缴费不再划入。基础养老金的计发方式有了很大调整，不再是单纯的给付确定型，而是通过计发基数加入缴费工资因素，使得基础养老金与参保人员在职期间的待遇挂钩，更具有激励性和公平性。个人账户养老金的计发不再是储存额除以120，而是除以计发月数，计发月数根据职工退休时城镇人口的平均预期寿命、本人退休年龄、利息等因素确定；第三，扩大基本养老保险覆盖范围，鼓励个体工商户和灵活就业人员参保。城镇个体工商户和灵活就业人员参加基本养老保险的缴费基数为当地上年度在岗职工的平均工资，缴费比例为20%，其中8%记入个人账户，退休后按企业职工基本养老保险金计发办法计发基本养老金。为了更加直观地对比两份文件在基本养老保险金计发办法上的差异，我们通过表2.1进行比较分析：

表 2.1　国发[1997]26 号文件和国发[2005]38 号文件的对比

		国发[1997]26 号文件	国发[2005]38 号文件
基本养老金的积累	统筹账户	不超过职工工资总额的 20%	职工工资总额的 20%
	个人账户	职工缴费工资的 11%构成；其中个人缴纳 8%，企业承担 3%。	职工缴费工资的 8%，企业不再划入。
基本养老金的计发	基础养老金计发基数	当地职工上年度月平均工资为基数	当地上年度在岗职工月平均工资和本人指数化月平均缴费工资的平均值为基数
	基础养老金计发比例	20%	缴费年限乘以 1%
	个人账户养老金的发放	本人个人账户储存额除以 120	本人个人账户储存额除以计发月数
	平均缴费工资指数	未统一规定	历年缴费工资指数的平均值

三、与“个人账户”有关的制度

(一) 个人账户法规的诞生

1991 年 6 月，国务院发布了《关于企业职工养老保险制度改革的决定》，明确提出要“逐步建立起基本养老保险与企业补充养老保险和个人储蓄性养老保险相结合的制度”，费用由国家、企业和个人共同负担。此法规改变了我国长期以来养老保险完全由国家、企业包揽的办法，建立起了个人缴费制度，这为之后我国建立个人账户、实行社会统筹与个人账户相结合做了铺垫。

1993 年 11 月，十四届三中全会《中共中央关于建立社会主义市场经济体制若干问题的决定》，提出建立全覆盖、多层次的社会保障体系。第一次提出了“社会统筹与个人账户相结合”的概念。它为我们指明了养老保险制度改革的整体思路，明确了养老保险改革的方向在于建立多层次养老保障体系，养老费用由国家、企业和个人三方承担，并对社保基金的投资方向做出了规定。这是我国出台的政策中第一次提出“个人账户”的概念，但该决定对个人账户的规定中用语模糊，操作性不强。

为进一步深化养老保险制度改革，国务院于 1995 年 3 月发布《国务院关于深化企业职工养老保险制度改革的通知》，再次明确规定：基本养老保险费用由企业和个人共同负担，实行社会统筹与个人账户相结合，在理顺分配关系，加快个人收入工资化、货币化进程的基础上，逐步提高个人缴费比例。

（二）个人账户缴费比例有关的法规

1997 年 7 月，国务院出台《关于建立统一的企业职工基本养老保险制度的决定》（国发[1997]26 号文件），要求在 1998 年底之前，在全国范围内实行统一的养老保险制度。对企业和职工缴纳基本养老保险费用的比例、个人账户的比例、养老金的计发办法都做了统一规定。同时建立和完善离退休人员基本养老金的正常调整机制。职工缴纳工资的 5%，全进入个人账户，企业缴纳工资总额的 20%，17%进入统筹账户，3%进入个人账户。职工退休后领取的基本养老金包括基础养老金和个人账户养老金，个人账户养老金的计算按照本人账户储存额除以 120。

《关于完善城镇社会保障体系的试点方案》决定，国家从 2001 年起开始对辽宁省和其他部分省市进行试点。为了解决社会化养老体系形成过程中遇到的转轨成本问题，试点方案坚持社会统筹和个人账户相结合，调整了个人账户规模并加强了个人账户基金管理。方案规定企业缴费不再划入个人账户，而是纳入统筹账户。职工缴费全部归入个人账户，其规模由原先的 11%减少为 8%。社会统筹基金和个人账户基金分开管理，个人账户的储存额取决于个人缴费额和个人账户基金的收益，统筹基金不得占用个人账户基金。

2006 年 1 月，个人账户做实试点扩大，从东北三省扩大到中、东、西部地区，包括上海、山东等八个省市，覆盖不同程度的经济发展水平。新政策更加明确了统筹账户和个人账户的基金来源，鼓励多缴多得。企业缴纳全部参保职工工资基数的20%，均划入统筹账户。个人账户的资金来源于职工的缴费，占到工资收入的8%。退休后的养老金根据每个人的缴费年限和数额确定，发放期限也会综合考虑平均期望寿命、本人退休年龄和利息等因素。

（三）个人账户投资管理有关政策法规

2001年，国务院颁布《减持国有股筹集社会保障基金管理暂行办法》，规定凡是国家拥有股份的股份有限公司向公共投资者首次发行和增发股票时，均应按融资额的10%出售国有股，减持国有股收入全部上缴全国社会保障基金。但是对此规定股市反应强烈，下跌明显。不得已，2002年6月国务院叫停国有股减持。

同年，《全国社会保障基金投资管理暂行办法》以财政部、劳动和社会保障部部长令的形式颁布。按照规定，全国社保基金资产配置的范围包括买卖国债、银行存款和其他具有良好流动性的金融工具，范围涵盖上市流通的证券投资股票、基金以及信用等级在投资级以上的企业债、金融有价证券。该办法对社保基金的资产比例进行了数量上的限制。

2005年，《国务院关于完善企业职工基本养老保险制度的决定》（国发[2005]38号文件）提出继续抓好试点省份的个人账户做实工作，制定出其他地区扩大做实个人账户试点的具体方案。为实现个人账户资金的保值增值，国家应制定个人账户基金具体的投资管理办法。这也为个人账户基金的投资管理增值提供了政策依据和指导。

2005年末，劳动部下发了《关于扩大做实企业职工基本养老保险个人账户试点有关问题的通知》，文件规定做实的个人账户基金由省级统一管理。中央财政补助部分可由省级政府委托社保基金理事会投资运营并承诺一定的收益率，具体办法由财政部及劳动保障部等有关方面制定；中央财政补助之外的个人账户基金由地方管理，投资运营的具体办法由劳动保障部、财政部有关方面研究制定并报国务院批准后实施。

2007 年 2 月 16 日，财政部及劳动保障部颁布了《做实企业职工基本养老保险个人账户中央补助资金投资管理暂行办法》。办法规定，社保基金会除了受托运营国家储备基金，也开始受托管理个人账户中央补助资金。个人账户基金的投资管理从此迈出了新的一步。

第三章 养老金债务测算的精算理论基础①

一、利息理论

利息理论是整个养老保险精算的基础。无论是养老金债务测算、基金平衡性测算，还是替代率精算或是敏感性分析，都涉及资金的时间价值、资金使用的机会成本和收益等问题，这些都要应用到利息理论的相关知识。

(一) 利息的含义

所谓利息，指在一定时期内，借出货币资本所得的报酬或者借入货币资本的代价。一般用 I 表示。利息的大小由本金、利率和计息期共同决定。

本金是指初始时刻的投资额，记为 $A(0)$。该投资额经过计息期 t 后的积累额记为 $A(t)$。则有：

$$I = A(t) - A(0) \tag{3.1.1}$$

若该本金在第 n 个基本计息期内产生的利息记为 I_n，则有：

$$I_n = A(n) - A(n-1) \tag{3.1.2}$$

利率是单位本金在单位时间内产生的利息，记为 i。若某一投资额在第 n 个基本计息期内产生的利率记为 i_n，则有：

① 参考李丹. 中国养老金隐性债务偿付机制研究[D]. 复旦大学，2009.

$$i_n = \frac{I_n}{A(n-1)} = \frac{A(n) - A(n-1)}{A(n-1)} \tag{3.1.3}$$

(二) 总额函数及累计函数

总额函数及累计函数是利息理论里最基本的两个函数，与时间价值密切相关。总额函数就是指 $A(t)$，当 $t=0$ 时，总额函数便转化为本金 $A(0)$。累计函数则指单位本金经过时间 t 后的终值，又称为累计值，用 $a(t)$ 表示，计算式为：

$$a(t) = \frac{A(t)}{A(0)} \tag{3.1.4}$$

(三) 单利和复利

利息的计算方法可以细分为单利和复利两种情况。单利是对本金计息，而复利则是利上加利，即对本金和已有利息共同计息。

在单利方式下，若第 t 年利息率为 i_t，则第 n 年末的累计额 $A(n)$ 表示为：

$$A(n) = A(0)(1 + i_1 + i_2 + \cdots + i_n) \tag{3.1.5}$$

若各年的利率相等，即 $i_1 = i_2 = i_3 = \cdots = i_n = i$，则有：

$$A(t) = A(0)(1 + it) \quad (t = 0, 1, 2, \cdots, n) \tag{3.1.6}$$

因此，累计函数的形式为：

$$a(t) = 1 + it \tag{3.1.7}$$

在复利方式下，则第 n 年末的累计额 $A(n)$ 表示为：

$$A(n) = A(0)(1 + i_1)(1 + i_2)(1 + i_3)\cdots(1 + i_n) \tag{3.1.8}$$

若各年的利率相等，则有：

$$A(t) = A(0)(1 + i)^t \quad (t = 0, 1, 2, \cdots, n) \tag{3.1.9}$$

因此，累计函数的形式为：

$$a(t) = (1 + i)^t \tag{3.1.10}$$

根据两个不同累计函数图形的特征，我们可以判断出当时间

$t>1$ 时，复利比单利能得到更多的利息额，而当 $0<t<1$ 时，单利则比复利时得到更多的利息。在银行和保险业中，通常用复利计算利息。本书所用的利率均为复利。

（四）现值与终值

现值指总额 $A(t)$ 在 t 年前的值或未来 t 年的总额在现在的值，用 PV 表示。对于未来 t 年的 M 元，在利率 i 下的现值为：

单利情况下，　$$PV=M/(1+it) \tag{3.1.11}$$

复利情况下，　$$PV=M/(1+i)^t \tag{3.1.12}$$

终值指本金在 t 年后的累计值，用 FV 表示。本金为 $A(0)$，利率为 i 时，经过 t 年的终值为：

单利情况下，　$$FV=A(0)(1+it) \tag{3.1.13}$$

复利情况下，　$$FV=A(0)(1+i)^t \tag{3.1.14}$$

（五）实际利率与实际贴现率

1. 实际利率与名义利率

在实际的利息计算中，计算期与基本的时间单位很可能不一致，比如半年或按月按季结算，由此就带来了利率的名不副实。实际利率则是指原确定1年结算1次的利率，而名义利率则是指计息期与结算期不一致的原确定利率①。

以 i 表示一年期实际利率，$i^{(m)}$ 表示名义利率，m 表示一年内结算的次数，则有：

$$i^{(m)}=m[(1+i)^{\frac{1}{m}}-1] \tag{3.1.15}$$

2. 实际贴现率与名义贴现率

名义贴现率指计息期与结算期不一致时的原确定贴现率，实际贴现率指原确定1年结算1次的贴现率。以 $d^{(m)}$ 表示一年结算 m 次的名义贴现率，则有：

① 曾庆五. 对《人寿保险精算规定》中有关问题的探讨. 上海保险，2000(7).

$$d^{(m)}=m[1-(1-d)^{\frac{1}{m}}] \tag{3.1.16}$$

并且,由 $d=\dfrac{i}{1+i}$ 可推导出 $i^{(m)}$ 与 $d^{(m)}$ 的关系式:

$$\frac{1}{d^{(m)}}=\frac{1}{m}+\frac{1}{i^{(m)}} \tag{3.1.17}$$

二、生命表理论

养老保险精算的重要基础是对被保险人生存和死亡规律的研究。生命表正是研究封闭人口随着年龄的增长不断死亡之规律的有力工具,它以表格的形式简单清楚地表述了同时出生的一组人以怎样的死亡率陆续死去的全部过程。

(一) 生命表函数

(1) l_x:表示 x 岁人口的数量,即存活到整数年龄 x 岁的人数,其中 $x=0,1,2,\cdots,\omega-1$。l_0 表示所研究的封闭人口总数量,又称为生命表基数,通常取 $l_0=100\ 000$。由于 ω 为生命表中的极限年龄,所以 x 最多只能取到 $\omega-1$。

(2) d_x:表示 x 岁人口死亡人数,即 x 岁的人在当年死亡的人口总数,其中 $x=0,1,2,\cdots,\omega-1$。显然,l_x 与 d_x 之间有如下等式关系:

$$d_x=l_x-l_{x+1} \tag{3.1.18}$$

$$l_0=\sum_{x=0}^{\omega-1}d_x \tag{3.1.19}$$

$$l_x=\sum_{t=0}^{\omega-x-1}d_{x+1} \tag{3.1.20}$$

(3) q_x:表示 x 岁人在当年的死亡概率,显然,有:

$$q_x=\frac{d_x}{l_x} \tag{3.1.21}$$

而 ${}_jq_x$ 表示 x 岁的人在 $x\sim x+j$ 岁死亡的概率。

(4) p_x：表示 x 岁人能活到 $x+1$ 岁的概率，显然有：

$$p_x = \frac{l_{x+1}}{l_x} \tag{3.1.22}$$

而 $_jp_x$ 表示 x 岁人存活 j 年的概率。综合以上，则有

$$q_x + p_x = {}_2q_x + {}_2p_x = {}_3q_x + {}_3p_x = \cdots = {}_jq_x + {}_jp_x = 1 \tag{3.1.23}$$

(5) e_x：表示平均余命，指存活到 x 岁的人群 l_x 平均还能存活的年数。

(二) 生命表类型

生命表有多种类型。以统计范围为依据可把生命表划分为国民生命表、经验生命表、年金生命表和从业人口生命表。以研究方法为依据，则可将生命表划分为选择生命表、终极生命表和综合生命表。

但在养老金隐性债务精算中，主要是应用《全国市镇从业人口生命表》(1989—1990)，该表又分为男性表和女性表。原因就在于目前参加基本养老保险的职工绝大部分都在城市或乡镇工作。该表可以近似反映出参保职工的生存概率，有助于提高预测信度，使精算结果更接近于参保职工的实际负债水平。

三、年金及生存年金

(一) 年金

年金是指每隔一个相等间隔的一系列固定金额的收付款方法。年金有多种分类，按收付款时点不同可分为期末年金、期初年金、延期年金等，按收付金额不同可分为定额年金和变额年金，按收付款间隔不同分为一年一次收付年金、一年多次收付年金及相连续年金，等等。

对隐性债务精算而言，期末年金、期初年金及延期年金最常用。

1. 期末年金

期末年金指在每个期末收付款的年金。对期末年金的应用，更

多的还是一元期末年金现值系数 $a_{\overline{n}|}$ 与一元期末年金终值系数 $s_{\overline{n}|}$。具体可表示为：

$$a_{\overline{n}|} = v + v^2 + v^3 + \cdots + v^n = \frac{v(1-v^n)}{1-v} = \frac{1-v^n}{i} \quad (3.1.24)$$

$$s_{\overline{n}|} = 1 + (1+i) + \cdots + (1+i)^{n-1} = \frac{(1+i)^n - 1}{i} \quad (3.1.25)$$

因此，

$$s_{\overline{n}|} = a_{\overline{n}|}(1+i)^n \quad (3.1.26)$$

2. 期初年金

期初年金每个期初收付款的年金。一元期初年金现值系数 $\ddot{a}_{\overline{n}|}$ 与一元期初年金终值系数 $\ddot{s}_{\overline{n}|}$ 比较常用，具体可表示为：

$$\ddot{a}_{\overline{n}|} = 1 + v + v^2 + \cdots + v^{n-1} = \frac{1-v^n}{1-v} \quad (3.1.27)$$

$$\ddot{s}_{\overline{n}|} = (1+i)^n + (1+i)^{n-1} + \cdots + (1+i) = \frac{(1+i)^n - 1}{1-v} \quad (3.1.28)$$

因此，

$$\ddot{s}_{\overline{n}|} = \ddot{a}_{\overline{n}|} + (1+i)^n \quad (3.1.29)$$

显然，期初年金与期末年金有以下关系：

$$\ddot{a}_{\overline{n}|} = a_{\overline{n}|}(1+i) \quad (3.1.30)$$

$$\ddot{s}_{\overline{n}|} = s_{\overline{n}|}(1+i) \quad (3.1.31)$$

3. 延期年金

延期年金指第一次收付款发生在第 m 个计息期的年金。一元期末延期年金现值系数 $_{m|}a_{\overline{n}|}$、一元期末延期年金终值系数 $_{m|}s_{\overline{n}|}$、一元期初延期年金现值系数 $_{m|}\ddot{a}_{\overline{n}|}$ 和一元期初延期年金终值系数 $_{m|}\ddot{s}_{\overline{n}|}$ 比较常用，具体可表示为：

$$_{m|}a_{\overline{n}|} = v^{m+1} + v^{m+2} + \cdots + v^{m+n} = v^m a_{\overline{n}|} \quad (3.1.32)$$

$$_{m|}\ddot{a}_{\overline{n}|} = v^m + v^{m+1} + \cdots + v^{m+n+1} = v^m \ddot{a}_{\overline{n}|} \quad (3.1.33)$$

$$_{m|}s_{\overline{m}|} = s_{\overline{m}|} \quad (3.1.34)$$

$$_{m|}\ddot{s}_{\overline{m}|} = \ddot{s}_{\overline{m}|} \quad (3.1.35)$$

(二) 生存年金

生存年金是以生存作为支付条件的年金,是在间隔相等时期的一系列支付金额。但这些支付是以指定领取人活着为条件,一旦领取人死亡,支付即结束。生存年金与一般年金是不同的,一般意义上的年金在确定时仅仅考虑利率因素,但生存年金不仅要考虑利率因素,还要考虑死亡因素。

生存年金在养老金计划中十分重要,实际上,养老金计划常被称作在职时以某种定期年金方式购买延期生存年金的一种计划(郎艳怀,2001)。生存年金可以是定期的,也可以是终身的;首次支付可以是即期的,也可以是延期的;每期支付可以是期初,也可以是期末。由此,就产生了多种类型的生存年金。但在养老金债务计算中,常使用的有定期生存年金及终身生存年金。

1. 定期生存年金

定期生存年金是指被保险人在限定期限内生存方可领取的给付金。若被保险人 x 岁参加保险,则有:

一元期初生存年金现值系数:

$$\ddot{a}_{x,\overline{n}|} = \sum_{j=0}^{n-1} v^j \, {}_jp_x \quad (3.1.36)$$

一元期末生存年金现值系数:

$$a_{x,\overline{n}|} = \sum_{j=0}^{n} v^j \, {}_jp_x \quad (3.1.37)$$

一元期初延期生存年金现值系数:

$$_{m|n}\ddot{a}_x = \sum_{j=m}^{m+n-1} v^j \, {}_jp_x \quad (3.1.38)$$

一元期末延期生存年金现值系数:

$$ {}_{m|n}a_x = \sum_{j=m+1}^{m+n} v^j \ {}_jp_x \tag{3.1.39} $$

2. 终身生存年金

终身生存年金是指被保险人在死亡前均可领取的给付金,若被保险人 x 岁参加保险,则有:

一元期初终身年金现值系数:

$$ \ddot{a}_{x,\overline{\infty}} = \sum_{j=0}^{\infty} v^j \ {}_jp_x \tag{3.1.40} $$

一元期末终身年金现值系数:

$$ a_{x,\overline{\infty}} = \sum_{j=0}^{\infty} v^j \ {}_jp_x \tag{3.1.41} $$

一元期初延期终身年金现值系数:

$$ {}_{m|n}\ddot{a}_x = \sum_{j=m}^{\infty} v^j \ {}_jp_x \tag{3.1.42} $$

一元期末延期终身年金现值系数:

$$ {}_{m|n}a_x = \sum_{j=m+1}^{\infty} v^j \ {}_jp_x \tag{3.1.43} $$

第四章 养老保险统筹账户面临的挑战及可持续运行能力

1995年国务院颁布了《关于深化企业职工养老保险的通知》，将个人账户制度引入我国基本养老保险制度。1997年《国务院关于建立统一的企业职工基本养老保险制度决定》，确定我国城镇的基本养老保险制度为社会统筹（social pooling accounts）与个人账户（individual account）相结合的混合制，这标志着我国基本养老保险制度从单一的社会统筹转向社会统筹与个人账户相结合的制度，与此相适应，基金管理方式也由现收现付制转向部分积累制，制度转轨之后现收现付部分在整个养老金支出中所占比例减少，但不论缴费比例还是目标替代率，统筹账户仍然是养老保险基金财务收支的重要组成部分，为退休职工提供最基本的生活保障，体现了传统意义上社会保险的社会互济、分散风险的特点，统筹账户的重要性显而易见。同时，转轨期间统筹账户所面临的风险和挑战也逐步显现，有些风险和挑战由客观现实所导致，有的风险则源于制度本身的不完善。承担如此重要功能的统筹账户能否顺利应对挑战、化解风险成为养老保险制度转轨的关键环节。就宏观层面而言，从国家角度考虑，在养老金偿付上财政负担过重会影响其他功能的发挥，如果在将其控制在可承受范围内的前提下探讨制度转轨问题，需要研究并引入更多的筹资渠道。就微观层面来看，统筹账户的可持续运行将对制度的社会保障能力产生深刻的影响，从而关系到退休人员的生活水平和在职人员的长远利益。

按照现行养老保险制度的设计，单位缴纳所形成的统筹账户用于现收现付的代际赡养，个人缴费所积累的个人账户通过保值增值实现跨期的自我供养。随着老龄化程度的加深，养老保险金的支出水平也会相应提高，"部分积累制"能否顺利化解老龄化危机也屡遭质疑，人们主要对于隐性债务(IPD)的清偿及部分积累制下的替代率持有消极预期，这样的情绪已经影响到养老保险制度的扩面工作和参保人员的缴费积极性。以上问题均与养老保险统筹账户有密切关系，因此有必要建立统筹账户的收支动态模型进行精算预测，对养老保险制度的转轨过程有一个基本趋势的判断。对此，本部分通过开放系统的精算模型测算统筹账户的年度缺口、累积余额及基金率，进一步刻画退休人口的结构和不同类型职工的养老金债务走势。研究方法上，充分考虑职工类型对养老金年度收支的影响，在细分参保职工类型的基础上，采用保险精算的个体成本法针对不同类型的职工构建精算模型。通过预测账户的偿付能力及缺口大小，估计维持账户良好运转所需要的外源性融资规模和时间节点。同时，进一步测算替代率以衡量退休职工的生活水平，为政府政策的制定和调整提供相应的预警和建议。

一、统筹账户可持续运行能力的指标重建

什么措施有利于提升统筹账户的长期运行能力？目前的缺口规模控制分析只聚焦于如何改善财务状况。以财务收支平衡为衡量指标，站在账户管理部门的角度预测某参数发生变化时的收支年度缺口及累积赤字，并以此为基础得出弥补缺口的政策措施，以此为指标的分析过程会导致以在岗职工更高的负担水平和对退休人员更低的保障水平为代价的情况，这样的养老保险财务收支平衡意义不大。因为站在参保人员的角度，如果预期养老保险制度的生活保障水平较低，将会挫伤缴费积极性，甚至造成退保风潮影响参保率的提高和

覆盖面的扩大，势必抑制制度的可持续运行能力。因此，控制缺口规模的措施需要同时站在两个角度进行可行性分析，才能得出正确的结论和政策引导。

由上述分析可知，问题焦点集中于在统筹账户可持续运行能力的指标重建基础上进行制度内参数调整的可行性分析。首先，可行性分析关注两个方面：具备客观的实施条件，并且有利于提升统筹账户的可持续运行能力，这样的措施是我们应该首先考虑并加以实践推广的。因此，运用可持续运行能力的衡量指标从措施中加以筛选或实证，然后对其进行实施条件分析，可以避免错选或因操作不得当而引起的有力措施难以有效利用的尴尬局面。其次，进一步需要突破的是对衡量统筹账户可持续运行能力指标的认识。养老保险财务收支平衡是维持制度可持续运行的必要条件，但是认为只要财务收支状况良好，制度就能可持续运行，这样的观点是狭隘的。可能出现的情况是：增收减支使收支平衡，但负担水平和保障程度并不合理。养老金实际上代表一种对经济成果的分配权利，平均替代率衡量的便是这种分配权利的大小，也即衡量制度对于退休人员生活保障程度的指标。因此，应将财务收支平衡与平均替代率两指标结合起来，共同衡量养老保险制度的可持续运行能力。鉴于此，本书建立了开放系统精算模型，在细分参保职工类型的基础上，测算统筹账户的年度缺口、累积余额及平均替代率，以此为基础筛选有助于提升账户可持续运行能力的政策措施。

二、统筹账户收支测算模型的构建

统筹账户测算模型的建立和精算过程所涉及的理论主要包括利息理论、生命表理论及年金理论，目的是通过预测账户未来年度的现金流量对账户的可持续运作能力做出判断，因此建立模型时完全以现行政策为依据，力求保证模型尽可能客观公正地模拟现实。

(一) 测算方法

1. 构建开放系统下的参保人口测算模型

本书考虑到各年龄中,适龄参保人口的加入,退休参保人口的变化以及死亡参保人口的退出,构建了开放系统下的城镇参保人口测算模型,预测出2013—2050年(即模型中的s)各参保年龄的参保人口数量,每年都会有职工加入养老保险体系,亦有参保职工因死亡、离职或退休等因素退出养老体系。经2002—2009年数据验证,存活下来的在职参保职工(未到退休年龄)在第二年有两种去向:继续工作、提前退休,因此该年龄提前退休人数大致可以通过以下方法得到确认:第N年x岁的在职职工参保人数*生存率−第$N+1$年$x+1$岁在职参保人数。对于提前退休人员,国发[1978]104号文件《关于颁发〈国务院关于安置老弱病残干部暂行办法〉和〈国务院关于工人退休、退职的暂行办法〉的通知》以及劳社部发[2000]13号文件《关于贯彻国务院8号文件有关问题的通知》作出如下规定:对于按规定办理提前退休的人员,特殊工种提前退休的年限若符合国发[1978]104号规定,不减发基本养老金,其余人员的基本养老金每提前1年减发2%(不含个人养老金),减发基本养老金的计算公式为:基本养老金=(基础养老金+过渡养老金+调节金及各种津贴)×(1−提前退休年限)×2%+个人账户养老金。

2. 参保职工分类

测算点为2013年1月1日,测算期间为2013—2050年,即统筹账户收支模型中的"s"及个人账户收支模型中的"y"。根据"国发[1997]26号"文件、"国发[2005]38号"文件及测算点,所有参保职工分可分为"老人","老退休中人","新退休中人","在职中人"及"新人"五类(详见表4.1),分类目的是研究统筹账户和个人账户债务分布,为债务偿付规模及"空账"做实时间找到精算依据。

表 4.1　参保职工分类表

职工分类	对应时间	测算点年龄区间			计发办法
			男性	女性	
老人	[1997]26 号文件实施前退休。	$[e+1,\omega]$	[76①,90]	[69,90]	[1997]26 号文件规定
老退休中人	[1997]26 号文件实施前参加工作,[1997]26 号文件实施后至[2005]38 号文件实施前的这段时间退休。	$[d+1,e]$	[68,75]	[61,68]	[1997]26 号文件规定
新退休中人	[1997]26 号文件实施前参加工作,[2005]38 号文件实施后至测算点之间退休。	$[b+1,d]$	[61,67]	[54,60]	[2005]38 号文件规定
在职中人	[1997]26 号文件实施前参加工作,测算点以后退休。	$[a_1+1,b]$	[36,60]	[36,53②]	[2005]38 号文件规定
新人	[1997]26 号文件实施后参加工作。	$[a,a_1]$	[20,35]	[20,35]	[2005]38 号文件规定

(二) 参保人口测算模型

1. s 年人口总数和新生儿人口数

$$L_s = L_{s-1} \times (1+r)$$
$$L_{0,s} = L_s - L_{s-1} * \varphi$$

其中,$L_{x,s}$ 表示 s 年末 x 岁人口总数,L_s 表示 s 年末人口总数,r 是人口自然增长率,$L_{0,s}$ 表示 s 年末新生儿人口总数,φ 是存活率③。

① 1998 年[1997]26 号文件正式生效,最年轻的男性"老人"是 1997 年退休,2013 年他们的年龄是 60+(2013−1997)=76,下同。

② 见参数设定 1。

③ r 使用联合国《世界人口展望——2010 年修订版》的预测。φ,2009 年的人口分布表以及 2010 年的人口总数来源于全国市镇从业人口生命表、第六次人口普查数据(2010)。

2. s 年末在岗人员参保总数 l'_s

$$
\begin{aligned}
l'_s = & (\text{城镇就业人口} - \text{非《社保法》覆盖范围人口数}) \times \text{参保率} \\
= & [s\ \text{年末劳动年龄人口} \times \text{劳动参与率} \\
& - 2013\ \text{年乡村就业人口数}^{①} \\
& \times (1 - \text{转移至城镇就业速度})^{(s-2013)}] \times \\
& \left(1 - \frac{\text{非《社保法》覆盖范围人口数}}{\text{城镇就业人口数}}\right) \times s\ \text{年参保率}
\end{aligned}
$$

3. s 年末新增参保人数 $\Delta l'_s$

$$\Delta l'_s = l'_s - l'_{s-1}$$

4. 估计 s 年末各年龄新增在岗人员参保数占新增在岗人员参保总数的比例 ρ_x ②

5. s 年末各年龄新增在岗人员参保数 $\Delta l'_{x,s}$

$$\Delta l'_{x,s} = \Delta l'_s \times \rho_x$$

6. s 年末各年龄在岗人员参保人数 $l'_{x,s}$

$$l'_{x,s} = l'_{x,s-1} + \Delta l'_{x,s}$$

7. s 年末各年龄正常退休情况下的退休参保人数 $l_{x,s}$

$$l_{x,s} = \begin{cases} l'_{x-1,s-1} \times \varphi, x = 50_{(\text{女职工})}\ \text{或} 55_{(\text{女干部})}\ \text{或} 60_{(\text{男性})} \\ l_{x-1,s-1} \times \varphi \end{cases}$$

(三) 统筹账户收支测算模型

1. 收入模型

$$I_s = \sum_{x=a}^{b} \overline{w_s} \cdot c \cdot l'_{x,s} \cdot \mu \cdot \eta ③$$

① 考虑每年有新增、死亡等因素，假设每年净增乡村就业人口数忽略不计。

② 假设参保职工的年龄分布与城镇就业人员趋势相同。孟昭喜：《养老保险精算理论与实务》，中国劳动社会保障出版社 2008 年版，第 197 页。

③ 模型依据国发[1997]25 号文件和国发[2005]38 号文件的规定建立，下同。

其中，a 为就业年龄，b 为退休年龄，$\overline{w_s}$ 为 s 年在岗职工的平均工资，c 为统筹账户的缴费比例，μ 为缴费工资占平均工资的比重，η 为综合征缴率。

2. 支出模型

(1)“老人”养老金的计发方式。“老人”养老金的发放以退休时的工资标准为基础，按一定的替代率水平进行调整，支出模型记为：

$$E_{1,s}=\sum_{x=e+1+s-2013}^{\omega}T_i\cdot\overline{w_i}\cdot\frac{l_{x-1,s-1}+l_{x,s}}{2}$$

其中，ω 为生存极限年龄，T_i 为养老金替代率。

(2)“老退休中人”养老金的计发方式。根据[1997]26 号文件，对“老退休中人”在发给基础养老金的基础上还会发放过渡养老金。

支出模型记为：

$$E_{2,s}=E_{2,J,s}+E_{2,G,s}$$

基础养老金：

$$E_{2,J,s}=\sum_{x=d+1+s-2013}^{e+s-2013}\varepsilon_1\cdot\overline{w_{s-(x-b)-1}}\cdot(1+k\cdot g)^{x-b}\cdot\frac{l_{x-1,s-1}+l_{x,s}}{2}$$

过渡养老金：

$$E_{2,G,s}=\sum_{x=d+1+s-2013}^{e+s-2013}\varepsilon_2\cdot\overline{w_{s-(x-b)-1}}\cdot\beta\cdot TI_x\cdot\frac{l_{x-1,s-1}+l_{x,s}}{2}$$

其中 ε_1 为基础养老金计发系数，ε_2 为过渡养老金计发系数，$\overline{w_{s-(x-b)-1}}$ 为 x 岁“老退休中人”退休前一年在岗职工平均工资，k 为基础养老金调整率，β 为缴费工资平均指数，TI_x 为建立个人账户前实际缴费年限和视同缴费年限。

(3)“新退休中人”养老金的计发方式根据[2005]38 号文件的规定，“新退休中人”与“老退休中人”的过渡养老金计发方式完全一致，基础养老金却差别很大。

支出模型记为：

$$E_{3,s}=E_{3,J,s}+E_{3,G,s}$$

基础养老金：

$$E_{3,J,s}=\sum_{x=b+1+s-2013}^{d+s-2013}\frac{1}{2}\cdot(\overline{w_{s-(x-b)-1}+w_i})\cdot 1\%\cdot TI\cdot(1+k\cdot g)^{x-b}\cdot\frac{l_{x-1,s-1}+l_{x,s}}{2}$$

过渡养老金：

$$E_{3,G,s}=\sum_{x=b+1+s-2013}^{d+s-2013}\varepsilon_2\cdot\overline{w_{s-(x-b)-1}}\cdot\beta\cdot TI_x\cdot\frac{l_{x-1,s-1}+l_{x,s}}{2}$$

其中，w_i 为职工指数化平均缴费工资，TI 为退休时的缴费年限。

(4)“在职中人”养老金的计发方式。“在职中人”和“新退休中人”的计发标准完全一致，可参考“新退休中人”模型，所不同的是年龄上下限变为 $b+s-2013$ 和 $x=a_1+1+s-2013$ 。

支出模型记为：

$$E_{4,s}=E_{4,J,s}+E_{4,G,s}$$

(5)“新人”养老金的计发方式。“新人”只发放基础养老金。支出模型记为：

$$E_{5,s}=\sum_{x=a}^{a_1+s-2013}\frac{1}{2}\cdot(\overline{w_{s-(x-b)-1}+w_i})\cdot 1\%\cdot TI\cdot(1+k\cdot g)^{x-b}\cdot\frac{l_{x-1,s-1}+l_{x,s}}{2}\text{。}$$

综上，总支出模型为：

$$E_s=E_{1,s}+E_{2,s}+E_{3,s}+E_{4,s}+E_{5,s}$$

3. 统筹账户的模型

$$s\text{年的缺口(或余额)为：}D_s = I_s - E_s$$

三、统筹账户所面临的客观挑战

统筹账户收支模型建立之后需要设定相关参数以模拟未来的经济和社会环境，结合统筹账户模型进行参数设定时需要考虑以下客观因素：一是制度转轨成本，最主要的部分是隐性债务。参数设定需要考虑政府对相应参保人员的承诺，以保证这批职工在制度转轨期间的生活水平不受影响。二是未来人口年龄结构。国内外专家对我国的人口年龄结构所做的预测和判断显示，我国已进入老龄化社会，并且在测算期内出现较为严重的老龄化阶段。联合国的预测我国的人口增长率逐渐减少，60 岁和 65 岁人口将从 2010 年的 12.4%和 8.3%分别上升到 2050 年的 26.6%和 20.3%。根据我国《人力资源蓝皮书(2013)》的测算，目前劳动年龄人口进入负增长拐点，少年儿童人口比重逐步下降，老龄人口比例上升。因此，老龄化大势所趋的情况下对于在职参保职工人数及退休参保职工人数的假定就要建立在权威预测的基础之上。另外，随着老龄人口绝对数量的增多，人均寿命的延长很大程度上影响着统筹账户的支出，参数设定需要考虑生存率。

(一) 制度转轨引发隐性债务

广义上讲，养老保险隐性债务是指一个养老金计划向职工和退休人员提供养老保险金的承诺，等于如果该计划在今天即终止的情况下，所有必须付给当前退休人员的养老金现值加上在职职工已积累并必须予以偿付的养老金权利的现值①。隐性债务是由为“老人”支付的基本养老金和将来为“中人”支付的过渡性养老金构成的，是

① World Bank. Old Age Security：Pension Reform in China，In China 2020 series [R]，Washington，D.C. 1997.

养老保险参保人中“老人”和“中人”在现收现付体制向统账结合新体制转轨后发生和积累的一部分养老金权益[①]。也就是说，隐性债务的产生归因于制度转轨，即现收现付制下在职职工已承担对上代的养老责任，如果制度不变这批职工离退休后由下一批在职职工赡养，但转为部分积累制之后，“新人”的个人账户供自己退休之后使用，大部分资金不再用于对离退休人员的养老，而“老人”和“中人”没有个人账户或个人账户中只有很少的积累，养老遂成问题，由此可见隐性债务是全社会对“老人”和“中人”的欠债，如何弥补成为转制能否成功的关键。政府通过两种方式实现对这部分债务的偿还：承诺高水平的替代率，或者在制度设计中设立过渡养老金。

(二) 老龄化程度影响收支平衡

老龄化程度的不断加深成为威胁统筹账户收支平衡的另一个重要因素。衡量养老保险基金的支付压力，在其他条件不变的前提下，与养老保险的抚养比和替代率密切相关。从老龄化程度方面看，涉及两个指标：一是“老年抚养比”。“老年抚养比”是指 65 岁以上老龄人口所占劳动人口(14 岁到 64 岁)的比重，也就是一个国家或一个地区平均一个劳动力将承担几个老人的赡养。表 4.2 展示了 2000 年以来的老年抚养比情况，已经从 2000 年的 9.92%增长到 2011 年的 12.25%，意味着 2000 年 10 个劳动人口赡养一位老人，而 2011 年变为 8 个劳动人口赡养一位老人，说明全社会老龄化程度在 12 年内有明显的加深。二是制度内赡养率。制度内赡养率指参保人员中离退休人员占在职缴费人数的比例，如表 4.3 所示。赡养率数值小，说明在人员结构上缴费人数多，而需支付养老金的离退休人数少，养老保险基金所面临的支付压力就轻。2000—2011 年制度内赡养率维持在 32%左右，即养老保险制度统筹范围内三个在职参保职工供养一位退休参保人员。

---

① 贾康. 关于中国养老金隐性债务的研究[J]. 财贸经济，2007(9).

表 4.2　2000—2011 年老年抚养比逐渐增加的情况

年　份	65 岁及以上		老年抚养比(%)
	人口数(万人)	比重(%)	
2000	8 821	6.96	9.923 08
2001	9 062	7.1	10.085 76
2002	9 377	7.3	10.384 04
2003	9 692	7.5	10.653 36
2004	9 857	7.6	10.692 74
2005	10 055	7.7	10.674 44
2006	10 419	7.9	10.959 52
2007	10 636	8.1	11.098 47
2008	10 956	8.3	11.332 23
2009	11 307	8.5	11.598 83
2010	11 894	8.9	11.9
2011	12 288	9.1	12.253 32

资料来源：中国统计年鉴 2012 年

表 4.3　2000—2011 年制度内赡养率的情况

年　份	参保职工人数(万人)	参保离退休人员(万人)	制度内赡养率(%)
2000	10 448	3 170	30.340 74
2001	10 802	3 381	31.299 76
2002	11 128	3 608	32.422 72
2003	11 646	3 860	33.144 43
2004	12 250	4 103	33.493 88
2005	13 120	4 367	33.285 06
2006	14 131	4 635	32.800 23

续 表

年 份	参保职工人数(万人)	参保离退休人员(万人)	制度内赡养率(%)
2007	15 183	4 954	32.628 6
2008	16 587	5 304	31.976 85
2009	17 743	5 807	32.728 4
2010	19 402	6 305	32.496 65
2011	21 565	6 826	31.653 14

资料来源：各年度人力资源和社会保障事业发展统计公报

(三) 寿命延长加重支付压力

随着生活水平的提高和医疗条件的改善，我国公民的平均寿命呈延长趋势，根据第六次全国人口普查详细汇总资料计算，2010 年我国人口平均预期寿命达到 74.83 岁，比 10 年前提高了 3.43 岁。我国男性人口平均预期寿命为 72.38 岁，比 2000 年提高 2.75 岁；女性为 77.37 岁，提高 4.04 岁。男女平均预期寿命之差与十年前相比，由 3.70 岁扩大到 4.99 岁。如果退休年龄不变，则意味着退休后女性职工、女性干部平均可领退休金的年份分别是 27.37 年和 22.37 年，男性职工平均可领 12.38 年的退休金。于是统筹账户的支付压力来自两个方面：一是统筹账户为同一批退休的参保人员所支付的养老金年份增加，二是个人账户计发月数内存储额支付完毕之后，对于仍然在世的退休参保人员，国家承诺继续支付个人账户养老金，寿命的延长意味着个人账户存储额支付完毕后享受这种待遇的参保人员增多、年限增长，这笔资金将来源于统筹账户。

四、养老金统筹账户缺口测算

(一) 参数设定

1. 在职参保人数

根据《农民工参加基本养老保险办法》和《社会保险法》，城镇就业人口去除部分行政事业人员①，才属于参加城镇基本养老保险并缴纳统筹养老金的参保人范围。不在基本养老保险覆盖范围的机关事业单位职工人数以下列方式计算：机关、事业单位就业人数－机关事业单位参保人数，该结果占城镇就业人口的比重非常稳定，2002—2008年均值为9.02%。假设城镇就业人口从2010年占总就业人口的39.92%上升至2050年的50%，据预测2020年以后农民工转移的压力显著减轻，2030年农村劳动力停止转移②，估计2011—2030年农村劳动力转移的人口约以1.107%的平均速度增加。2011年《社保法》覆盖范围内城镇职工基本养老保险的参保率为81.68%③，如果到2050年达到90%，则参保率年增长率为0.378 4%。据劳动和社会保障部社会保险事业管理中心的数据，城镇参保职工年龄和性别分布基本与城镇就业人员的一致④，假设每年参保职工净增人员的年龄和性别分布，与2002—2009年净增人员的平均状况一致，假设乡村就业人口数量稳定。再根据联合国《世界人口展望——2010年修订版》⑤、全国市镇从业人口生命表、《中国统计年鉴》(2008—2011)、《中国劳动统计年鉴》(2002—2011)、《劳动和社会保障事业发展统计公报》(2002—2011)和第六次人口普查数据(2010)等资料整理出从2013—2050年分年龄、分性别的参保职工人数。

2. 年龄和工资参数

劳社部[1999]8号文件规定我国城镇职工法定退休年龄分别为

---

① 尽管从2014年开始机关事业单位与城镇企业的养老保险制度并轨，但资金来源不同，并且政府承诺账户分立。本部分仅以基本养老保险的主体部分：城镇职工养老保险制度的可持续性为研究对象。

② 国务院发展研究中心、国务院农民工工作办公室，"我国农民工工作'十二五'发展规划纲要研究"课题组。"十二五"及中长期农村劳动力转移趋势研究，http://www.hangzhou.gov.cn/main/tszf/dywj/T333352.shtml.

③ 根据《人力资源和社会保障事业发展统计公报》计算得出。

④ 孟昭喜.养老保险精算理论与实务[M].中国劳动社会保障出版社，2008：197.

⑤ 生育政策调整的方案将在十八届三中全会闭幕后不久公布，这将影响人口自然增长率。因尚未有权威的人口自然增长率预测，课题组以2008年联合国公布的乐观的人口增长率计算，统筹账户最终累积结余为正，说明可以保证财务可持续性，但是如果考虑个人账户的情况，累计结余仍为负，但规模减半。

男性60岁、女干部55岁、女职工50岁，我们采用加权平均的方式得出女性平均退休年龄为53岁。另外假设职工的最早就业年龄为16岁，平均就业年龄为20岁，在岗职工年平均工资增长率g为8%①。

3. 缴费年限和缴费率

退休时的缴费年限(含视同缴费年限)TI，退休男性职工最长为40年，女性职工最长为30年，提前退休者据实际情况而定；建立个人账户前的实际缴费年限和视同缴费年限TI_x为1998－[$s-(x-20)$]。统筹账户的缴费比例c为缴费工资的20%。已知2005年末缴费工资占在岗职工平均工资的83.6%，2006年综合征缴率为92.1%，因其他年份的相关数据不可得，故假设模型中的参数μ和η同上，分别为83.6%和92.1%。假设在岗职工的平均缴费指数β为100%。结合各省市的执行情况，"老人"的T_i假设为70%。

4. 计发参数

根据[2005]38号的文件，基础养老金计发系数ε_1为20%，过渡养老金的计发系数ε_2按规定在[1%，1.4%]，目前大多数省份都是采取1.2%的标准，本文假设ε_2为1.2%，基础养老金的调整率ε_2为50%。

(二) 统筹缺口测算

根据如上假设，可估算出2013—2050年养老保险的收支情况(以2013年的价格为基准)。利用EXCEL软件处理数据，得到未来年度收支、基金结余等预测结果(表4.4)。年度结余是年度收入和支出的差额，收大于支为结余，收不抵支为缺口。累积结余是各年度基金结余及其累计利息之和(负数为赤字)，即：$t+1$年初累计资产结余$=t$年初累计资产$\times$(1＋年利率)＋t年养老金收入－t年养老金支出。

① 在岗职工年平均工资增长率＝实际工资年平均增长率＋通胀率。按照中科院的预测，以2002年不变价格计算，2050年中等发达国家的人均月工资最低为1 300美元，可以推算实际工资年平均增长率为3.86%。根据最近的宏观调控资料，央行对通胀的容忍区间为[4%，5%]。如果相信央行宏观调控的力度，可以假设通胀率为4.14%。

表 4.4　现行制度下城镇职工养老保险基金统筹账户结余

单位：百亿元

年份	年度收入	支出合计	年度结余（或缺口）	累积结余（或赤字）
2013	133.377 9	123.366 6	10.01	10.01
2017	155.446 5	150.495 2	4.95	41.276 87
2018	156.700 7	161.051 5	−4.35	38.370 71
2023	169.472 1	203.695 9	−34.22	−54.408 3
2024	168.138 3	213.476 7	−45.34	−101.651
2025	166.318 2	221.923 3	−55.61	−160.814
2028	169.698 7	241.078 9	−71.38	−392.188
2030	181.815 7	248.232	−66.42	−558.065
2035	240.883	257.955 4	−17.07	−879.571
2036	256.304 7	261.034 8	−4.73	−915.086
2037	273.215	263.669 2	9.55	−937.568
2038	292.783 7	268.973 9	23.81	−946.573
2039	314.067 2	270.929 3	43.14	−936.565
2040	338.425 5	282.126 9	56.30	−913.047
2043	397.447 9	326.549 6	70.90	−807.151
2045	444.783 5	366.754 7	78.03	−709.463
2046	468.865 7	392.268 9	76.60	−657.697
2050	581.319 8	520.344 5	60.98	−463.668

数据来源：见参数设定 1

累积结余（或赤字）反映出统筹账户内源性融资不足和财务运转不良的问题。如表 4.4 和图 4.1 所示，2018 年出现年度缺口，这时优先的举措是动用 2013—2017 年积累历年结余。因承担了过多的转轨成本，导致统筹账户 2023 年之后出现大规模的累积赤字，2038 年达到最大赤字额（9.466 万亿元），从 2039 年开始累积赤字呈现减少趋势，2046 年以后由于年度结余的减少，统筹账户累积赤字的减少开始放缓，这种状况的出现与“新人”养老金待遇给付期的到来有密切关系。2050 年，最终的累积赤字大约为 4.637 万亿元，这说明在测算期内统筹账户的内源性融资远远不足以偿付养老金支出，可以看出测算期内如果没有外源性融资，仅靠制度本身的资金支持，统筹账户的财务可持续性难以为继。

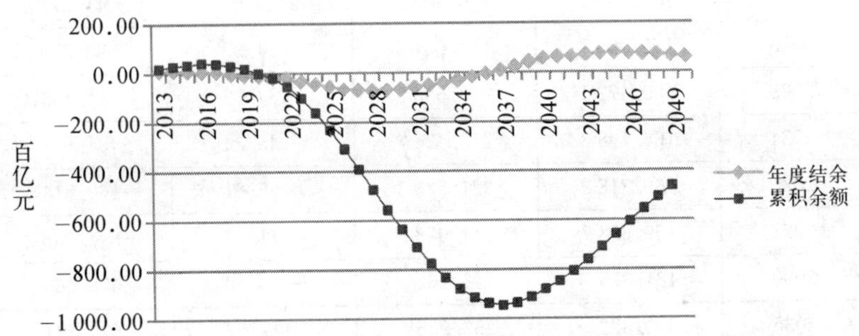

图 4.1　2013—2050 年年度结余和累积余额变动趋势

年度结余（或缺口）的变动趋势表明，通过各种方式实现外源性融资是很有必要的，某些年份仅仅依靠财政补贴仍然不足以弥补高额的年度缺口。表 4.4 和图 4.1 的计算结果显示，2013—2017 年社会统筹基金每年都有结余，2018—2036 年是年度收支缺口的集中爆发期，其中 2028 年达到最大缺口值（7 138 亿元），然后趋于平缓。从 2037 年开始，统筹账户开始出现年度结余，数额迅速增加，2045 年达到峰值后缓慢下降。从年度结余的发展趋势可以看出，政府需要在 2018—2036 年不断进行外源性融资。年度支付压力大约分布在 435 亿—7 138 亿元之间，占当年财政收入（2013 年可比价格）的 0.2%—4%不等，其中 2036 年的比重最少，2027 年的比重最大。然而从现实的财政补贴比重可以看出，2000—2011 年各级财政对于基本养老保险的补贴占总财政收入的比例相当稳定，平均值为 2.36%，年度收支缺口占财政收入的比重大于平均值 2.36% 的年份主要分布在 2023—2032 年之间，2023 年正是累积赤字的开始，内源性融资已经耗竭，而这些年份单靠财政补贴难以弥补高额的缺口，还需要通过其他调节方式减少支出和增加融资。

年度结余先抑后扬再抑的趋势可以从收入、支出结构的变化得到解释。2013—2050 年不同类型职工的养老金债务(可比价格)分布图如下:

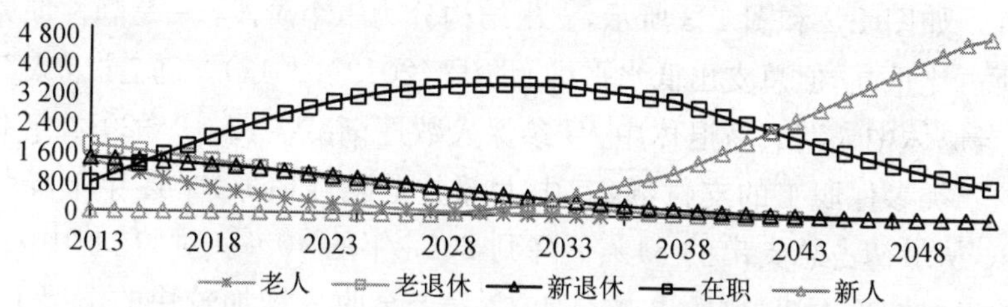

图 4.2 2013—2050 年退休参保人员结构图(万人)

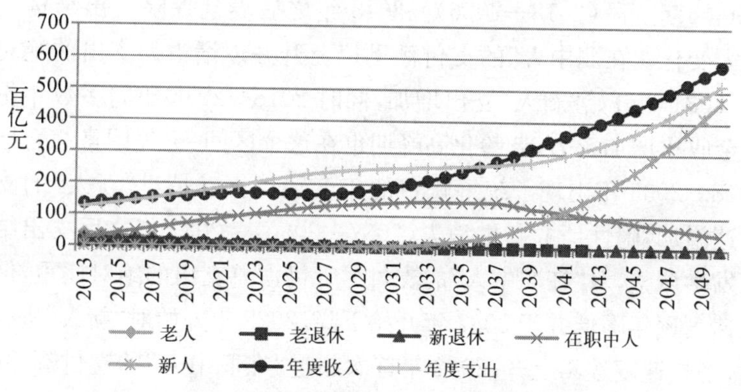

图 4.3 2013—2050 年养老金债务(可比价格)分布图

从养老金收入趋势来看,影响和制约养老金收入的因素主要有参保人数、缴费工资以及综合征缴率,其中后两个因素已经做过参数设定。因此,影响养老金收入的活跃因素在于在职参保人数的变动。在职参保人数并非一路上扬,决定在职职工参保人数的因素有两个:一是城镇职工基本养老保险覆盖范围内的在职人员人数,二是参保率。假设条件中参保率 2050 年增长到 90%,尽管参保率在增加,但第一个因素会受到人口年龄结构的影响而下降,某些年份在职参保人数增加不多甚至负增长①，抵消了参保率和缴费工资增长对养老金收入的拉动作用。这决定了2018—2029年养老金收入增长非常缓慢。2030年以后随着人口年龄结构的调整，在职参保人数逐年上升，养老金收入又开始以较快的速度增长。

如图4.2和图4.3所示，支出结构分为三个阶段：一是隐性债务所占比重高，但总支出低水平徘徊阶段（2013—2017）。随着“老人”、“老退休中人”和“新退休中人”参保人数逐渐减少，2013—2017年对这三类参保职工的支付额（其中大部分是隐性债务）呈逐年下降状态，从最初占总支出的84%下降到2017年的40%。对“在职中人”的支付增长不快，数额也并不高，在养老金收入增加较快的情况下，统筹账户出现基金余额。二是对“在职中人”支付比重增加，处于偿债高峰期阶段（2018—2036）。2018年之后养老保险支出结构发生很大变化，“在职中人”的支付额迅速上升并逐渐占总支出的绝对比重，2031年开始“新人”支出增加，同时2018—2036年间多数年份养老金收入增加乏力，老龄化高峰期也在这个区间，上述因素综合导致2018—2036年出现了统筹账户的年度缺口。三是对“新人”的支付快速增加，隐性债务基本消失（2037—2050）。2037年之后支出结构又发生调整，对“在职中人”的支付尽管仍占总支出的绝对比重，但增长速度逐年降低并于2037年开始下降，2028年开始对“新人”进行支付，增长速度逐年上升，2042年首次超过“在职中人”的支付额，并开始占据总支出的绝对比重。与此同时存在更大的抑制支出增加的力量，“老人”、“老退休中人”和“新退休中人”的债务分别在2035年、2043年和2046年彻底消失，支出结构的调整和养老金收入的大幅提升导致了统筹账户从2037年开始出现年度结余并逐渐上升，直到2046年因“新人”支出快速上升而出现年度结余的下降。由此可见，支出结构呈现逐级替代的趋势：支付压力由隐性债务转移到“在职

① 根据在职参保人数假定计算出来的数据，2018—2029年间在职参保人数有减少趋势。

中人”债务，再由“在职中人”债务转移到“新人”债务。尽管隐性债务的偿还期很长，但2025年之后占支出总额的比重已经降到10%以下，已经不会对制度转轨造成威胁，对“在职中人”和“新人”的支付将成为沉重的负担，此时需要调整制度的收支结构以实现财务的良好运转。

（三）各类人群统筹账户支付对支付总额的影响力测算

本书采用“统筹账户支付对参保人数弹性系数”指标来衡量各类人群所获得的统筹账户支付对支付总额的影响力，用 ELA 来表示“统筹账户支付对参保人数弹性”，并进一步区分为 ELA_s（年度统筹账户支付对参保人数弹性系数）和 ELA/N（统筹账户支付对参保人数弹性系数年均值）。其中，

$$ELA_s = \frac{E_s - E_{s-1}}{E_{s-1}} \bigg/ \frac{\overline{l_s} - \overline{l_{s-1}}}{\overline{l_{s-1}}}$$

$$ELA/N = \sum_{s=s_1}^{s_n} ELA_s \bigg/ n$$

如图4.4，分别算出2012—2050年老人、老退休中人、新退休中人、在职中人以及新人的 ELA_s，算出2012—2050年期间各类型的支出对参保人数年均弹性系数，进行比较，得出：新人的支出对参保

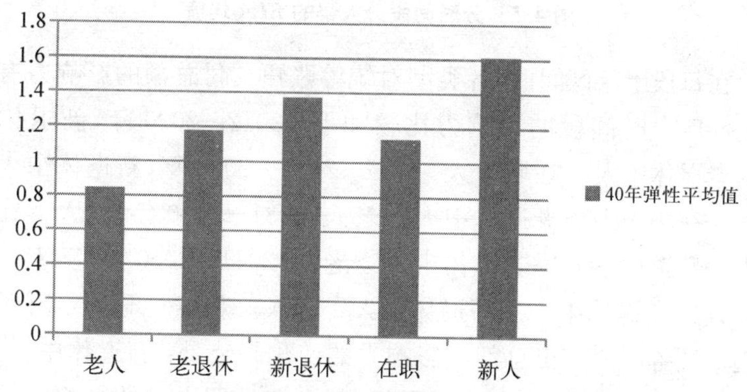

图4.4 按参保职工类型分别计算的 *ELA* 均值

人数年均弹性系数>新退休中人>老退休中人>在职中人>老人。即整体看来,2011—2050 年的四十年间,新人对统筹账户支付总额的影响力最大,新退休中人次之,老人的影响力最小。

然而,40 年的跨度太大,虽然能宏观上比较各类型的影响力,却不能有力说明局部年份各类型的影响力。所以为了更好地对支出结构加以比较,可以将 2013—2050 年分成 2013—2020 年、2021—2030 年、2031—2040 年、2041—2050 年四个十年区间。结果如图 4.5 所示:

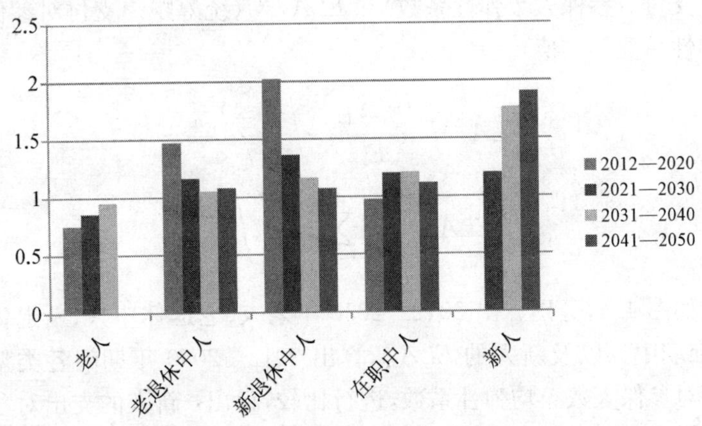

图 4.5 分时间段分人群的 *ELA* 均值

在每段十年区间内,各类型对统筹账户支付总额的影响力有所变化。四个时间段的影响力比较如下:2012—2020 年,新退休中人>老退休中人>在职中人>老人;2021—2030 年,新退休中人>新人>在职中人>老退休中人>老人;2031—2040 年,新人>在职中人>新退休中人>老退休中人>老人;2041—2050 年,新人>在职中人>老退休中人>新退休中人>老人。观察发现,40 年间,各类型对统筹账户支出总额的影响力的变化趋势是:新退休中人、老退休中人和老人影响力逐渐下降,新人和在职中人的影响力逐渐上升。

五、测算期的平均替代率预测

养老金替代率(Replacement Rate of Endowment Pension)根据衡量方式及意义的不同分为平均替代率和个体替代率。平均替代率是指在一定时期、一定区域内退休职工平均养老金与所有在职职工平均工资的比率,表示同一时期内退休职工养老金水平相对于在职职工工资收入水平的指标①。研究平均替代率是为了使退休职工的养老金收入与在职职工工资收入的比例保持在合适范围内。平均替代率过高,退休职工的收入水平接近同时期在职职工的收入水平,容易导致提前退休;平均替代率过低,影响退休职工基本生活水平。个体替代率是指退休职工的养老金水平与其退休前一年(或几年)工资的比率,是度量职工个人退休前后收入水平变动的指标。研究个体替代率是为了将退休职工的养老金收入与其退休前工资收入的比例保持在合适范围内②。如果个体替代率过高,表示职工在职期间缴费负担过重;如果个体替代率过低,造成职工退休后收入大幅下降,影响其基本生活水平。现收现付制养老保险筹资模式是在职职工供养退休职工,平均替代率衡量的就是代际收入的公平性,反映出退休人员的整体生活水平及在职人员的缴费压力,因此是适用于统筹账户的支付压力衡量指标。2000—2011年的12年间,历年企业退休人员养老金平均替代率分几个阶段:2000年为71.2%,2001—2002分别为63.1%、63.4%,2003—2006为50%以上,近六年约为45%左右。

养老保险财务收支平衡是维持制度可持续运行的必要条件,但是认为只要财务收支状况良好,制度就可持续运行,这样的观点是狭隘的。可能出现的情况是:增收减支使收支平衡,但负担水平和保障程度并不合理。养老金实际上代表一种对经济成果的分配权利,

---

① 王鉴岗.社会养老保险平衡测算.经济管理出版社,1999:159.

② 王清.有关基本养老金需澄清的几个问题.天津商学院学报,2000(9):31.

平均替代率衡量的便是这种分配权利的大小，也即衡量制度对于退休人员生活保障程度的指标。研究平均替代率是为了使退休职工的养老金收入与在岗职工工资收入的比例保持在适当范围内。平均替代率过高，则退休职工收入水平接近同时期在岗职工的收入水平，容易导致提前退休，造成经济效率低下和养老保险制度不堪重负。平均替代率过低，会影响退休职工基本生活水平，引发退保风潮而导致参保率降低，对统筹账户而言失去互济和调节收入再分配的功能。

（一）平均替代率走势

统筹账户平均替代率：

$$T_a = \overline{E_s} / \overline{W_s}$$

$$\overline{E_s} = E_s / l_s$$

$\overline{E_s}$：第 s 年退休职工人均统筹账户支出。l_s 为第 s 年退休参保人员总数。$\overline{W_s}$：第 s 年在岗职工平均工资。2013—2050 年平均替代率如图 4.6 所示：

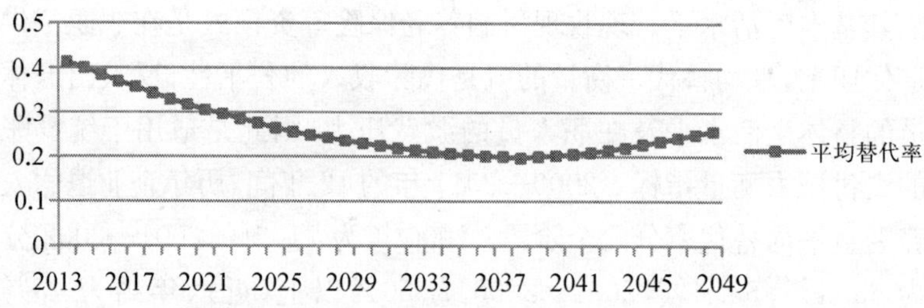

图 4.6　2013—2050 年平均替代率走势（g=8%）

2013 年统筹账户平均替代率为 0.413 5，逐年降低至 2039 年的最低水平 0.196 7，之后缓慢上升至 2050 年的 0.257 4。当前我国设定的基本养老保险目标替代率为 59.2%，计划通过社会统筹和个人账户两个途径解决，其中统筹账户目标替代率为 35%①。平均替代

① 白天亮. 养老新措施“新”在哪儿. 人民日报，2005-12-15：2.

率的走势说明养老保险制度对于退休职工的保障程度是比较低。然而，此处的平均替代率只反映了总体退休职工的保障水平，这种"先抑后扬"的结论还过于笼统。事实上，统筹账户养老金的计发政策区分了职工类型、性别状况，因而不同类型的职工所享受的保障必然难以保持一致。计算两个维度的年平均替代率，可以判断养老保险制度的公平和效率，以全面衡量社会统筹部分在调节收入差距方面的作用。

(二) 两个维度的平均替代率比较①

1. 第一维度人群(按职工类型划分)

如图 4.7 所示，按照我国政府对老人承诺的生活保障水平，老人的年平均替代率约为 70%，其他类型退休职工的替代率均处于较低水平。老退休中人、新退休中人以及在职中人的年平均替代率逐年下降，其中老退休中人的年平均替代率最低，其次是新退休中人，在职中人的平均替代率虽处于下降通道，但相比其他两类退休职工而言养老保障水平要好得多。新人的年平均替代率处于逐渐上升的过程，于 2030 年超过新退休中人、2040 年之后超过在职中人的保障水平。对比于我国统筹账户目标替代率 35%，老退休中人、新退休中人和在职中人都是渐行渐远的，他们的养老保障需要政府关注。

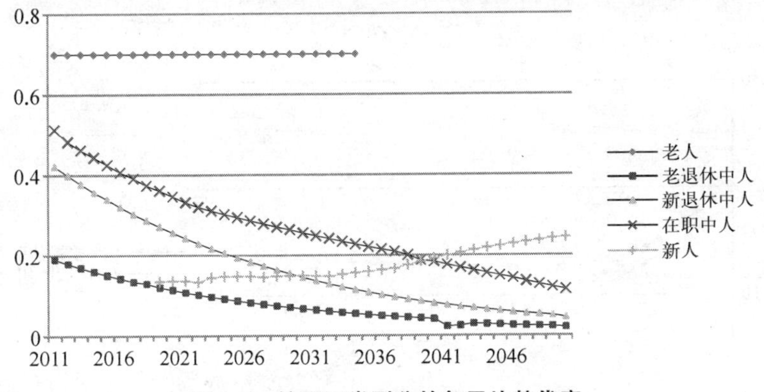

图 4.7　按职工类型分的年平均替代率

① 感谢笔者硕士生杨长昱所做的计算。

2. 第二维度人群(按性别划分)

如图 4.8 所示,男性和女性的平均替代率走势基本一致,都呈现先抑后扬的状态。所不同的是 2034 年之前 $T_{a男}$ 大于 $T_{a女}$,两者差距不大。2034 年之后 $T_{a女}$ 超过 $T_{a男}$ 一路上扬,到 2050 年达到 2011 年的替代率水平, $T_{a男}$ 在 2034 年之后仍有 4 年的下降,2039 年开始上扬,但上升速度缓慢,2050 年恢复到 2011 年平均替代率的一半。此外,将一维和二维因素结合起来更能说明问题(对于老人来说,男女的 T_a 是一样的),如图 4.9 所示:

0.5
0.4
0.3
0.2
0.1
0
2011
2016
2021
2026
2031
2036
2041
2046
男性
女性

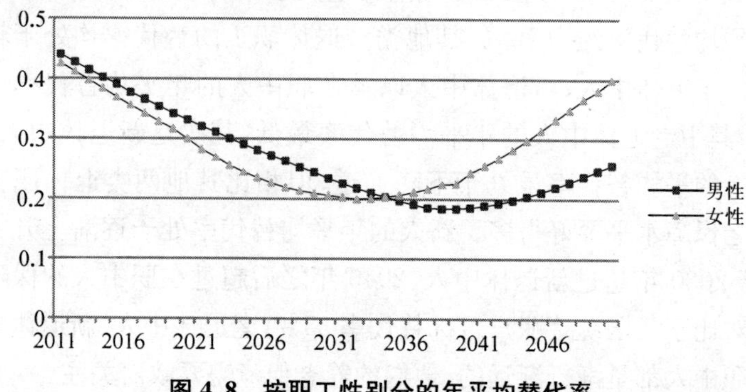

图 4.8 按职工性别分的年平均替代率

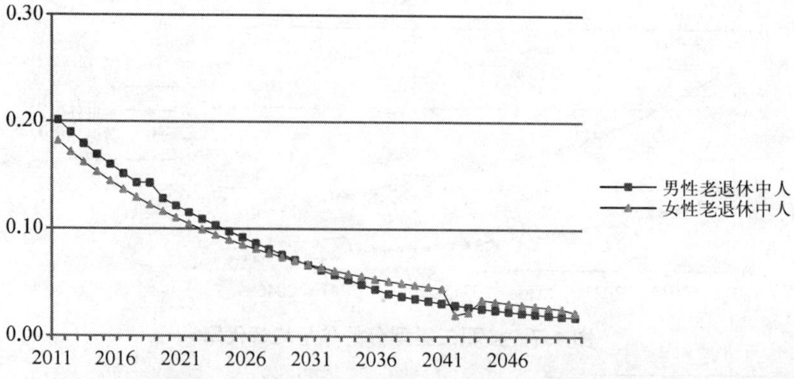

0.30
0.20
0.10
0.00
2011
2016
2021
2026
2031
2036
2041
2046
男性老退休中人
女性老退休中人

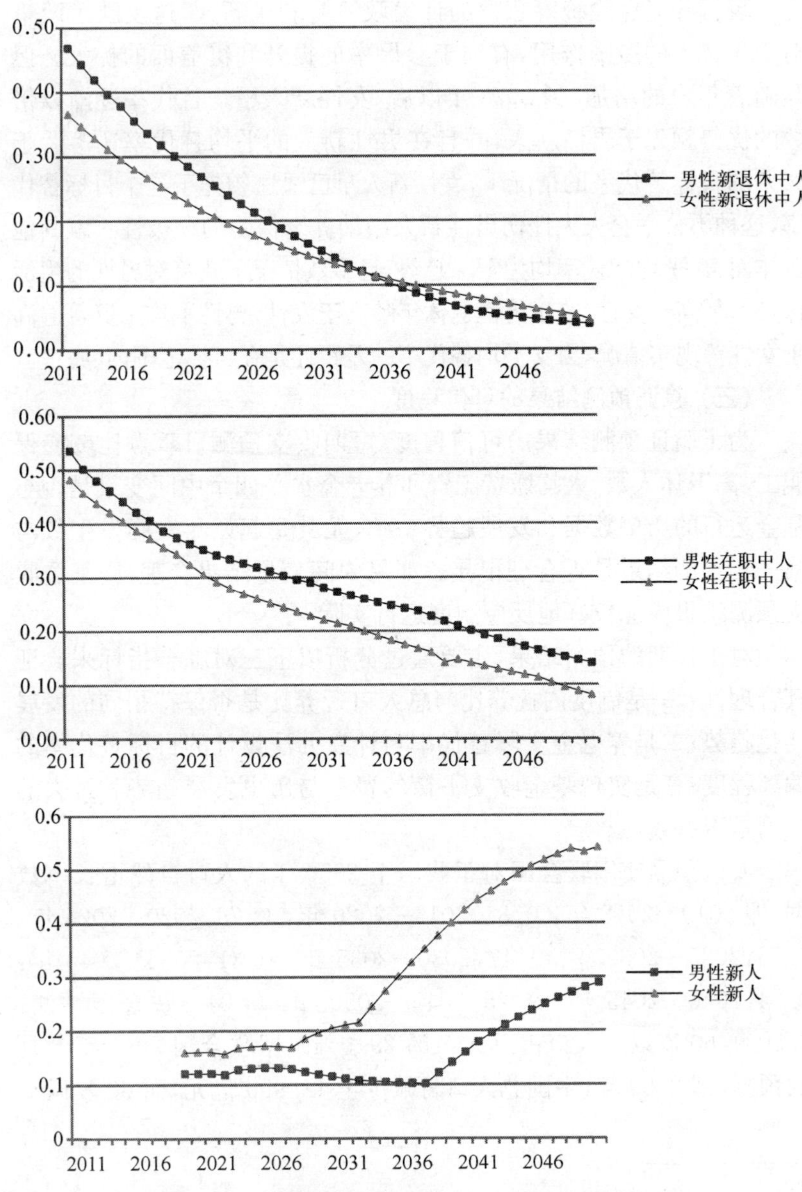

图 4.9　一维和二维因素的组合年平均替代率情况

现行养老保险统筹账户的计发政策有利于新人，这反映了政策对于年轻人的激励作用，有利于参保率的提升和覆盖面的扩大。但是随着年份的增加，到2028年以后，女性新人平均替代率逐渐以倍数的优势领先于男性新人，并且在男性新人的平均替代率还落后于35%的目标替代率的情况下，女性新人早已遥遥领先于这个目标替代率，这种不公平会大大挫伤男性新人缴纳养老保险的积极性。就其他群体而言，平均替代率均为下降趋势，且多数情况下政策对男性的生活保障水平高于女性，鉴于男性退休年龄高于女性，男性平均工资普遍高于女性等现实情况，男女平均替代率的差距还是在可控范围内的。

(三) 验证预测结果的可信程度

为了验证预测结果的可信程度，短期收支预测可重点比较参保职工、离退休人数、人均缴费工资和养老金水平四个中间变量是否与基金运行的历史数据和发展趋势一致，尤其是起始年实际发生数与第一年预测结果是否合理衔接。如果中间变量结果合理，则基金收支预测结果应能较好地反应制度运行实际①。

对于长期的预测结果，主要通过分析以下三对综合指标来验证其合理性：一是制度内抚养比与总人口抚养比是否保持相同的发展变化趋势；二是养老金实际替代率与计发办法设计的目标替代率的偏离程度；三是实现基金收支平衡的费率与历史发展趋势和过去的预测是否一致②。

人口预测使用联合国对于我国至2050年的人口自然增长率数据，即2010—2015年：0.81，2015—2020年：0.79，2020—2025年：0.66，2025—2030年：0.47，2030—2035年：0.31，2035—2040年：0.24，2040—2045年：0.25，2045—2050年：0.24。联合国预测：2050年60岁以上人口占总人口的29.9%。据联合国2011年5月的预测，到2050年，中国总人口将减少至12.956亿元，而60岁以上

① 孟朝喜. 养老保险精算理论与实务. 中国劳动社会保障出版社，2008：209.

② Pierre Plamondon, etc. 2002. Actuarial Practice in Social Security.

人口将增加至 4.392 亿人①。由 2006 年《中国人口老龄化发展趋势预测研究报告》可知，中国人口老龄化在 21 世纪上半叶将不断加深，尤其是未来的十多年间，人口老龄化速度将不断加快，到 2050 年，老年人口将超过 4.37 亿人，老龄化水平达到 30%。根据模型预测出 2050 年的 60 岁以上人口为 4.246 亿人，占总人口的 30%，这与联合国及我国的上述预测基本一致，在此基础上可计算出总人口抚养比。根据模型可以预测出测算期内的离退休人数及在职参保职工人数，制度内抚养比即为两者之比。模型的总人口抚养比及制度抚养比走势见图 4.10，可以看出总人口抚养比波动平缓而制度内抚养比的波动更大，尽管如此，两者走势基本一致：2011—2030 年均为快速上升趋势，2036—2039 年均为缓慢下降趋势，2040—2050 年保持平稳走势。

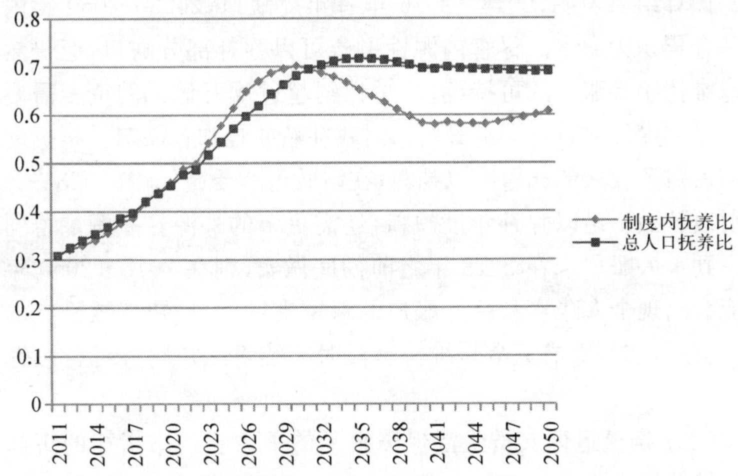

图 4.10　模型制度内抚养比与总人口抚养比的走势比较

如前所述，以职工缴费年限 35 年退休为例，当前我国设定的基本养老保险目标替代率为 59.2%，计划通过社会统筹和个人账户两个途径解决，其中统筹账户目标替代率为 35%。根据图 4.6，模型所

① http://economy.caixun.com/content/20110526/NE02mbuh.html.

预测出的平均替代率最低 19.67%，两者之间的差别可以做如下解释：一是前者为个体替代率，后者为平均替代率，两者的计算方式不同，所代表的意义有个体和总体的差别。二是平均替代率考虑了提前退休人群的养老金支付，有拉低平均替代率的作用。

六、结论

本研究根据现行养老保险制度的规定，考虑参保人数的动态变化，利用精算方法测算了我国城镇职工基本养老保险改革中统筹账户缺口规模的变化趋势，进而分析养老保险制度统筹账户部分是否具有可持续性。主要结论如下：

（一）财务的可持续性状况不容乐观

计算结果表明，2018—2036 年有年度缺口，2023—2050 年内源性基金累积为赤字。尽管内源性融资可以弥补部分缺口，但仍然不足以维持统筹账户的可持续性，总计约超过 4 万亿元的资金需要政府通过制度外的其他渠道筹资。财政补贴亦难弥补缺口。根据财政补贴占财政收入的比重可以判断，在财政可承受范围内，2023—2032 年财政补贴不足以弥补年度缺口，还需更多的外源性融资。若同时考虑到个人账户未在 2018 年之前彻底做实，则在 2018—2050 年间可能会出现个人账户和统筹账户的双重支付危机，缺口数额更加庞大。可见，如何筹措资金是维持这段时期统筹账户财务可持续性的核心。

（二）衡量退休人员生活保障水平的平均替代率指标的下降趋势值得关注

通过计算，2013—2050 年的平均替代率水平很低，且 2039 年出现最低点。比较发现，计发政策最有利于老人，相对有利于新人和在职中人，而相对不利于老退休中人和新退休中人。计发政策对新人有激励作用，尤其是女性新人。

第五章 统筹账户参数变动的比较静态分析

在现收现付转为部分积累的制度转轨过程中建立起来的统筹账户可能在满足以代际赡养为目的的养老金支付方面面临危机。为兑现改革前的承诺，政府必须采用各种方式应对将要出现的收支缺口。有关养老保险制度的可持续性，现有文献侧重点放在账户财务的可持续性方面。养老保险方案的可持续性是指方案长期的收支状况①，认为制度安排导致的结果是基本养老保险的资金供求失衡，难以保证社会养老保险的可持续发展②。类似的界定在研究中常见。就维持账户可持续运行的措施而言，制度内部参数调整是学术界研究的重要内容，即依据收支模型进行缺口规模控制以及结余资金增值。包括扩大覆盖面、提高参保率，推迟退休年龄，合理确定养老金替代率，提高国民收入、改善分配格局。上述有关弥补缺口的措施设想，有的正在试行但推行起来有一定难度，如推迟退休年龄；有的只停留在研究领域尚未进入实践，如合理确定替代率。总起来说真正实施并发挥作用的措施并不多。究竟哪些措施能够成为增强统筹账户运行能力的有效支撑？各种制度内措施之间在实施的过程中是否存在矛盾？这需要我们从统筹账户的可持续运行角度对这些措施进

---

① 庄序莹，范琦．转轨时期事业单位养老保险运行模式研究[J]．财经研究，2008(8)：97－109.

② 孟庆平．养老保险最优保障的水平现状与对策研究[J]．财政研究，2008(1)：39－41.

行可行性研究。

一、单边参数调整对缺口的影响①

根据统筹账户收支模型及平均替代率模型，提高账户可持续运行能力的参数分为两类：一是单方面影响收或支的参数，如单方面影响收入的参数有：μ（缴费工资占平均工资的比重）、η（综合征缴率）。单方面影响支出的参数有：ε_1（基础养老金计发系数）、ε_2（过渡养老金计发系数）、k（基础养老金调整率）。二是同时出现在养老保险统筹账户收支模型及平均替代率模型中的参数：退休年龄、在岗职工的平均工资和参保人数，对于账户可持续运作能力所起的作用较为复杂。

（一）养老金调整率 *k* 的变化对养老基金缺口的影响

根据我国政府相关文件规定养老金调整率为工资增长率的40%—60%之间，各省份可以根据自己的实际情况调整。在本书中养老金调整率初始设为50%，现在在其他假设条件不变的情况下分析调整率变化对养老基金缺口及其最大值的影响。k 将取值 40%、45%、55%、60%，敏感性分析结果如图 5.1、图 5.2 所示：

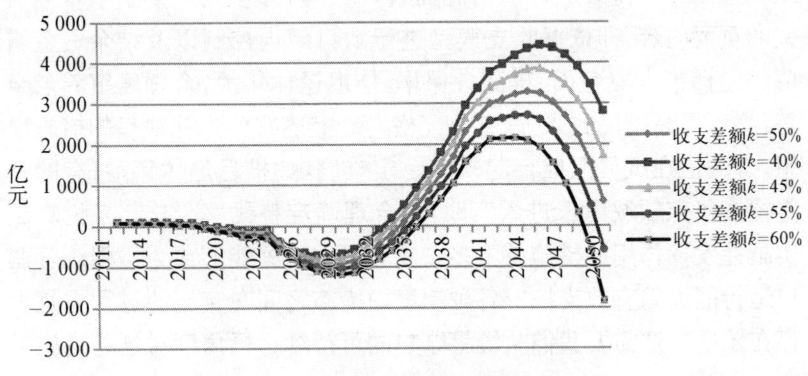

图 5.1　养老金调整率取不同值时养老基金年度收支差额变化趋势

① 感谢笔者硕士生吴延东所做的计算。

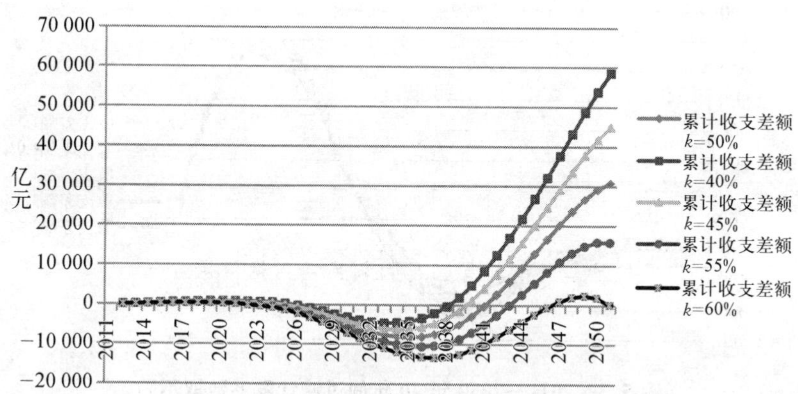

图 5.2 养老金调整率取不同值时养老基金累计收支差额变化趋势

由图 5.1 和图 5.2 可以看出，当 k 取值 40%、45%、50%、55%以及 60%时，年度养老基金出现缺口的区间分别为：2019—2032 年、2019—2032 年、2018—2033 年、2018—2034 年以及 2018—2035 年和 2049 年、2050 年；而累计基金出现缺口的区间分别为：2025—2037 年、2024—2038 年、2024—2040 年、2022—2042 年以及 2021—2045 年。数据资料显示，随着养老及调整率的增加，出现缺口的年份会提前、缺口年份跨越区间增大；同时年度基金差额缺口的峰值和累计收支差额的缺口峰值也会增加。而当养老金调整率为 60%时，在 2049 年和 2050 年再次出现养老年度收支差额的负值现象，这意味着太高的养老金调整率制度可能无法实现可持续运行。

(二) 计发系数 ε_2 的敏感性分析

根据国发[1997]26 号文件《关于建立统一的企业职工基本养老保险制度的决定》的规定，对于“中人”要补发过渡养老金，过渡养老金计发系数为 1.0%—1.4%之间。那么，过渡计发系数为 1.0%、1.2%、1.3%和 1.4%时，养老基金敏感性分析结果如下图所示：

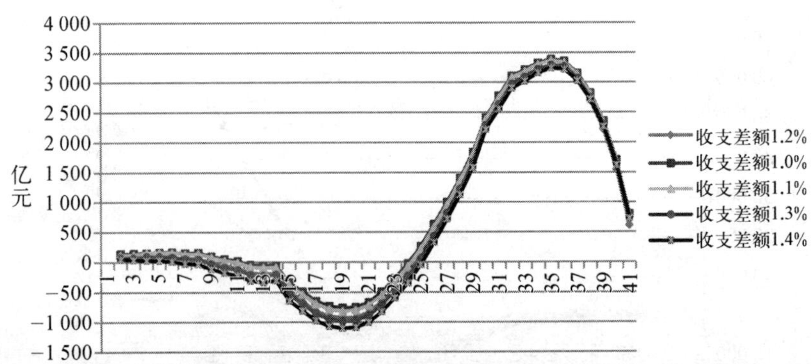

图 5.3　2011—2050 年 40 年间过渡计发系数取不同值时养老基金年度收支差额变化趋势

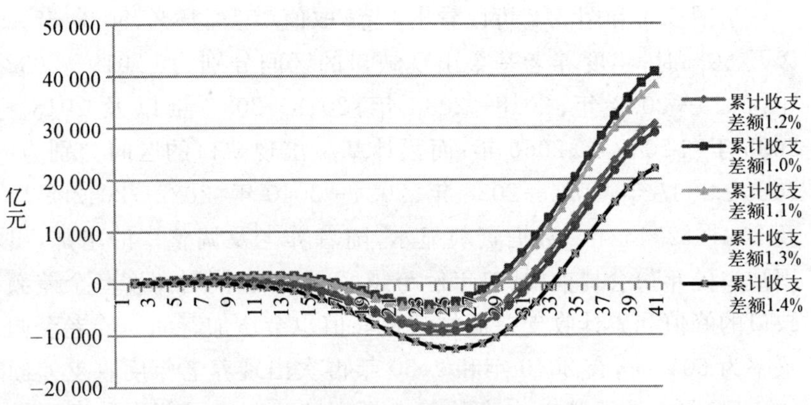

图 5.4　40 年间过渡计发系数取不同值时养老基金累计收支差额变化趋势

由图 5.3 和图 5.4 可以看出：其他参数不变，过渡计发系数 ε_2 取值为 1.0%、1.1%、1.2%、1.3%和 1.4%时，年度基金缺口区间分别为：2021—2033 年、2020—2033 年、2018—2033 年、2018—2033 年和 2016—2034 年；累计基金缺口区间为：2027—2037 年、2027—2038 年、2024—2040 年、2022—2040 年和 2019—2042 年。可见，过渡计发系数对养老保险基金缺口的影响并不是很明显，这主要是因为过渡计发系数影响的只是“中人”。

(三) 平均缴费工资指数 β 的敏感性分析

根据国发[1997]26 号文件的规定平均缴费工资指数的上限和下限分别为社会平均工资水平的 60%和 300%，而在实际计算过程中我们发现，当 β 取值为 140%其他条件不变时，现行养老保险制度的运行就十分困难，所以在本书中我们对 β 的敏感性分析区间设为 60%—140%之间。

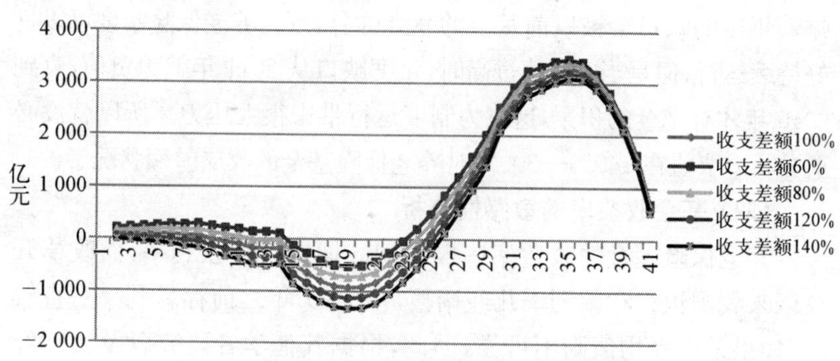

图 5.5　40 年间平均缴费工资指数取不同值时养老基金年度收支差额变化趋势

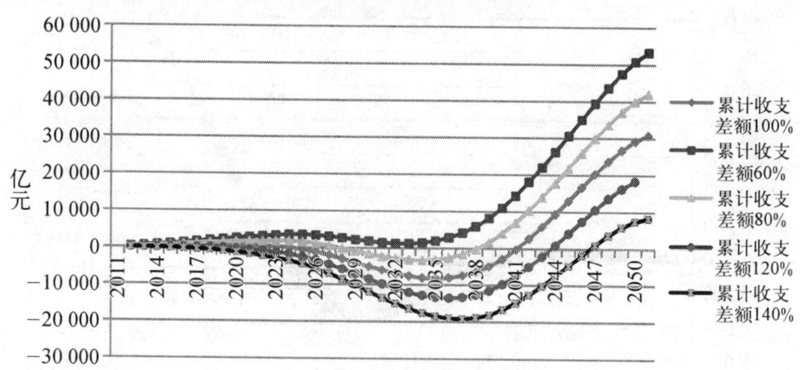

图 5.6　平均缴费工资指数取不同值时养老基金累计收支差额变化趋势

由图 5.5、图 5.6 可以看出，在其他参数不变，平均缴费工资指数分别取值 60%、80%、100%、120%和 140%时，年度基金缺口的区间分别是：2024—2032 年、2021—2032 年、2018—2033 年、2015—2034 年和 2011—2034 年；当 β 取值为 60%时，累计基金不会出现缺口，取其他值时的缺口区间依次为：2027—2037 年、2024—2040 年、2018—2042 年和 2011—2045 年。

可以看出当 β 取值为最小值 60%时，积累基金不会出现缺口，意味着年度的缺口会被以前基金的累计弥补，现行养老保险制度可以良好持续运行；但是当 β 取值过高时，年度缺口从 2011 年就为负值，直到 2046 年才有基金的积累，这将为制度运行带来很大压力。所以就没必要分析 β 取值在 140%—300%时养老保险基金的收支差额状况了。

（四）基金收益率的敏感性分析

养老保险基金的收益率一般采用同期银行存款利率，而改革开放以来我国银行存款利率几经调整，在 1997 年之前存款利率一直较高，如果采用平均值则不可靠，因此，根据其他学者研究以及实际经济发展状况基金收益率 i 的取值范围设在 3.5%—5.0%之间。那么，对基金收益率的敏感性分析结果如图 5.7 所示：

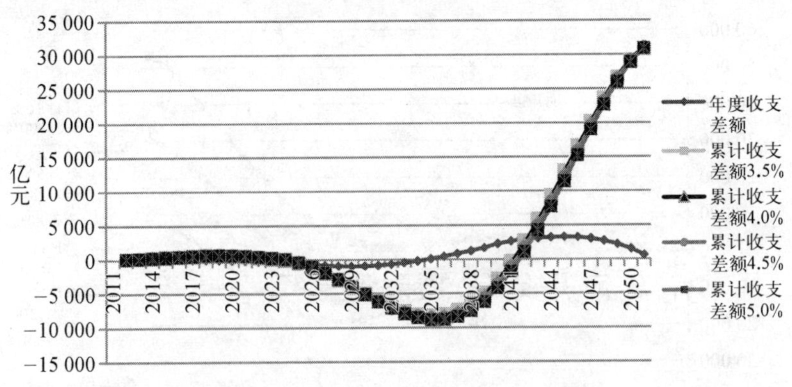

图 5.7　养老保险基金收益率取不同值时养老基金累计收支差额变化趋势

通过分析我们可以看出：养老保险基金收益率 i 的提高并没有改变累计基金缺口出现的区间，累计基金缺口的爆发区间一直是2024—2034 年，缺口的峰值也总是出现在 2034 年，且收支差额也没有太大的变化。这意味着较低的收益率对改善养老保险基金收支状况没有太大的帮助，只有在收益率明显提高的情况下养老保险基金收支缺口才会出现显著变化。那么，对于我国政府来说在其他条件不变的情况下，只靠收益率的提高来维持养老保险制度的持续运行是十分困难的。

（五）敏感性分析的结果

通过动态模型参数的敏感性分析我们可以列出表 5.1。

参数的敏感性可以以年度收支缺口期间和累积赤字持续的期间来判断谁是主导因素。最明显的是名义工资增长率的变化，最不明显的因素是养老保险基金收益率的变化；参数的敏感性排序（由大到小）：平均缴费工资指数、养老保险调整率、过渡计发系数、基金收益率。从这一结果看，将养老保险统筹账户存在的财务可持续性的问题归因于基金收益率低，这种看法是值得商榷的，即使基金收益率提高到中等水平，年度缺口和累积赤字亦没有实质性的改善。同时，高收益伴随着高风险，难以保障统筹账户的安全性。

二、统筹账户可持续运行指标重建基础上的参数分析

从养老金支出方面看，若单纯考虑财务可持续性，减少支出是一件简单的事情。根据公式，降低计发系数和养老金调整比率均可以达到减少支出的目的。但是这样的措施无疑会进一步降低平均替代率的水平，养老保险水平的刚性决定了“节支”措施的局限性。

除此之外，可以进行参数设计，提高内源性融资。根据养老金收入模型，满足下列情况之一就会使收入增加：退休年龄越大、在岗职工的平均工资越高、统筹账户的缴费比例越高、在职职工的参

表 5.1 养老保险基金缺口对各参数的敏感性比较

参数	取值	年度收支缺口期间	长度	年度缺口峰值年份	累积赤字期间	长度	累计赤字峰值年份
平均缴费工资指数 β_2	60%	2014—2032	19	2028	无	无	无
	80%	2021—2032	12	2032	2027—2037	11	2033
	100%	2018—2033	16	2028	2024—2040	17	2034
	120%	2015—2034	20	2028	2018—2042	25	2035
	140%	2011—2034	24	2028	2011—2045	35	2036
养老金调整率 k	40%	2019—2032	14	2028	2025—2037	13	2032
	45%	2019—2032	14	2028	2024—2038	15	2033
	50%	2018—2033	16	2028	2024—2040	17	2034
	55%	2018—2034	17	2029	2022—2042	21	2035
	60%	2018—2035	18	2029	2021—2045	25	2036
过渡计发系数 ε_2	1.0%	2021—2033	13	2028	2027—2037	11	2033
	1.1%	2020—2033	14	2028	2026—2038	13	2033
	1.2%	2018—2033	16	2028	2024—2040	17	2034
	1.3%	2018—2033	16	2028	2022—2040	19	2034
	1.4%	2016—2034	19	2028	2019—2042	24	2035
基金收益率 i	3.5%	2018—2033	16	2028	2024—2040	17	2034
	4.0%	2018—2033	16	2028	2024—2040	17	2034
	4.5%	2018—2033	16	2028	2024—2040	17	2034
	5.0%	2018—2033	16	2028	2024—2040	17	2034

保人数越多、缴费工资占平均工资的比重以及综合征缴率越高。若同时考虑平均替代率,结论就不那么简单了。上述参数中的退休年龄、在岗职工的平均工资和参保人数,同时出现在统筹账户收入和支出公式中,即同时影响财务状况和平均替代率,与其他参数相比这三个因素的影响方向和程度更为复杂,需要进行具体的分析和比较。

如前所述,退休年龄、在岗职工的平均工资和参保人数同时出现在统筹账户收支模型及平均替代率模型中,因此三者的变动对于制度可持续性的影响比较复杂。就统筹账户而言,提高法定退休年龄有增加收入、推迟支出和缩短支出年限的效果,在新的指标框架下,改善财务的效果及对平均替代率的影响程度需要做进一步预测分析。曾有文章提出,提高国民收入、改善分配格局对于基本养老保险基金的可持续运行能力有改善作用,其可持续运行能力主要考虑的是财务改善方面,如果同时考虑两大指标的情况下,结论是否成立?我们在改善分配格局过程中需要采取什么配套措施?参保人数与人口自然增长率、劳动力转移速度、就业情况及参保率等因素有关,如果说人口自然增长率、劳动力转移速度、就业情况是养老保险制度的外生变量,则参保率的变化是内生变量,提高参保率对财务状况有双重作用:在增加养老金统筹账户收入的同时又相应提高了未来的支付压力,因此提升参保率能否成为增强统筹账户可持续运行能力的措施还有待考察。

1. 推迟退休年龄的比较静态分析

其他条件不变,假设在测算时点法定退休年龄延长1岁,影响到的模型参数有:测算期间的在职参保人数$l'_{x,s}$、退休参保人数$l_{x,s}$、退休时的缴费年限TI,建立个人账户前实际缴费年限和视同缴费年限TI_x,退休年龄b。对于指标的影响如图5.8、5.9、5.10所示。

将目前法定退休年龄和退休年龄延长1年的情况从基金年度结余、累积余额和平均替代率三个方面进行比较,可以看出:

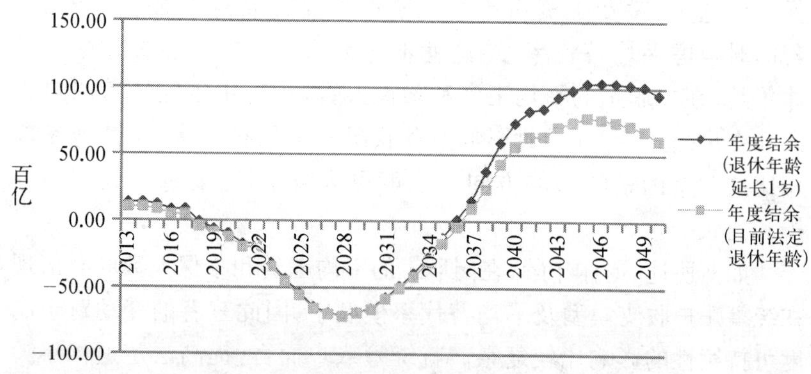

图 5.8　不同退休年龄条件下的年度结余

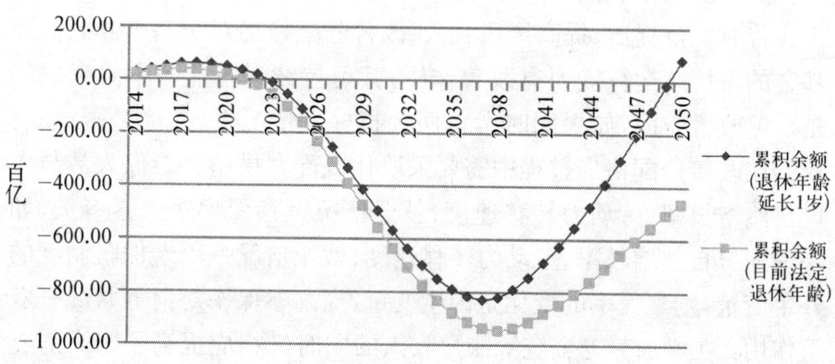

图 5.9　不同退休年龄条件下的累积余额

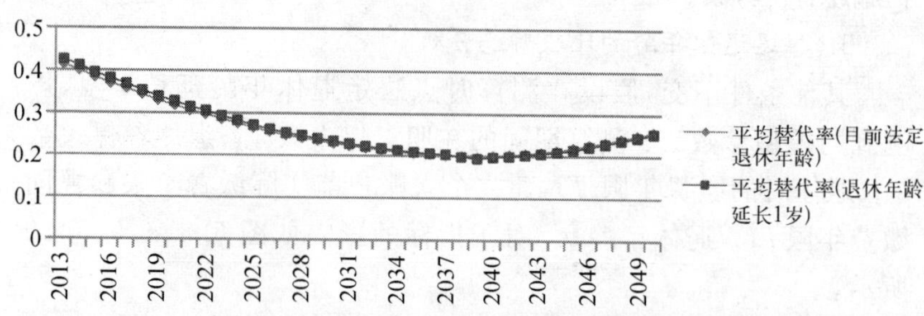

图 5.10　不同退休年龄条件下的累积余额

第一，年度结余方面，两者都经历了先抑后扬再抑的过程，如图5.8所示。都是从2018年开始出现缺口，2028年缺口最大，目前法定退休年龄情况下最大缺口为7 138亿元，退休年龄延长1年情况下亏损为7 106亿元，之后缺口渐减并分别于2037年和2036年重新开始实现盈余，两者变动趋势基本一致。

进一步比较，从2013年开始，在退休年龄延长1年的情况下，基金年度结余状况都好于目前法定退休年龄的情况。虽然由于老龄化高峰的原因也出现大量的年度缺口，但是延迟退休年龄对于养老金有增收减支的作用，在重新开始盈余之后增长速度更快，使得年度结余高出目前法定退休年龄情况下的差值逐步拉大，至2050年时两者的年度结余差额达到最大差值3 392亿元。

第二，如图5.9所示，累积余额方面，在目前法定退休年龄的情况下，累积余额在2021年开始为负值，2038年达到最大赤字94 657亿元后开始逐步回升，至2050年时赤字为46 367亿元；在退休年龄延长1年的情况下，累积余额从2023年开始为负值，也于2038年达到最大赤字为82 056亿元。此后，累积余额逐步上升，在2050年时实现盈余，为7 990亿元。从图中可以看出两者变动趋势较为接近，都经历了先升后降再升的过程。但由于增收减支的原因，在退休年龄延长1年的情况下，累积余额始终大于目前法定退休年龄的情况，两者差值呈不断扩大的趋势。

第三，如图5.10所示，平均替代率方面，在目前法定退休年龄和退休年龄延长1年这两种情况相似度很高，基本保持一致。2013年时两者平均替代率最高，高于40%；随着人口老龄化趋势的到来，2039年时两种情况下的平均替代率最低，低于20%，之后逐渐上升，在2050年时约为25%。目前法定退休年龄下2013—2050各年度平均替代率均值为26.04%；退休年龄延长1年情况下，各年度平均替代率均值为26.38%，后者的养老保障平均水平更高，可见退休年龄的延长并没有减少人均福利的消极作用，相反由于基金收入的增加及在职及退休职工参保人数的变化人均福利有所增加。综合上述指标三者，可以推断延长退休年龄 1 年更有利于增强统筹账户的可持续运作能力。

2. 在岗职工平均工资增长率变动的比较静态分析

在岗职工平均工资同时影响养老金收入和支出，该因素的增长会增加养老金收入的同时增加养老金的支出负担，需要进一步对比分析以判断其对收入和支出影响力度。名义工资增长率 g 受实际工资增长率和通货膨胀水平共同影响，假设通货膨胀率不变，只是实际经济产出水平的变化导致的名义工资增长率的波动，在其他参数取值不变时，可以计算名义工资增长率 g 的变化对养老金收支及平均替代率的影响，具体结果如图 5.11、5.12、5.13 所示：

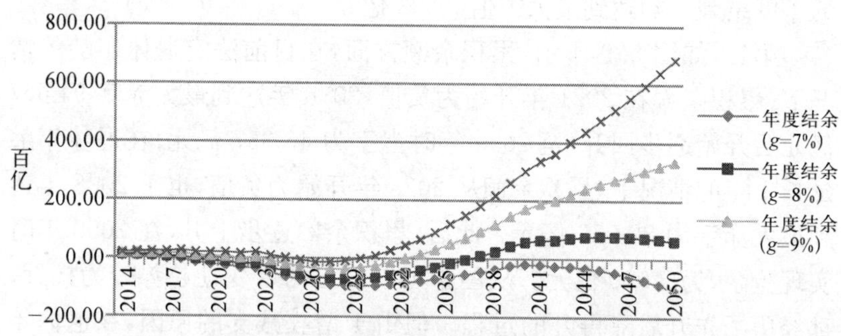

图 5.11　不同名义工资增长率下的年度结余对比

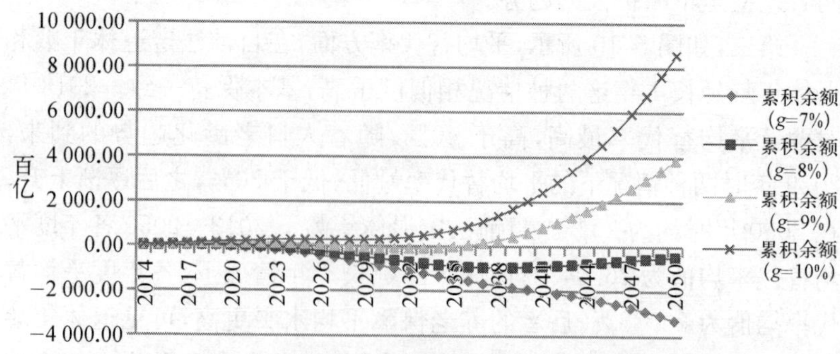

图 5.12　不同名义工资增长率下的累积余额对比

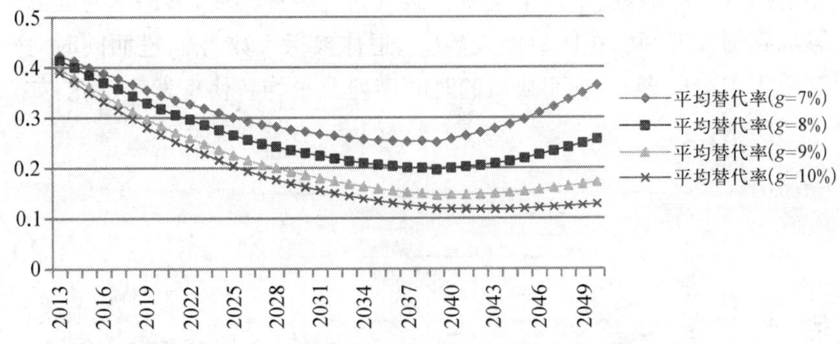

图 5.13　不同名义工资增长率下的平均替代率对比

第一，由图 5.11、图 5.12 可知，在其他参数不变的情况下，实际经济产出水平的变化所导致的名义工资增长率的增加可改善账户的财务状况。名义工资增长率＞8%，年度缺口规模和持续时间均处于理想范围，结合累积余额的走势，到 2050 年账户将有数目可观的资金积累，养老金统筹账户的财务可持续性良好。因此，如要达到改善财务状况的目标，需保持低通胀率的前提下提高名义工资增长率至8%以上。

第二，名义工资增长率与养老金平均替代率呈负相关。如图 5.13 所示，名义工资增长率越高，平均替代率越低，结合名义工资增长率 g 的变动对养老金缺口的影响的分析可以看出，在调整率 k 一定的情况下，名义工资增长率的提高对养老金收入和支出的作用具有不对称性：对收入的提升作用超过支出。可见，通过调整国民收入结构提升在岗职工平均工资增长率，可以改善账户的财务状况，但同时会拉大在岗职工与退休人员的福利水平，因此对退休人员的补贴也应随之提高，以达到财务的可持续与提高平均替代率两者兼顾的目标。

3. 提升参保率增长速度的比较静态分析

决定在职职工参保人数的因素有两个：一是城镇职工基本养老保险覆盖范围内的在职人员人数，二是参保率。第一个因素受人口年龄结构的影响,属于外生变量。假设其他条件不变,参保率的提高影响到测算期间的在职参保人数$l'_{x,s}$、退休参保人数 $l_{x,s}$,进而同时对账户收支造成影响,进而缺口的时间序列及平均替代率发生变化,如下图所示:

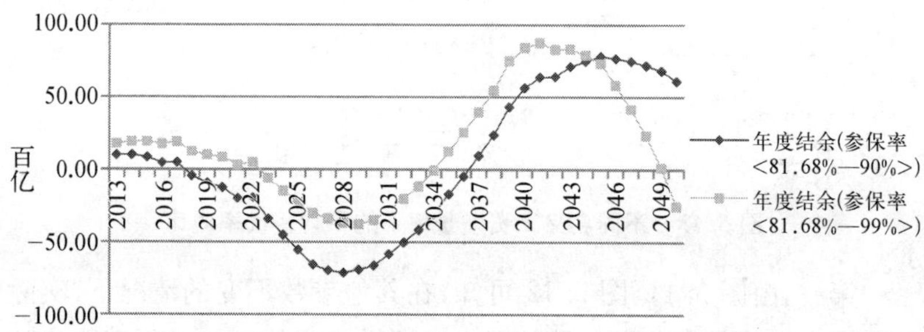

图 5.14　不同参保率变动趋势下的年度结余对比

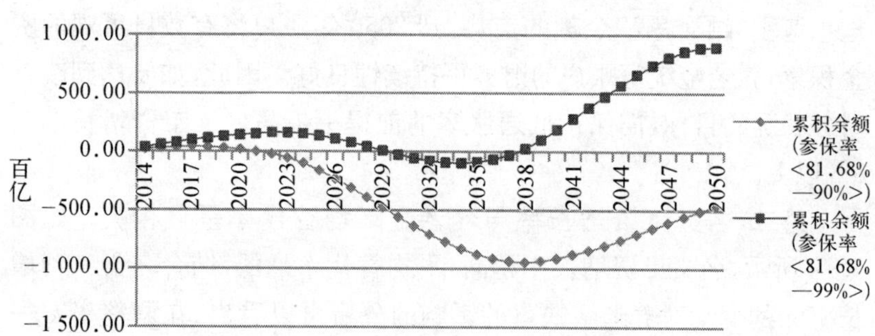

图 5.15　不同参保率变动趋势下的累积余额对比

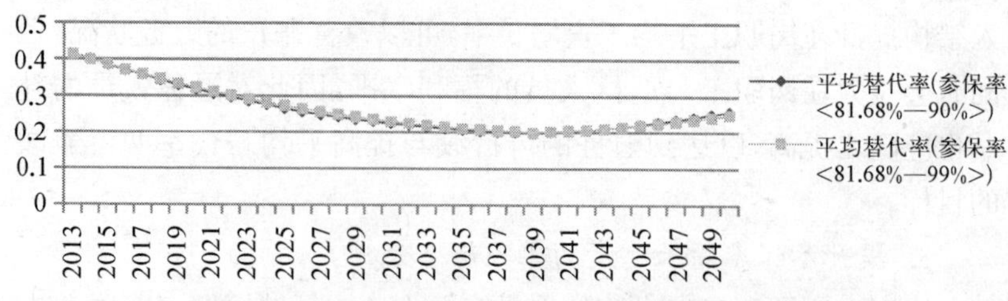

图 5.16　不同参保率变动趋势下的平均替代率对比

第一,两种情况下的年度结余都要经历先抑后扬再抑的过程。如图 5.14 所示,从养老保险统筹账户年度结余来看,在养老金参保率由 81.68%增至 2050 年的 90%的情况下,于 2018 年开始呈现缺口态势并将持续至 2036 年,持续时间约 19 年。2036 年之后呈结余状态并保持逐步增加趋势,于 2045 年达到最高值后,结余增长率小幅减少,但在 2050 年前仍保持结余状态良好;养老金参保率从 81.68%增至 2050 年的 99%的情况下,由于扩大了基金收入来源,养老保险基金出现缺口的情况推迟至 2023 年,持续 12 年,在 2035 年时达到盈余,之后相比于第一种假设情况快速递增,2041 年达到最高值,之后因为退休人员数量增加而快速下降,于 2050 年养老基金结余重新达到负值。

对比养老保险参保率从 81.68%升至 2050 年的 90%与升至 99%的这两种情况,两者都要经历从下降到上升再到下降的过程。其中,由于第二种假设相比于第一种假设在增加养老金参保率上做得更好,增加了基金来源,使其缩短了第一波年度缺口持续的时间及规模。但是无论哪种情况都扩大了参保人数,新参保人员在参加保险计划之时多为年轻劳动力,在测算后期达到退休条件,开始领取养老保险金,导致了基金年度结余的第二轮下降。其中,在第二种情况下,新参保人员更多,这使得年度结余从 2041 年开始下降,2045 年开始呈现剧烈下滑趋势,2050 年达到负值。相比之下,第一种情况在年度结余第二轮下降过程中,开始年份更迟,下降幅度较缓。

第二,两种情况的累积余额都经历了从先扬后抑再扬的过程。如 5.15 所示,从养老基金累积余额上来看,在养老金参保率从 81.68%增至 2050 年的 90%的情况下,2014—2017 年基金累积余额有一个短暂阶段的小幅上升,旋即开始下降,至 2021 年出现基金累积亏损,并一直持续到 2050 年,其中于 2038 年达到最大亏损,之后亏损逐渐减少。第二种情况即参保率从 81.68%增至 99%的情况下,基金积累余额也先经历了一个上升的过程,从 2023 年开始下降,2030 年开始出现亏损并持续亏损 8 年,从 2038 年起恢复盈余,其后保持较快速增长。

无论是参保率扩大至 90%还是 99%,在这两种情况下基金累积余额都经历了从上升到下降再到上升的过程，两者也都会经历养老金累积余额的亏损。但从图中可以明显看出在参保率上升至99%的情况下，累积余额始终大于上升至90%的情况，且经历基金亏损时间较短，亏损程度相较另一种情况也小得多。

第三，在两种情况下，平均替代率的变动趋势保持高度相似，两者都经历了先降后升的过程。如5.16所示，在养老保险参保率扩大至90%和99%这两种情况下，平均替代率从2013年的大于40%，降至最低点低于20%(2039年)，之后都有小幅回升，在2050年时都保持在25%左右。养老保险参保率扩大至90%的情况下，2013—2050年平均的年度替代率为26.038 2%；参保率扩大至99%的情况下，2013—2050年平均的年度替代率为26.287 3%。对比可知参保率提高至99%的情况下，平均的年度替代率更高。

综上，对于养老保险参保率扩大至90%与99%的两种情况可以对比得出，在参保率扩大至99%的情况下，基金累积余额和年度替代率的状况都要好于扩大至90%的情况。因此，积极推进养老保险的参保率，不仅对于制度的普及、完善具有重要作用，也有利于维持养老金的可持续运营和保证适当的养老金替代率。

退休年龄延长1岁及提高参保率均可以增强账户的可持续运行能力。相比较而言，提高参保率的作用更大，如图5.17及图5.18所示：

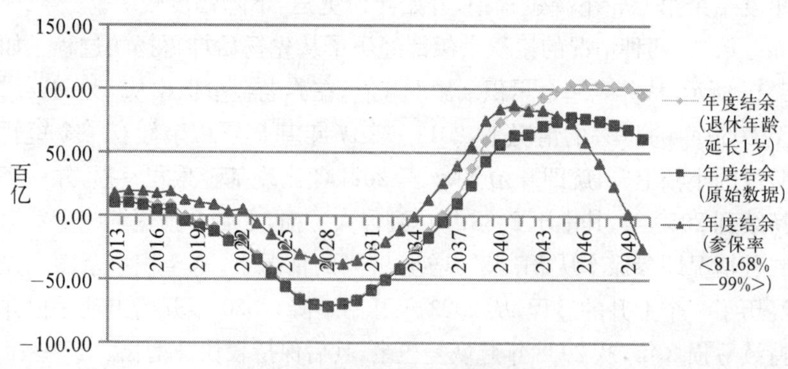

图5.17　三种情况的年度结余对比

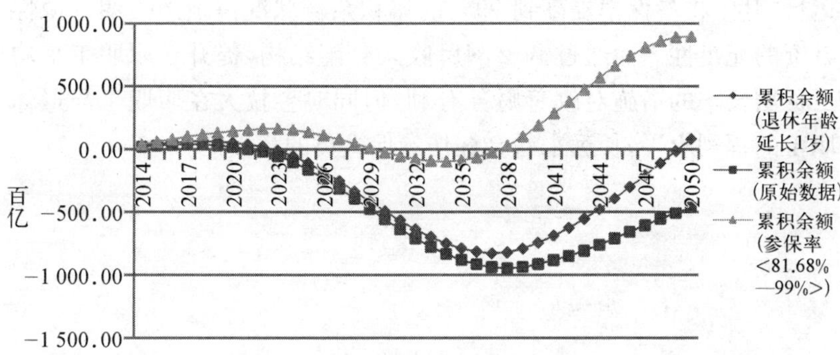

图 5.18 三种情况的累积余额对比

三、结论

本章根据现行养老保险制度的规定，考虑参保人数的动态变化，利用精算方法测算了我国城镇职工基本养老保险改革中统筹账户缺口规模及平均替代率的变化趋势，进而分析养老保险制度统筹账户部分是否具有可持续性。在此基础上筛选三个对账户可持续性造成综合影响的参数进行比较静态分析，主要结论如下：

(一) 政府筹措资金的主要途径

一是制度内筹资，即挖掘养老保险制度内部资金潜力，提高内部资金使用效率；二是制度外筹资，即以其他方式从养老保险制度外部获得资金。养老保险统筹账户若要获得可持续发展的长久稳定动力，需要制度内部调节为主，外部调控为辅，于是调整现行制度成为首要考虑的措施。

(二) 模型所示的增收节支方式并非全部可行

以重建后的可持续运作能力衡量指标为标准，通过单方面调整支出参数达到节支效果并不具有可行性。增收方面，增加综合征缴率、提高征缴效率是可行办法。比较静态分析结果表明，对账户收支有综合影响的参数中延迟退休及提高参保率能够维持账户的可持续运行，其中将参保率提高到99%的累积余额状况清晰地表明内源性融资的充足性。而通过调整国民收入分配结构，提升在职职工平均工资增长率的措施对改善财务有利，但同时会拉大在职职工与退休职工的福利水平，长远来看会挫伤参保人员的积极性。

第六章

个人账户面临的挑战及对统筹账户债务的叠加效应

养老保险作为关系民生的重要领域，随着改革的进行及老龄化进程的加快日渐成为研究的焦点。在现收现付转为部分积累的制度转轨过程中建立起来的统筹账户，因在满足以代际赡养为目的的养老金支付方面面临危机而受到普遍关注。个人账户的运作机制是个人在职期间缴费并通过保值增值实现跨期的自我供养，关注焦点在于保值增值、“空账”及由此带来的制度选择问题。而目前忽视的是，两个账户除了在“空账”问题上有关联之外，个人账户的制度选择对统筹账户缺口也会产生相当大的影响，因此需要对个人账户支出结构进行预测，以呈现个人账户对统筹账户在原有缺口基础上的叠加效应。

现有文献在个人账户“空账”问题和制度选择方面以定性研究为主。另外，下列个人账户对统筹账户的影响一直被忽视。现行制度规定，养老金个人账户缴费以及增值部分完全用于个人账户养老金支付，但这种支付以个人账户全部储存额为限，如果个人账户资金全部发放之后退休人员仍在世，个人账户养老金需继续发放，资金来源于统筹资金，显然个人账户对统筹账户的支付负担形成一定的影响。

一、个人账户精算模型

参保职工类型不同，所适用的征缴和计发办法不同。[1997]26

号文件规定个人账户征缴标准为个人缴费工资的 11%,其中个人交纳 8%,统筹划入 3%,计发时月支付额为个人账户储存额除 120 个月。[2005]38 号文件规定个人账户征缴标准为个人缴费工资的 8%,统筹不再划入,计发时月支付额为个人账户储存额除以相应的计发月数。测算点为 2013 年 1 月 1 日,测算期间为 2013—2050 年。

(一) 在职参保人员的个人账户积累和支出模型

以同一年龄组职工整体为精算对象,分别计算该组职工在职期间的缴费总额与退休后领取的养老金总额。假设该组职工 a 岁参加工作,参保人数为l_a,到 b 岁退休时参保人数为l_b,x 岁职工死亡率为 q_x,生存率为 $1-q_x$,开始缴费时的平均工资为 $\overline{w_a}$,根据职工类型确定相应的缴费率C_r,i 为利率。

1. y 年个人账户基金收入

假设 m 年初参加工作,则 y 年该年龄组在职职工个人账户缴费总额构成个人账户基金年度收入为:

$$I = C_r \cdot \overline{w_x} \cdot l_x = C_r \cdot \overline{w_a} \cdot (1+g)^{y-m} \cdot l_a \prod_{x=a}^{a+y-m} (1-q_x)$$

$$(a+y-m < b)$$

其中 $l_a = \dfrac{l_b}{\prod\limits_{x=a+1}^{b} (1-q_{x-1})}$

2. 在职职工死亡的个人账户返还

截至 y 年初人均个人账户累积额:

$$\bar{I}_y = \sum_{x=a}^{a+y-m} C_r \cdot \overline{w_x} \cdot (1+i)^{y-m}$$

其中:$a+y-m=b$ 时,上式为该年龄组退休时的人均个人账户积累额记为 $\bar{I}_{yb}$ 。

y 年初的个人账户返还支出:

$$E_{y1}=\bar{I}_y\cdot l_a\prod_{x=a}^{a+y-m}(1-q_{x-1})\cdot q_x$$
$$=l_a\cdot\left[\prod_{x=a}^{a+y-m}(1-q_{x-1})\,q_x\right]\cdot\left[\sum_{x=a}^{a+y-m}C_r\cdot\overline{w_x}\cdot(1+i)^{y-m}\right];$$

(二) 退休参保人员的账户支出

1. 退休人员人均个人账户支付额

按照现行制度规定“个人账户养老金计发月数表”及普通年金现值计算公式，通过 $\bar{I}_{yb}=e_{yb}\cdot\left(\frac{P}{A},i,n\right)$，可以求得退休人员年人均个人账户支付额 $e_{yb}=\frac{\bar{I}_{yb}}{\left(\frac{P}{A},i,n\right)}$，其中 $\left(\frac{P}{A},i,n\right)$ 为年金现值系数，i 为利率，n 为根据计发月数计算的计发年数（职工类型不同，计发年数有异）。

2. 生存退休参保人员账户支出

$$E_{y2}=\frac{\bar{I}_{yb}}{\left(\frac{P}{A},i,n\right)}\cdot l_a\cdot\left[\prod_{x=a}^{a+y-m}(1-q_x)\right]$$
$$(a+y-m>b)$$

3. 死亡退休参保人员账户支出

y 年死亡时账户的剩余部分人均额为：

$$\bar{I}_{yb}\cdot(1+i)^{a+y-m-b}-e_{yb}\cdot(a+y-m-b-1)$$
$$E_{y3}=\left[\bar{I}_{yb}\cdot(1+i)^{a+y-m-b}-e_{yb}\cdot(a+y-m-b-1)\right]\cdot$$
$$l_a\cdot\left[\prod_{x=a}^{a+y-m}(1-q_{x-1})\cdot q_x\right]$$

参数设定与第四章计算统筹账户缺口的参数设定相同。参照[1997]26 号文件及[2005]38 号文件，2006 年之前个人账户缴费率 C_r 为 11%，从 2006 年开始变为 8%。根据《社会保险法》，个人账户记账利率参考同期银行存款利率计算利息，假定记账年利率 i 为3.5％。

二、名义账户制与积累制下的个人账户收支分析

目前我国个人账户实行缴费确定型的完全积累制，该制度面临的主要财务风险在于：账户资金的投资运作保值增值力度以及参保人员寿命延长超过计发月数而引致的对统筹资金的挤占乃至财政支出的压力。同样是缴费确定型，个人账户还有一种现收现付制度即名义账户制，支付方式与缴费确定型的完全积累制相同，只是资金来源发生变化，前者来源于同年度在职参保人员的缴费供养退休人员，后者来源于退休参保人员在职期间参保之日起的缴费积累，该制度面临的财务风险与统筹账户相似，主要是账户收支不平衡带来的支付压力。

(一) 名义账户下个人账户的财务状况

根据上面的假设，可以估计出 2013—2050 年养老保险的收支情况（以 2013 年的价格为基准）。把各种变量值输入 EXCEL 软件中，可以得出未来的年度收支、基金结余、基金率等的预测结果，如表 6.1 所示。

表 6.1　现行制度下城镇职工养老保险基金个人账户结余

单位：百亿元

项目 年份	年度收入	年度支出	年度余额	累积余额	统筹账户累积余额
2013	74.67	25.36	49.31	49.31	10.01
2014	77.14	29.27	47.87	98.89	20.38
2021	86.37	71.85	14.52	374.23	−0.10
2022	88.08	77.30	10.78	398.10	−19.50
2023	87.82	83.61	4.21	416.25	−54.41
2024	92.23	87.10	5.13	435.95	−101.65

续　表

年份\项目	年度收入	年度支出	年度余额	累积余额	统筹账户累积余额
2025	93.00	93.65	−0.65	450.56	−160.81
2026	94.59	99.60	−5.01	461.32	−232.10
2029	102.23	115.95	−13.72	471.55	−475.02
2030	105.61	120.39	−14.78	473.27	−558.06
2034	118.13	128.28	−10.15	494.21	−833.33
2035	121.30	130.37	−9.07	502.44	−879.57
2036	124.11	133.07	−8.96	511.06	−915.09
2037	126.44	135.75	−9.31	519.64	−937.57
2042	131.21	163.56	−32.35	520.98	−848.36
2043	130.63	171.11	−40.48	498.73	−807.15
2044	128.86	180.01	−51.15	465.03	−760.86
2047	118.16	211.65	−93.49	273.69	−606.05
2048	113.34	223.41	−110.07	173.20	−555.52
2049	105.10	240.97	−135.87	43.40	−506.90

如果采用名义账户制，需要密切关注财务风险的预测和控制。如表 6.1 和图 6.1 所示，总体来说 2013—2050 年度结余处于下行趋势，2013 年个人账户基金结余 4 931 亿元，之后结余额逐渐降低，2025 年开始出现缺口为 65 亿元，2030 年缺口达到极大值 1 478 亿元。从 2031 年开始缺口状况有所缓解，2037 年缺口达到极小值 931 亿元，随之而来的是缺口规模的快速扩大。累积余额（结余或赤字）反映出个人账户内源性融资和财务运转的状况，因 2025 年之前有大量的年度结余，累积结余数目可观，尽管 2025 年出现年度缺口，但累积结余保持在 500 亿左右，2043 年开始同时出现支出规模的增长加速和收入规模下降的情况，累积结余下降明显。上述趋势表明，测算期内仅靠制度本身的资金支持，名义账户制下的个人账户可以实现财务的可持续性，达到自我平衡的状态。

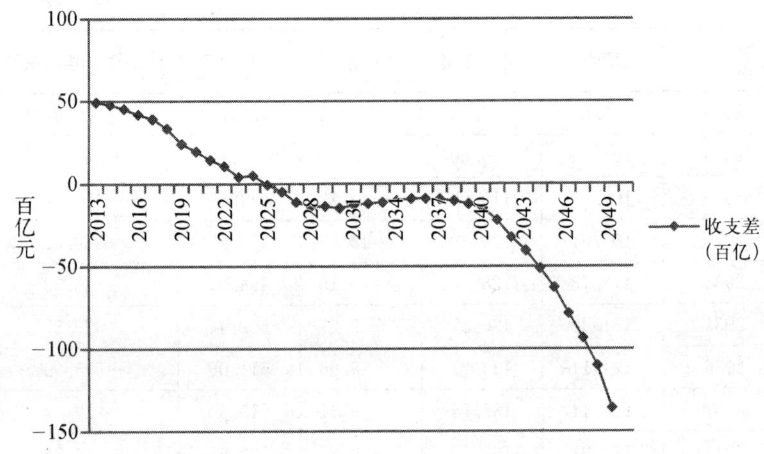

图 6.1　2013—2050 年年度结余变动趋势

(二) 积累制下的支付压力分析

根据第六次全国人口普查详细汇总资料计算，2010 年中国人口平均预期寿命达到 74.83 岁，比 10 年前提高了 3.43 岁。中国男性人口平均预期寿命为 72.38 岁，女性为 77.37 岁①。根据“个人账户养老金计发月数表”，女职工 50 岁退休，个人账户养老金计发月数为 195 个月即 16.25 年；女干部 55 岁退休，个人账户养老金计发月数为 170 个月即约为 14.17 年；男职工 60 岁退休，个人账户养老金计发月数为 139 个月即 11.58 年。结合平均寿命及政策，必然有部分职工在个人账户存储额计发完毕后仍在世，而且随着寿命的逐渐提高，这部分职工的人数会越来越多，那么在积累制下继续享受的养老金待遇需要动用统筹账户的资金，因此在支付高峰期必然大幅度提升统筹账户支付压力。个人账户精算模型可以预测出积累制下因寿命超出计发月数而需要统筹账户补足的部分(下称个人账户统筹支出)，从而更精确地把握统筹账户的年度支出和累积余额情况。

---

① 国家统计局网站 http://www.stats.gov.cn/was40/gjtjj_detail.jsp? channelid=2912&record=1

表 6.2　考虑个人账户统筹支出后的统筹账户年度余额及累积余额

单位：百亿元

年份	个人账户统筹支出	统筹账户年度余额（考虑个人账户）	统筹账户累积余额（考虑个人账户）
2013	2.12	7.89	7.89
2014	2.46	7.56	15.73
2017	3.03	1.92	27.15
2018	3.07	−7.42	20.68
2019	3.08	−12.34	9.06
2020	3.05	−15.46	−6.09
2021	3.01	−22.88	−29.18
2022	2.91	−22.30	−52.51
2028	5.72	−77.10	−460.42
2029	6.68	−75.78	−552.32
2030	7.69	−74.11	−645.76
2036	15.21	−19.94	−1 100.42
2039	18.78	24.36	−1 196.50
2040	19.84	36.46	−1 201.92
2041	22.13	41.41	−1 202.57
2045	24.32	53.71	−1 176.05
2049	26.13	41.93	−1 149.67
2050	26.58	34.40	−1 155.51

表 6.2 及图 6.2、图 6.3、图 6.4 的数据及对比表明，测算期内个人账户的统筹支出逐渐增长，对统筹账户财务状况的影响也是逐步加深。2028 年统筹账户 2018—2036 年是年度收支缺口的集中爆发期，其中 2028 年达到最大缺口值，在这期间个人账户的统筹支出部分控制在 1 521 亿元之内，其中 2028 年仅有 572 亿元。2028 年之后统筹账户年度收支缺口逐渐减少，而个人账户的统筹支出部分反势

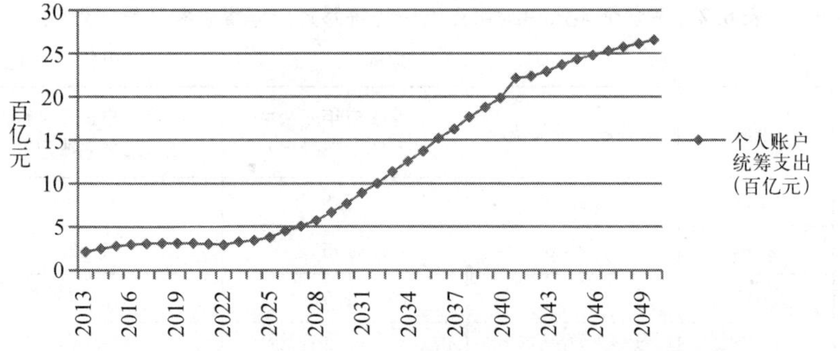

图 6.2　个人账户统筹支出

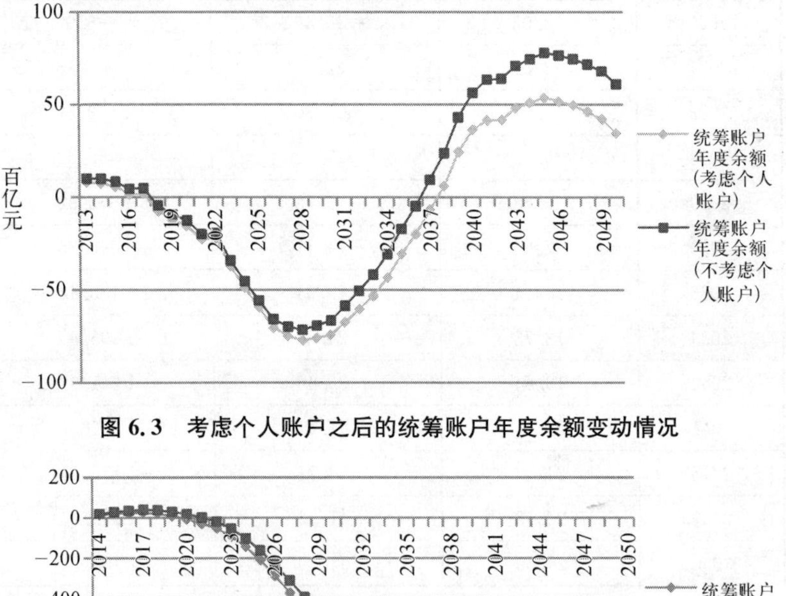

图 6.3　考虑个人账户之后的统筹账户年度余额变动情况

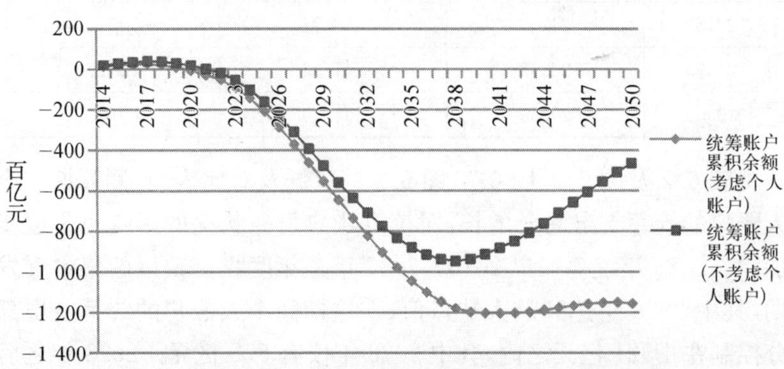

图 6.4　考虑个人账户之后的统筹账户累积余额变动情况

上扬，可见两者的变动趋势并不一致。与未考虑个人账户的统筹账户相比，个人账户的统筹支出部分支付压力趋后，表现在年度余额和累积余额曲线上更加明显。如图 6.3 和图 6.4 所示，考虑个人账户前后的年度余额及累积余额曲线越拉越大的差距，体现出个人账户统筹支出影响力的渐进性。

（三）个人账户养老金债务分布及“空账”做实

目前我国养老保险制度的“混账管理”模式，即通过挪用个人账户的累积余额弥补统筹缺口，由此造成的个人账户的“空账”问题不可小觑，中国社会科学院世界社保研究中心 2012 年 12 月 17 日发布的《中国养老金发展报告 2012》显示，中国城镇基础养老保险个人账户空账额继 2007 年突破万亿元大关后，2011 年突破 2 万亿元大关，达 2.215 6 万亿元[①]。我们需要做的是在个人账户支付高峰期到来之前逐步做实个人账户，以免造成个人账户的支付危机。如图 6.5 所示，总支出经历了一个先缓慢上升后急速上升的过程，目前因大部分拥有个人账户的参保职工尚未退休，个人账户支付压力不大。“空账”问题还没有产生严重的后果，与本阶段的支付状况有关。老退休中人和新退休中人的积累不多，因此在整个测算期并不构成支付压力。2013—2037 年主要是在职中人的支付期，经历了缓升到平稳的过程，其中 2028 年开始出现了第一批针对新人退休人员的支付，2028—2037 年在职中人支付平稳阶段，对于新人支付的增加成为拉升总支出的主要力量。2037 年之后对在职中人的支付逐渐减少，而对新人的支付快速上升并于 2042 年超过在职中人成为主要的支付对象，总支出也因此加快了增长速度。

测算期内，个人账户累积余额呈先升后降趋势，这与个人账户支付结构的主要部分——新人支付期延后有关。与统筹账户累积余额相比，其财务具有较好的可持续性。尽管如此，实际操作中账户资金挪用至统筹账户的做法不可取，这样的判断基于以下两点：一是从

① 东方早报网. http://www.dfdaily.com/html/136/2012/12/18/912899.shtml

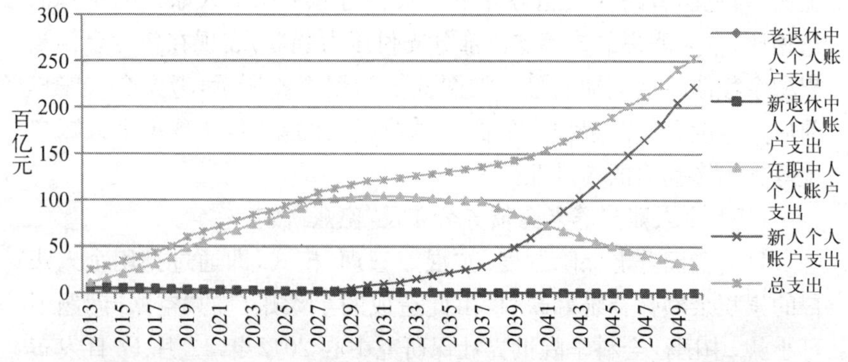

图 6.5　2013—2050 年个人账户养老金债务(可比价格)分布图

绝对值看,从 2029 年开始统筹账户累积赤字开始超过个人账户累积结余,挪用个人账户资金难以弥补统筹账户的支付缺口。二是随着新人支付期的到来,个人账户也出现明显的支付压力,个人账户不及时做实将威胁到养老保险制度的可持续运转。由上述分析可知,2028 年之前在新人支付还没有开始之时支付压力相对较轻,2013—2028 年之间做实个人账户可以避免“空账”造成的支付风险,2037 年新人的支付快速上升引发年度缺口加速,2028—2037 年之间做实个人账户,“空账”的风险可以得到控制,若 2038 年之后还没有做实个人账户,养老保险制度将会面临严重的支付危机。因此,对于个人账户养老金债务分布的分析,可以为“空账”做实列出大致的时间表。

三、结论

统筹账户与个人账户在财务方面的联系主要包括两个方面:一是因统筹支付压力增大而挪用个人账户资金引发的“空账”问题;二是现行制度承诺对个人账户计发期结束之后仍在世的参保人继续支付养老金,因资金来源于统筹账户而产生的统筹账户在原有缺口基础上的叠加效应。

(一) 个人账户的制度选择会对统筹账户的支付负担造成影响

名义账户制下个人账户在测算期内可以达到财务平衡。个人账户年度收支缺口将在2025年出现，在测算期内缺口规模呈递增趋势，并在2042年之后迅速扩大。尽管如此，从累积余额可以判断，2024年之前的账户积累及利息足以弥补不断扩大的年度缺口规模，从2042年开始随着年度收支缺口，累积余额迅速减少，但仍维持结余状态。因此测算期内选择名义账户制，个人账户能够实现财务平衡。

维持个人账户全积累制不变，统筹账户筹资负担将加重。在平均寿命延长而计发月数维持不变的情况下，积累制会出现个人账户的支付缺口，根据现行政策本部分缺口由统筹补足，必然会使原本赤字的统筹账户雪上加霜。2028年之后统筹账户年度收支缺口逐渐减少，但个人账户的统筹支出部分反势上扬，并且这种影响具有明显的渐进性。如果维持个人账户全积累制不变，统筹账户则需要筹措大约11.56万亿元的资金，积极调动内源性和外源性融资必不可少。

（二）精算模型证明以"空账"弥补统筹账户支付缺口的做法不可取

名义账户制下个人账户略有结余，但是累积结余规模远远低于统筹账户的累积赤字。另外测算期末个人账户支付压力增大，积累有迅速耗减的趋势，若前期积累用作弥补统筹账户赤字，则该时期个人账户将面临非常严重的支付困境，因此依靠个人账户的积累弥补统筹账户赤字是不现实的。

根据个人账户债务分布的预测，"空账"做实有最佳时间段。如果维持积累制不变，2028年之前在新人支付还没有开始之时个人账户的支付压力相对较轻，2013—2028年之间做实个人账户可以避免"空账"造成的支付风险。

第七章

养老保险基金筹资的重要性及面临的困境

账户的财务状况涉及每个人的切身利益，是社会养老保障体系的核心所在，而养老金的缴纳是账户收入的主要来源，是维持账户财务正常运行的关键。如前所述，维持财务平衡和保持平均替代率一定水平，两者共同作为可持续运行的衡量指标。在指标重建的情况下，能够对统筹账户起到有效支撑的措施主要有三种：一是制度内的参数调整，首先是只出现在养老金收入模型的参数，这种情况只需要调整相关参数即可，主要包括单方面影响收入的参数有：μ（缴费工资占平均工资的比重）、η（综合征缴率）。其次是同时出现在收入和支出模型，但经过比较静态分析和论证，参数的调整能够同时对可持续运行的两大衡量指标具有正面作用，主要包括提高参保率和延迟退休年龄。二是外源性的融资，即制度之外的筹资方式作为补充资金充实到养老保险账户之中，直接增加账户收入从而增强账户的可持续运行能力。三是账户的投资增值收入。作为社会保障最重要也是资金规模最庞大的部分，在保证安全性的情况下获得一定投资收入，可以作为账户可持续运作的有力保证。正如前面的分析，支出模型参数的调整不符合可持续运作的目标，因为支出的减少会降低平均替代率的水平，养老保险水平的刚性决定了“节支”措施的局限性。综上所述，扩宽筹资渠道应该成为提升养老保险账户可持续运行能力最主要的措施，扩宽筹资渠道、提升筹资能力应当成为努力的方向。然而现有制度的不完善影响到筹资渠道的多元化和筹资能力的提高，应当引起养老保险管理部门的足够重视。

在养老金征缴方面国家已颁布多个法令，1999 年 1 月国务院颁布的《社会保险费征缴暂行条例》已经实施了整十余年的时间，对我国的社会保险收费工作起到了全局性指导作用，2005 年 12 月 14 日，国务院发布了"国发[2005]38 号"文件，对计发办法和征缴工作做了进一步部署，在建立职工参保缴费的激励约束机制方面起到积极作用。2010 年《社会保险法》的出台更是提供强有力的法律保障，在原有基础上增加了转移接续制度及征缴过程中的法律责任，有利于进一步扩大养老金覆盖面和加大违法行为的惩治力度，在基金征缴约束机制方面有了很好的突破。但目前养老保险资金筹集中新问题新矛盾仍然层出不穷，养老保险覆盖面窄，城镇职工参保率低，企业瞒报少缴养老保险费现象在全国普遍存在。这是近年来养老体系巨额赤字的重要原因，也是我国养老保险制度改革和发展的瓶颈。

一、现有制度下的养老金筹资结构

现行制度规定在新制度实施前已经离退休人员、实施后退休且个人缴费和视同缴费年限累计满 15 年的人员，按照新老办法平衡衔接、待遇水平基本平衡原则，在发给基础养老金和个人账户养老金的基础上再确定过渡养老金，从养老保险基金中解决，但没有指明从何种渠道筹集退休人员这部分养老金，只笼统地说通过社会统筹来解决。随着我国老龄化速度加快，每年的养老金支出呈递增趋势，养老金改革之初的 1998 年约为 1 511.6 亿元，2008 年增至 7 390 亿元，平均每年增长 534.4 亿元。这些庞大的数据表明了这样一个不容置疑的事实：将来我们还面临着相当大的支付负担。按照现行制度，在职职工所缴纳养老金的统筹部分用于现收现付，但是现实情况是统筹收入的增速远远落后于养老金支出的增速，因此统筹账户的收支差额需额外筹集资金，用于老人和中人的养老金发放。目前额外的筹资渠道主要包括各级财政补贴、个人账户资金转移，由此带来财政负担加重，个人账户“空账”日益严重。

对筹资结构进行分析，首先必须知道每年的养老保险支出、统筹收入、财政补贴以及个人账户“空账”额，表1是相关的基本信息，除某些数据注明出处之外，其余数据根据历年《劳动和社会保障事业发展统计公报》整理得到。空账数据是各年度年底累计额。

表7.1 历年数据信息 单位：亿元

	基本养老保险基金收入	养老保险支出	个人账户空账累计	财政补贴	统筹账户	空账年增长额
1998	1 459	1 511.6	450	20*	576*	1 046
1999	1 965	1 925	1 000	100*	746*	1 396
2000	2 278	2 115	2 000	300*	791*	2 091
2001	2 489	2 321	3 000	400*	836*	2 236
2002	3 171.5	2 842.9	4 000	500*	1 069*	3 569
2003	3 680	3 122	4 700	530*	1 260*	2 490
2004	4 258	3 502	7 400	614*	1 458*	4 772
2005	5 093	4 040	8 000	651*	1 777*	3 028
2006	6 310	4 897	9 000	971*	3 203*	4 904
2007	7 834	5 965	10 000*	1 157	4 006*	5 174
2008	9 740	7 390	14 000	1 437	4 982	10 419

数据来源：各年度《人力资源和社会保障事业发展和统计公报》* 为估计数字，财政补贴部分根据刘翠宵的数据得到，见网站 http://blog.china.com.cn/liucuixiao/art/163637.html。统筹部分为估算。

因为没有统筹账户收入的相关数据，只能根据养老保险缴纳办法大致估算出占基本养老保险基金收入的比例。两种缴纳方式区别明显，2005年的征缴办法是在“做小做实”个人账户，此外以往企业划入个人账户的资金转入统筹账户。1997年的办法统筹部分至少占基本养老金收入的40%，而2005年的办法统筹部分至少为60%，根据这样的比例，我们大致计算出统筹账户收入。由表7.1的数据可得到筹资结构，因估算的问题，个别年份出现空账年增长额+财政补贴+统筹账户超过支出的情况。上述列表表明，统筹收入无法抵补养老金当期支付，支付危机频现，一方面要做实个人账户，另一方面挪用个人账户弥补养老金支付缺口的依赖性越来越强，个人账户空账累积额度节节升高，财政补贴也连年增长。

二、养老金账户管理和运作的不可持续性

尽管账面上实现了统筹账户和个人账户的分离，但实际操作过程中有挪用现象。在接下来的操作过程中能否真正做到统筹账户和个人账户分别管理，这有赖于各级政府的决心及监管制度的建立和完善。如果不能做到，增加基本养老保险收入的措施，如扩大征缴覆盖面或延长退休年龄，将带来更多的个人账户资金的转移或挪用，个人账户"空账"问题将愈演愈烈。如果将现收现付制过渡到部分积累制的整个偿债过程划分为三个阶段：IPD偿付期、IPD和个人账户偿付期以及个人账户偿付期，那么混账管理将使得偿债数额的增长难以控制。因此，探讨筹资问题，首先涉及的是账户的分离，即统筹账户与个人账户在管理运作上的彻底分离。

如果从现在开始彻底做到统筹和个人账户分离并进行有效监管避免挪用的话，从分离的那一刻起，个人账户均为实账，不能再被挪用。当务之急是解决下列问题：统筹账户资金主要来自企业，目前看来企业的统筹账户缴费率已经很高，但对于"老人"、"中人"当期支付的支出缺口犹在。在一些学者看来，统筹账户的扩大，某种程度上是现收现付制的回归。这意味着通过提高统筹账户缴费额度，让目前参加养老保险的职工共同负担以往未能形成个人积累的"老人"和"中人"的退休所得。个人账户做小做实后，统筹账户的缴费额等于或者高于个人工资的20%，这是一个相当高的额度。即便在欧美国家，社会统筹的比率也只有百分之十几。一方面缴费比例过高，企业不堪重负，另一方面统筹账户收支缺口如何弥补？

个人账户的缩小客观上增加了对于统筹账户的依赖性，从某种意义上说，这也是增加了对政府财政的依赖性。同时，面对统账分离之前历史欠账中的“空账”问题，做实个人账户需要大量资金，这对财政来说无疑是雪上加霜，可以预见将来用于养老金偿付方面的财政资金将不断增加。目前各省在做实个人账户方面采取了一些措施，如2006年天津、上海、山西、山东、河南、湖北、湖南和新疆等8个省区市开始试点做实个人账户，2008年浙江、江苏启动了自费做实个人账户试点工作，全国“做实”省份达到13个。但是个人空账做实所需资金的弥补只能是跨期偿付，采取什么措施偿付也是需要解决的问题。

养老金问题是养老保障体系的核心，目前改革中面临IPD偿付压力与个人账户做实之间的矛盾，只有在兼顾代际公平的前提下，解决矛盾真正建立起部分积累制，才能保障老年人的长远利益，从而实现建设和谐社会主旋律。站在国家角度讲，在养老金偿付上财政负担过重会影响公共财政其他功能的发挥，如何将财政负担率控制在可承受范围内探讨制度转轨的可持续问题，有助于开拓思路引入更多的解决渠道。

三、养老金筹资困境的表现

（一）养老保险覆盖面较窄

从提高养老保险效率来看，有效的覆盖面可以为养老保险筹集到足够的资金，提高债务的偿付能力，力保养老保险制度健康运行。参保人数的提升是养老保险制度持续运行的重要因素。我国企业职工养老保险制度（下简称养老保险制度）改革至今经历了覆盖面不断扩大的过程，从最初的国有和集体企业职工扩大到与用人单位存在劳动关系的城镇职工，进而在2005年下发的《关于完善企业职工基本养老保险制度的决定》中，将城镇个体劳动者和灵活就业人员也纳入覆盖范围之内，2010年颁布的《社会保险法》明确了农民工也可以同城镇职工一样参加基本养老保险，并同时颁布《农民工参加基本养老保险办法》和《城镇企业职工基本养老保险关系转移接续暂行办法》保证农民工的切身利益。但目前我国基本养老保险费收缴范围却是十分狭窄,收缴对象有限。从世界情况看,各类公共养老金计划覆盖了全球劳动力人口的1/3。而我国2009年全国城镇基本养老保险参保人数为2.35亿人,尚不及劳动力人口的30%。基本养老保险主要覆盖城镇国有企业和集体企业职工,流入城市的亿万农民工,多数游离于养老保险体系之外。

(二)城镇职工参保率较低

决定参保人数的另外一个关键因素是参保率,目前在实践中主要依靠行政措施确保一定的参保率水平,如通过单位代扣代缴确保企事业单位职工参保,或者参保成为获得某种身份的必要条件。行政措施维持的参保率水平状况不佳,在主要覆盖区域——城镇企业中,参加基本养老保险的职工比例并不理想。尽管法律上已将农民工纳入企业职工养老保险范畴,但从实际参保比例看情况并不理想。2011年度全国农民工总量为25 278万人,其中外出农民工数量为15 863万人,参加城镇职工基本养老保险的农民工只占全部农民工的16%,占外出农民工的26%①,即全国有超过70%的农民都没有参加城镇职工基本养老保险。同时由于担心政策调整后所享有的权益受到损失,退保的现象时有发生。

(三)存在瞒报少缴的现象

在养老金征缴方面,企业与职工达成利益共同体或者职工对欠缴现象敢怒而不敢言。在实际操作中,求职者与企业达成协议,直接支付给求职者部分养老金,逃避养老保险制度的约束。在就业难的情况下,求职者不敢奢求养老金以保存自身的竞争实力,因此职工对企业逃避养老金支付责任的情况采取默认态度。有的单位偷梁换柱把"按工资缴纳养老保险"改为"按生活费缴纳养老保险",还有些公

① 见国家统计总局网站公布的《2009年国民经济和社会发展统计公报》及年度数据。

司要求职工用发票换工资，发票冲抵成本，减少账面的工资总额以达到少缴或不缴的目的。有的单位把年终奖金、工资性福利开支等不列入工资总额减少保险费缴纳。

另外，根据中国社科院2011年12月发布的《2011中国养老金发展报告》，“十一五”期间，中国基本养老保险制度变化有两个值得注意的倾向：一是遵缴率(缴费人员占参保人员的比例)始终呈逐年下降趋势；另一个倾向是，“非正常退休”人数呈上升趋势。很显然，这两个倾向也不利于养老保险基金的财务可持续性。2013年10月底，国务院总理李克强在中国工会第十六次全国代表大会上表示，我国大概有3亿多人参加了城镇职工养老保险，今年有累计3 800万人中断缴保险。而9月份，在2013中国养老金国际研讨会上，中国人民大学公共管理学院教授李珍也曾指出，在人社部做的一项调查中，有23%的工作人口中断了缴费。

四、现行养老保险制度吸引力的缺失表现及原因分析

缴费积极性直接影响到养老保险的参保率、覆盖面以及养老金的足额缴纳，如果养老保险制度在运作过程中产生足够的吸引力，参保职工将会自觉足额缴纳养老金，游离在外的职工也会想方设法进入制度覆盖范围，对企业缴费亦是一种督促和监督。现行养老保险制度是否缺乏吸引力可以从参保率水平略知一二，目前出现的筹资困境说明，站在企业和职工个人立场上来讲种种原因导致这样的制度尚不具备足够的吸引力。吸引力缺失的表现及原因则需要站在养老保险金的缴纳者——企业和职工角度进行深入挖掘。如果这些影响养老保险制度可持续运行的根本问题不能解决，缓解账户支付压力的措施亦难以推行，即使强制实行，可能会导致参保率的继续下降，抵消措施所带来的增收减支效果，同时也与养老保险制度改革的初衷背道而驰。

(一) 统筹层次有待进一步提高

到目前为止，我国基本养老保险费的统筹层次仍以地(市)县为

主。2010 年底，全国共有 25 个省市实现了省级统筹①，能够在全省统一调度使用养老保险基金，其他地方仍在实行县市统筹。由于整体上统筹层次不高，难以发挥社会保险的互济和调剂功能，跨地区就业劳动者的养老金转移接续也难以实现。目前全国在城镇务工就业的农民工超过 2.3 亿人，城镇灵活就业人员达到数千万人②。人力资源市场呈现出流动性强、就业方式多样化等新特点。这些新的变化趋势，要求我们进一步提高社会保险统筹层次，以发挥养老保险的互济和调剂功能，解决跨地区流动就业人员社会保险接续难的问题，尽快把灵活就业人员群体纳入社会保障制度中来。

国家通过法律规范征缴制度提高缴费积极性的思路非常正确。《中华人民共和国社会保险法》于 2011 年 7 月 1 日起施行，新法最大亮点是确立了基本养老保险关系转移接续制度，统筹层次提高能增强保障能力，这必将在提高流动人员缴费积极性方面起到一定作用。但是提高统筹层次可能会遇到一些阻碍，从统筹单位数量看，我国社保制度被分割在 2 000 多个统筹单位，各统筹单位政策不统一，养老保险制度的缴费模式、费率水平等又相差甚远，收入水平差距及缴费政策所决定的保障水平各不相同，发达地区及年轻型城市普遍担心的是在实现省级或国家统筹之后会导致本地居民养老待遇水平的降低。

（二）个人账户“空账”影响参保者对养老金制度的信心

尽管账面上实现了统筹账户和个人账户的分离，但实际操作过程中有挪用现象，这就形成个人账户“空账”。据估算，2010 年我国养老金“空账”数大约为 1.3 万亿元，而 2004 年该数字为 7 400 亿元③。在接下来的操作过程中如果不能打破“混账”的局面，增加基本养老保险收入的措施有可能落空，将带来更多的个人账户资金的

---

① 数据来自人力资源和社会保障部副部长胡晓义 2010 年 10 月 28 日新闻发布会信息。

② 来自国家统计局农村司统计数据。

③ http://news.qq.com/a/20100714/000065.htm

转移或挪用,"空账"问题将愈演愈烈。尽管有相关部门认为不应该过分担心"空账"问题,中国如果出现养老金赤字,将会由国家兜底,个人账户资金虽然被用于支付当期养老金,但这是有国家信用背书的,参保人不用担心今后权益受损的问题。但是,个人账户的弥补需要依赖于当期统筹账户或财政补贴,这样的偿付方式是现收现付制的回归。当参保人意识到个人账户被挪用在当期老人的养老时,就会对现有制度产生怀疑,影响他们缴费积极性。

(三) 养老金账户保值增值乏力,替代率水平低

养老保险基金的特殊性决定了基金的投资的特殊性,养老保险基金的投资必须兼顾安全性原则、收益性原则和流动性原则,而最主要的是安全性原则。这就注定了养老保险基金不能用于风险过高的投资渠道,必须保证资金有一个稳定安全的收益率。因为养老保险基金是退休职工生活水平得以保障的重要资金来源,关乎老年人的晚年生活,如果基金在投资运营中出现亏损,将无力支付退休职工的养老金,老年人的生活失去基本的经济来源、基本生活无法保障,最终将会影响社会的安全与稳定,影响和谐社会的构建。在保证基金的安全性前提下尽量提高基金的收益率是养老保险基金管理的目标,通过养老保险盈余基金的保值增值,增加养老保险基金的资金积累,为人口老龄化高峰期阶段提供资金支持。养老保险基金投资的流动性原则要求基金的投资可及时变现,以满足基金的支付需求。因为如果基金的投资无法及时变现就不能满足养老保险金的随时支付功能,造成养老保险金无法按时领取,养老金的延时支付会影响社会的稳定。

中国多数地区养老金结存是以活期存款的形式存在银行,收益率难抵通胀。国家审计署审计结果显示,2011 年城镇职工基本养老保险基金结余中,活期存款占到 31.37%,定期存款占到 63.65%[①]。

---

① 多地养老金收益跑输通胀 政府酝酿新投资渠道,财经网,2013 - 6 - 28(EB/OL). http://money.163.com/13/0625/01/92685MSO00253B0H.html

全国社会保障基金管理的资产投资渠道更灵活，收益相对较高，但其管理的资产有限。养老金账户的保值增值跑不赢CPI。养老金可以看作是参保人员对未来的一种投资，如果养老金的保值增值跑不赢CPI，参保者必然有寻求其他保值增值路径的动机。目前不少外来工对已经缴的养老保险采取走人就"结账"等情况，大多是因为其"落袋为安"、"折现"等观念导致的。在养老金征缴法律不健全、缺乏财务信息库及尚未建立部门之间的对账系统的情况下，逃避缴费的动机由容易变为现实，职工也默认企业逃避缴费的行为甚至主动提出通过财务部门的操作少缴或不缴养老金。作为职工，当期应缴养老金直接落袋为安并进行其他保值增值的投资，作为企业可以减少统筹账户缴费负担，两方面一拍即合，这种情况越多越不利于养老保险制度的健康发展。因此养老金的保值增值是增加养老金制度吸引力的强有力保障，如果制度具有强有力监管能力、惩治措施和良好的保值增值功能，职工更愿意参加养老保险，这种意愿自然会构成对企业按时足额缴纳养老保险的有效监管，从而避免企业和参保者形成利益共同体使得养老金筹资陷入困境。

(四) 缴费率高及制度"碎片化"，企业有主动逃避缴费的动机

我国养老保险的缴费率目前已经达到了较高的水平，从1991年的16%增加到目前的28%，远远高于世界平均缴费水平，甚至高于国际警戒线(世界平均缴费水平为10%，国际警戒线为20%[①])。由于社会基本养老保险负担加重导致人力成本提升，而企业总收入在经济低迷时期下降，最终企业利润率的降低势必挫伤企业尤其是中小企业的竞争力，于是企业想方设法规避高额缴费。因此，即使使用行政手段维持较高水平的参保率和缴费率，企业仍然寻求办法减少总的缴费额度，从而增加监管难度和成本。另外，我国现行的养老保险制度有公务员、事业单位、企业、农民工四种模式。这些模式的缴

① 陈文辉. 中国养老保险缴费比例远超世界平均水平(EB/OL). http://money.163.com/12/0630/11/858ANLIP00254RL6.html

费方式、计发办法、保障程度都彼此独立,具有明显的“碎片化”特点,直接影响是各类人群缴费负担不一和退休待遇不公,造成流动人口养老保险权益丧失以及企业职工和农民工大规模退保等现象。2015年1月14日国务院公布了《关于机关事业单位工作人员养老保险制度改革的决定》,规定从2014年10月起机关事业单位工作人员需缴纳基本养老保险费的比例为本人缴费工资的8%,单位缴纳比例为本单位工资总额的20%。这意味着养老金双轨制在制度上被终结。有学者对并轨的经济效应做过研究,白重恩[①]的实证结果说明并轨可以提高城镇企业职工的参保积极性。

(五) 转轨阶段增加参保人数,使得缴纳者认为动机不纯

从养老保险改革进程看,按照现行制度的设计,单位缴纳所形成的统筹账户用于现收现付的代际赡养,个人缴费所积累的个人账户通过保值增值实现跨时期的自我供养。然而,制度转轨过程中需要支付巨大的转轨成本,养老保险补贴占财政支出比重低水平徘徊[②]、统筹账户难以满足以代际赡养为目的的养老金支付以及个人账户“空账”问题,使得企业和职工认为政府扩大覆盖面、提高参保率以及延迟退休的目的是为了转嫁过高的转轨成本。

(六) 制度不完善,损害参保者利益

首先,转移接续政策不完善。根据2009年12月颁布实施的《城镇企业职工基本养老保险关系转移接续暂行办法》,基本养老保险关系不在户籍所在地,且在每个参保地的累计缴费年限均不满10年的,将其基本养老保险关系及相应资金归集到户籍所在地,由户籍所在地按规定办理待遇领取手续。户籍所在地与务工地存在着客观上的经济发展水平的差距,因此存在着高缴费低领取的现象,显然这一规定不利于流动性较强的群体。其次,缴费年限的规定应更加灵活。

---

① 白重恩.制度并轨预期与遵从度:事业单位养老保险改革的经验证据[J].世界经济,2014(9):119-144.

② 根据各年度《人力资源和社会保障事业发展统计公报》计算得出2000—2010年各级财政对于基本养老保险的补贴占总财政收入的比例相当稳定,平均值为2.36%。

值得肯定的是《社会保险法》对缴费不足 15 年的规定进行了完善和拓展，增加了两种处理费方式：允许个人缴费至满 15 年；可以转入新型农村社会养老保险制度或城镇居民社会养老保险制度，按国务院规定享受相应的养老保险待遇。对于那些就业不太稳定、流动性比较大的群体，在一定程度上保护参保人的利益，提升了劳动者参保的积极性。但是，这对于他们来说，退休时或者缴纳补足实缴和应缴的差额构成一笔不小的支出，或者需要以更低的待遇换取长期的保障。

中断缴纳社保的主要有两种情况：一种是按照现行制度参保年限已满 15 年后中断社保，待到退休年龄后直接领取养老金；另外一种情况则是缴纳年限未满 15 年，暂时中断或者彻底中断缴纳社保的行为。暂时中断或彻底中断缴纳社保者主要集中在三类人群：一是下岗失业人员，这类人群大都属于被动中断；二是小微企业员工，企业为了降低成本不给员工缴纳社保；三是流动性比较大的务工人员，因转移接续制度不完善造成利益损失从而通过退保的方式止损。

第八章

一些国家和地区养老保险制度改革历程和经验

全球老龄化程度的加剧迫使各国或地区把养老保险制度改革放到越来越重要的位置。制度改革面临着诸多共性的问题：转轨成本的承担、养老金征缴和计发的制度设计、养老金缺口的弥补和资金筹集、养老金累积余额的保值增值、流动就业人口养老金的转移接续等，这些同样也是我国在改革过程中不能回避、目前正致力于解决的问题。尽管各国或地区实行的制度不同，但在应对共同面临的问题方面所采取的措施值得我们研究和借鉴。

当今世界各国或地区在养老保险基金运行方面存在着三种模式：现收现付制、部分积累制和完全积累制。从资金征缴和计发的制度设计角度来看，养老保险分为个人账户和统筹账户。在本部分中我们选取了四大洲的12个国家和地区，包括欧洲、亚洲、北美洲和南美洲，通过对这12个国家和地区的概况、筹资、投资、监管、养老金支付、激励和约束、新旧制度转轨情况等方面进行比较，对他们的养老金制度进行梳理和经验的提炼。20世纪80年代初，拉美国家智利最早建立了缴费确定型完全积累的个人账户并取得了成功，这种模式的独特性使得这种模式被称为智利模式。90年代以来在智利养老金制度改革的带动下，大多数拉美国家开始采用这种基金积累制的个人账户运作模式。北美国家美国是典型的三支柱养老金制度,邻国加拿大也是三支柱。虽然两国不是每个支柱的形式和运行模式都相同,但都有国家的养老金、雇主养老金和私人养老金这三块。欧洲国家瑞典则是名义个人账户模式的代表性国家,瑞典和意大利的养老金制度都是多层次的,但是毫无疑问是以名义个人账户作为养老金制度的重心。英国和德国也各有自己的特色。亚洲国家新加坡的养老金制度是强制 DC 型公积金账户,其实质也是个人账户。亚洲的日本和韩国以年金制度为主。

一、概况

(一) 智利

智利于 1980 年在皮诺切特军政府的推动下进行了养老金制度的改革,它废除了原先的现收现付制度,而以个人账户的养老金计划取而代之。新制度为每个雇员建立了养老金个人账户,雇员缴纳工资的 10%存入账户,并成立养老金管理公司 AFPs 收集缴费,管理账户以及对基金进行投资运作。养老基金监管局 SAFP 负责对 AFPs 的监管,并且由政府提供最低养老金保障。智利的养老金制度是 DC 型(确定缴费制)的完全积累制。

(二) 墨西哥

墨西哥的养老金制度是完全积累制缴费确定型。缺点:墨西哥养老金制度参保人员的覆盖面与改革前相比并没有明显变化,低收入者多被排斥在新制度之外。缴费人口占经济活动人口的比例始终在 30%的范围上下波动,从 2007 年的 32%下跌至 31.7%(2008)、29.6%(2009)和 28.5%(2010)①。且 AFORE 管理成本较高,在 2004 年占到缴费总额的 36%②,大大缩减了净收益率。

---

① Boletin Estadistico AIOS, No. 23, Juno 2010, p. 6. http://www.aiosfp.org

② 殷允杰. 拉美国家养老保障制度私有化改革面临的挑战及对中国改革的启示[J]. 中国人口科学,2006(4):78-89.

(三) 新加坡

新加坡实行的是中央公积金制度，它涵盖了养老、住房、医疗、教育等多方面，是由政府强制执行并由政府管理的。参保人共有三个账户：普通账户(ordinary account)、特别账户(special account)和医疗账户(medisave account)。55 岁时变更为退休账户和医疗账户。其中的养老制度属于积累制的 DC 型计划。缺点是，中央公积金制度缺乏社会共济性，拉大贫富差距。账户回报率通常不高，有时还会低于通货膨胀率，造成公积金个人账户的实际收益率较低。

(四) 阿根廷

阿根廷在 1994 年对其养老保险制度进行了一次改革，采用了混合制的养老金计划。第一支柱是基础养老金，实行现收现付制，雇主交纳雇员工资的 16%；第二支柱有两种不同的养老金计划，包括个人账户计划和现收现付计划，雇员选择其中一种进行缴费，缴费率均为雇员工资的 11%。其中个人账户计划是积累型的，待遇类型为缴费确定型。2008 年时阿根廷对其社保模式进行了国有化改革，取消了个人账户计划，新的养老金制度称为阿根廷统一养老金制度(SIPA)，其第一支柱仍为基础养老金，第二支柱为收入相关联的现收现付计划，两者均为现收现付制。

(五) 瑞典

瑞典以实行从“摇篮到坟墓”的高福利政策而著称，原先的养老金体制由于其过高的支付水平和现收现付的基金模式给政府带来了沉重的财政压力，所以政府于 1998 年对养老金体制进行了改革。改革后的瑞典养老金瑞典的养老保险体系由五个层次构成：保障养老金、收入型养老金、费用养老金、补充养老金和私人养老金。第一层次是保障养老金，提供给低收入群体，是一个最低养老金待遇；第二层次是名义账户养老金(即收入养老金)；第三层次为实账积累养老金(即费用养老金)。第二和第三层次都是收入关联的 DC 型计划。名义账户养老金记录着缴费人的缴费历史，由于是实行现收现付制，账户里实际上是没有钱的，所以称为“名义账户”。实账积累养老金则是积累制的。

（六）意大利

经过90年代的三次重大改革，意大利现在的养老金制度是一个三支柱的体系，第一支柱是“名义账户”制，由收入关联型转变为名义缴费确定型，它覆盖了所有的工人。第二支柱是自愿的集体养老金系统，分为两个子系统：契约型—封闭型养老基金和开放型养老基金，其中前者所占比重较大。第三支柱是由金融机构为老年人提供的自愿型个人养老金体系。

（七）日本

日本的养老保险体系分为三个层次：第一层次为国民年金（国民基础养老保险）；第二层次为厚生年金（厚生养老保险）或共济年金（互助养老保险），它们是在国民养老保险基础上设定的一种附加养老金，凡是加入第二层次者自动加入第一层次；第三层次包括企业年金和个人储蓄性养老保险。第一层次和第二层次的养老保险是公共养老保险，由政府来运营，构成日本养老保险的主体。第三层次为非公共养老保险。

（八）韩国

韩国的养老制度称为公共养老金制度。主要是现收现付制缴费确定型的国民年金，为全体国民提供基本养老待遇，18—59岁韩国公民依法都要参加国民年金计划；其他公共养老金计划包括公务员养老金、军人养老金、私立学校教师养老金，部分实行现收现付及收入关联制度，30年缴费的替代率达到70%。建立于1988年实行积累制，由雇主和雇员共同缴费。实施之初仅覆盖10人以上的企业雇员。为提高养老金覆盖面，同时扩大财源，1993年将5—9人企业纳入保障范围；1995—2006年逐步将5人以下企业的雇员、自营者、农业从业人员也纳入进来，基本实现覆盖全体劳动者（韩国国民年金公团，2009）。

(九) 英国

英国的养老保险体系有三个支柱：第一支柱是法定的国家基本养老金和最低收入保障制度。前者是指每个符合领取养老金条件的退休人员都可得到的等额基础年金，后者是政府对社会弱势群体提供补贴，使其收入达到国家规定的最低收入线。第二支柱为与收入相关联的养老金计划，包含国家收入关联计划，由国家提供；个人养老金计划，由商业机构提供；职业养老金计划，由雇主单位提供。雇员只能参加其中一种。其中，第一支柱的“国家基本养老金”和第二支柱的“国家收入关联计划”是现收现付制；“职业养老金计划”和“个人养老金计划”是完全积累制①。

(十) 德国

德国是世界上最早推行社会保障制度的国家，为了缓解老龄化和提前退休人口的增加导致公共养老金收支失衡的状况，德国在 2001 年进行了改革；之后在 2004 年为防止养老保险系统陷入短期支付危机也有过改革。2004 年德国养老保险的改革呈现出从现收现付制度向名义账户体制转变的趋势。

(十一) 美国

美国的养老金保障体系是典型的三支柱，被形象地称为“三条腿的板凳”。第一支柱为养老、遗属及残障保险(Old Age, Survivor and Disability Insurance, OASDI)，又被称为联邦社保基金，是给付确定型的现收现付制；第二支柱是雇主养老金计划，分为 DC 型和 DB 型两种模式，每种模式下面又有很多具体的类型，但都是积累制的；第三支柱个人退休账户(Individual Retirement Accounts, IRA)，分为传统 IRA 和 Roth IRA，均为基金积累制。

最初养老金只针对民间工商业的雇员，1954 年加入了个体经营者(包括农民)和地方政府雇员，1956 年加入了军人，1967 年加入了

① 郑秉文，胡云超. 英国养老制度改革“市场化”取向的经验与教训[J]. 中国人口科学，2004(2)：33-46.

神职人员。1980年养老金陷入财政危机，因此在1983年改革中又把养老金的实施范围扩大到包括联邦职工、议员、总统、法官，以期通过较高收入者的加入缓解财政负担。

(十二) 加拿大

加拿大的养老制度有三个层次：第一层次是老年保障金(Old Age Security, OAS)、保证收入补贴计划(Guaranteed Income Supplement, GIS)和配偶补助计划，这些是社会福利，满足一定的条件即可领取；第二层次是加拿大养老金计划(Canadian Pension Plan, CPP)/魁北克省养老金计划(Quebec Pension Plan, QPP)，属于现收现付制；第三层次是个人养老金计划，包括注册型退休储蓄计划(Registered Retirement Saving Plan, RRSP)、注册养老金计划(Registered Pension Plans, RPP)和集体注册型退休储蓄计划(Group RRSP)及利润分享计划(Deferred Profit-Sharing Plans, DPSP)等。

表8.1　主要国家养老保险制度概览

	完全积累制	现收现付制	混　合
智　利	√		
墨西哥	√		
新加坡	√		
阿根廷		√	
瑞　典			√
意大利			√
日　本			√
韩　国		√	
英　国			√
德　国	√		
美　国			√
加拿大			√

表 8.2　筹资支付方式概览

各种可能的组合		筹资方式	
		积累制	现收现付制
支付方式	缴费确定型(DC)	缴费确定型积累制 智利、墨西哥、新加坡、美国第二支柱养老金计划	名义缴费积累型现收现付制 瑞典、意大利、德国、韩国的名义账户养老金
支付方式	给付确定型(DB)	给付确定型积累制 瑞典的第三层次养老金,英国第三支柱养老金计划,美国第二、三支柱养老金计划,我国基础养老金个人账户部分	给付确定型现收现付制 英国第一、二支柱养老金计划,我国基础养老金统筹部分,世界上多数发达国家的公共养老保障制度

二、新旧制度转轨的对策

(一) 智利

旧制度的转轨上,智利政府承担并设法偿还了旧制度遗留下来的、规模相当于 1980 年 GDP 80%的转制成本[①]。首先政府坚持从财政收入中划拨一定比例用以消化部分转制成本。其次通过出售一部分国有企业或其他国有资产筹集资金,消化部分转制成本。最重要的措施是发行认购债券。

认购债券是由政府发行的对原体制转入新制度的参保成员以往缴费记录所形成的养老金权益进行确认的一种债券。凡 1980 年 11 月之前 5 年内向旧制度缴费满 12 个月的参保成员都有权获取认购债券[②]。它由政府财政进行担保,并根据消费价格指数进行调整,每年以 4%的利率计息,雇员退休时资金转入个人账户。提前退休的雇员可以在正式的二级流通市场上出售认购债券。认购债券由于其兑现周期长达 30 年左右,不会对政府当年的财政造成大的冲击,并且

① 秦祯. 智利养老保险基金管理模式对我国的启示[J]. 科技情报开发与经济, 2007(12).

② 郑秉文,房连泉. 社保改革"智利模式"25 年的发展历程回眸[J]. 社会保障研究, 2006(2): 190-209.

将制度转轨的隐性债务显性化，可以防止原有的债务规模继续扩大。

在新制度下，只要劳动者个人账户积累达到政府规定的最低额度或劳动者10年来平均工资的70%即可退休，但劳动者只有达到法定退休年龄时才会得到政府支付的认购债券，并将其包括到个人账户中领取养老金。在实际操作中，认账债券代表了大多数劳动者养老金的主要部分，这意味着提前退休的劳动者必须忍受相当长的一段无收入时期，因此很少有人选择提前退休。政府立法允许提前退休的劳动者将认购证券转让给一家保险公司作为其一项风险较小的储备，以获得保险公司支付的养老金，政府在认购债券到期时对保险公司进行支付。1988年为提高认购债券的流动性，加强市场竞争，智利新政府又修改法律，允许满足提前退休条件的劳动者委托AFP将其持有的认购债券在金融市场上交易。这样即使没有达到退休年龄，劳动者也可以提前兑现手中的认购债券并获得一定收益（边恕，2008）。

（二）瑞典

为了实现向新的养老保险制度的过渡，瑞典政府对转换过程作了详细的规划。改革后的名义账户养老金同旧制度下养老金制度一样，都是现收现付制的。雇员在旧体制下的贡献可以携带到新的养老保险体制中来，1938年以前出生的工人不参加新的制度，而1953年以后出生的工人必须参加新的养老保险制度，在1938年和1953年间出生的工人，其退休后的养老金受益分别来自新老制度受益的组合①。

（三）意大利

意大利规定，只有1996年以后进入劳动力市场的人才能加入到“名义账户”制度中，在传统体制工作18年以上者则必须留在旧体制之中。而介于上述两者之间年龄段的人拥有选择加入“名义账户”计

① 蒋岳祥.瑞典政府养老保险制度改革及其启示[J].浙江大学学报（人文社会科学版），2003(7):130-137.

划的权利①。改革后，工人分三组向新制度进行过渡：第一，截止到1995年12月31日，在旧体系中工作18年以上的"老人"养老金给付水平完全按照DB规则计算；第二，截止到1995年12月31日，已参加工作但不满18年的"中人"拥有选择加入"名义账户"的权利，但一般说来按照"pro-rata"机制计算，即分为两部分：一部分是1995年底以前的缴费仍按收入关联型计算，另一部分是1995年后的缴费部分则按新方法积累；第三，1996年1月1日以后参加工作的"新人"养老金计算完全按照新制度进行②。

从上述国家在制度转轨中所采取的措施看，主要有两个值得注意的方面：一是改革路径的不同决定了转轨成本的大小。如上所述，筹资模式与支付模式有四种结合，筹资模式的改变（一般是现收现付制转基金积累制或混合制）会引发隐性债务，如何消除隐性债务是政府所面临的棘手问题。支付模式的改变会使政府面临公平和效率的选择问题，DB有利于公平和社会稳定，DC有利于提高效率和缴费积极性，因此许多国家采取的是保持筹资模式不变，在支付模式上同时采用DB和DC两种形式，以使转轨成本最小化，如瑞典，其养老保险制度的主体转轨前后都是现收现付制，只是在支付方式上做文章，即改给付确定型为缴费确定型，因此在改革时遇到的阻力不大。二是国家的承诺和财政的支持是顺利转制的有力保障。转轨过程中通常会遇到转轨成本的负担问题，尤其是现收现付制转为基金积累制或混合制的过程必然涉及在旧制度下就业的一批职工养老权益的保障。智利之所以顺利地实现制度转轨，最关键的是制度转轨风险承载主体非常明确，政府通过定期财政收入的划拨、国企资产的出售以及相应的认购债券的制度设计，承担了大部分转轨成本。

政府积极进入，直接负担并进行管理。世界上绝大多数国家都在

① 郑秉文，欧亚六国社会保障"名义账户"制利弊分析及其对中国的启示[J]. 世界经济与政治，2003(5)：56－61.

② 郑秉文，宋坤. 意大利九十年代以来养老金三个支柱改革进程——兼论引入"名义账户"的前途[J]. 欧洲研究，2005(6)：94－110.

中央政府中设立有一个或一个以上的社会保障部门,并承担着社会保险事务的管理与监督职能。这种变化是工业化发展和社会保险事业发展壮大的必然结果。尽管一些国家如智利等国家将养老保险等个别项目交由私人管理,但实质上还是由政府监督其运行,并负最终责任。

三、转移接续制度

(一) 美国

首先,美国不存在户籍制度。也不存在"户口"一说,为美国养老金的流动提供了便利。另一方面,美国实行一人一号的社会保障号码,是养老保险转移接续的重要平台,保证了养老保险缴费、转移、领取的公开透明并为之提供了便利。

美国政府规定,没有加入企业养老计划的有工作收入的工作者均可以建立个人养老账户(IRA)。法律允许个人将 IRA 账户余额存入另一个 IRA 账户以及从养老计划划转资金到 IRA。后一种情况下,人们可以将养老计划的分配转入一个 IRA 后再将同一笔金额加上投资收益转入另一个雇主计划,在这种情况下,IRA 充当了资金以一个雇主向另一个雇主转移的渠道①。

(二) 欧盟

欧盟现有 27 个成员国,不同国家间养老保险制度都有所差异,且人员流动量大。因此欧盟的经验对我国养老保险的转移接续更具有借鉴意义。针对不同成员国之间社会保障衔接问题,欧盟颁布了《欧共体 140/71 号条例》和《欧共体 574/72 号条例》旨在规范、协调这一方面问题。流动人员在欧盟各国的缴费和年限会连续累计,以便跨境流动的劳动者能得到相应的待遇。在达到领取退休金年龄之后,按在各国的参保时间"分段计算"领取养老金。遵从按比例分摊原则,计算公式为:

① 养老保险国别研究及对中国的启示[M]. 中国保监会,2007.

$$P = \sum Tn * Qn / \sum Tn = T1 * Q1/T + T2 * Q2/T + T3 * Q3/T + \cdots + Tk * Qk/T$$

P——应获得的养老金数

Tn——在不同地区的缴费年限

T——总缴费年限

Qn——不同地区按参保人的累计缴费年限计算出来的养老金额①

以甲分别在A、B、C三国参保10年、7年、8年为例，下表是“分段计算”模式的直观展示，其中三国的养老金加总即是他最终可得的养老金，如表8.3所示。

表8.3 欧盟“分段计算”缴费领取模式

参　保　国	A国	B国	C国
在该国参加养老保险缴费年限	10年	7年	8年
养老金待遇计算	在A国参保可得的养老金（理论值）* 2/5	在B国参保可得的养老金（理论值）* 7/25	在C国参保可得的养老金（理论值）* 8/25

在德国，员工即便换了工作单位和工作地点，公司会及时向相关部门报告情况，新的工作单位会继续缴纳相关保险。由于负责医疗保险的保险公司都是全国性的，养老保险等也都是由联邦政府机构负责，因此接续起来没有障碍。即使对于暂时在德国工作的外国人来说，养老保险也不是无效的投入。按照相关规定，迁出德国两年之后在德国所缴纳的养老保险金将返还。

（三）澳大利亚

澳大利亚规定雇员达到法定领取年龄前不得从基金中提取其账

① 张伟兵，徐丽敏. 农民工养老保险关系转移机制探索——基于欧盟经验的分析和思考[J]. 长白学刊，2009(1)：134.

户中的金额。例外的是对于一些专门为调动工作的人设立的特殊基金——Rollover funds，允许在法定领取年龄以前被提出或转移到另一个合法基金中。公民到了法定的领取年龄后，既可以一次性领取全部的养老金，也可以定期以收入流的方式领取。但按收入流的方式领取将会享受到税收的优惠①。

（四）中国香港特别行政区

中国香港特别行政区于2000年12月1日正式实施了强制所有从业人员储蓄的养老计划——强积金制度。雇主为雇员登记参加强积金计划后，有需要时可以由一个计划转移到另一个计划，自雇人士也是一样。雇员转职时，可将他本人强积金的累积权益全额转移到新雇主的计划户头中，旧雇主必须协助雇员安排转户。如果自雇人士转为雇员，则必须通知受托人，并可以选择继续将累积权益留在原户头内，或将权益转移至新雇主的计划内。权益转移手续非常简单：雇主决定转换计划或有雇员转职时，只需以书面形式通知新计划的受托人，便可将有关权益过户②。

当今社会工作地点的跨市、跨省甚至跨国转移都已成为常态，劳动力流动必然涉及养老金权益的转移，这是各国或地区普遍遇到的问题。从案例国家或地区转移接续制度的实施来看有两个可以借鉴的经验：一是统筹层次和协调监管机构的权威性。如在欧盟，每个成员国是一个统筹单位，统筹层次高，国家之间协调性较好。二是权益转移手续的简洁和便捷。从案例国家或地区的实际操作看，养老金转移接续手续便捷，只需要过户（如中国香港特别行政区、美国）或基金转移（如澳大利亚），欧盟在劳动者退休之前不涉及资金转移，在劳动者达到退休年龄后向居住地国家社会养老保险机构提出申请，相关机构提供必要的信息并传递给劳动者工作过的国家或地区进行信息核对和汇总后，向所有参保国的社保机构提供详细的养老保险整体记录，因此劳动

① 养老保险国别研究及对中国的启示[M]. 中国保监会，2007.
② 养老保险国别研究及对中国的启示[M]. 中国保监会，2007.

者的养老保险关系能在欧盟各成员国之间顺畅转移，与欧盟发达的信息化共享网络密切相关，简化了转移手续，节省了转移时间。

四、缴费率

(一) 智利

每个雇员都有一个养老金个人账户，每月缴纳工资的10%存入个人账户，由雇主从工资中扣除。参保人员可以在10%的基础上自愿增加缴费，为限制过高收入者的养老待遇，规定了个人缴费的最高限额。除了10%的缴费外，雇员还要向AFPs缴纳管理佣金。

(二) 墨西哥

墨西哥的养老保险基金来源于雇主和雇员的共同缴费。雇员的缴费比例低于雇主。雇员缴纳工资收入的1.75%，并向养老金管理公司缴纳1%的账户管理费用；雇主缴纳雇员工资收入的6.90%。同时财政也为实际缴费的雇员提供缴费匹配补助，并提供社会最低养老金担保。对不同性质人群实行不同的缴费办法，如公务员、军人和墨西哥石油公司的职工个人缴纳工资收入的6.125%，国家匹配同等数额的养老保险费①。与智利不同的是：第一，墨西哥为雇员建立的个人账户由雇员和雇主共同缴费。第二，不承认旧制度遗留的任何权益，而是允许旧制度参与者退休时在新旧制度中按待遇较高的一个领取退休金。

(三) 新加坡

新加坡的居民公积金账户的资金来自雇主和雇员按雇员工资收入的一定比例缴纳的公积金。每个账户的缴费率在各个年龄段各有不同，见表8.4。在参保人满55岁并达到最低缴费年限且提取时账户积累额须超过117 000新币②，普通账户和特别账户的公积金存款

---

① 陈培勇.智利和墨西哥社会保障法比较及其启示[J].拉丁美洲研究，2007(6)：37-41.

② John B. Williamson，申策，房连泉.东亚三国的公共养老金制度改革：名义账户制的应用前景评析[J].2011(5)：74-84.

可一次性提取。除按制度规定必须保留一笔最低存款作为晚年之用外，其余的公积金存款可全部提出。这时会设立一个退休账户，资金来源于普通账户和特别账户。此时参保人的账户变更为医疗账户和退休账户。2009年，新加坡启动了"一生养老收入"(CPF LIFE)计划，规定年满55岁、收入在4万新元以上的参保人都要加入，其部分账户资产被自动转移至新的退休账户。

表8.4　2011年中央公积金缴费率　　单位：%

年龄	雇主缴纳	雇员缴纳	总缴费率	进入各账户比例		
				普通账户	特别账户	保健储蓄账户
35岁以下	16	20	36	23	6	7
35—45岁	16	20	36	21	7	8
45—50岁	16	20	36	19	8	9
50—55岁	12	18	30	13	8	9
55—60岁	9	12.5	21.5	11.5	1	9
60—65岁	6.5	7.5	14	3.5	1	9.5
65岁以上	6.5	5	11.5	1	1	9.5

资料来源：新加坡中央公积金局网站 http://mycpf.cpf.gov.sg

(四) 阿根廷

养老第一支柱的资金来源于雇主的缴费，缴费率为工资的16%，替代率水平为平均工资的28%左右。第二支柱的资金来源于雇员的缴费，缴费率为工资的11%，待遇与雇员的收入相关联，计算公式为：缴费年限×退休前10年中的平均工资×1.5%①。

(五) 瑞典

第一层次的保障养老金一般靠税收融资。第二和第三层次的养老金来自雇主和雇员的缴费，瑞典的养老保险制度为每个雇员建立两个相互独立的个人账户，一个是名义账户，一个是积累制账户。雇

① 郑秉文，房连泉.阿根廷私有化社保制度"国有化再改革"的过程、内容与动因.拉丁美洲研究，2009(2)：7-26.

员和雇主的合计缴纳工资的18.5%，其中16%进入名义账户，2.5%进入积累制账户①。

(六) 意大利

第一支柱是缴费确定型现收现付制。每个行业的缴费率不同，缴费有最低限额，但没有最高限额。为了弥补缴费者因替代率下降造成的损失，名义个人账户中用于计算养老金收益的名义缴费率高于缴费者实际缴纳的费率。第二支柱中的契约型—封闭型养老基金是由雇员以集体的名义参加并由工会管理。工会和雇主组织对最低缴费率经过商讨达成共识并签署协议，雇员根据这一缴费率进行缴费。不能参加封闭型养老基金的工人有权申请加入开放型养老基金，这个基金是以金融公司来进行管理如银行、基金公司等。

(七) 日本

养老金第一层次中，法律要求三类国民必须参加，即20—60岁的农民和个体经营者(第一号参保人)，民间企业职员和公务员(第二号参保人)以及第二号参保人的配偶(第三号参保人)。三类参保者缴纳保险费均不同。第一号保险者每月缴纳定额保费，与个人收入无关；第二号被保险者的保费涵盖在厚生年金保费的扣缴中；而作为第二号被保险者的配偶，第三号被保险者无需缴纳保险费。第二层次中，法律规定雇工5人以上的民间企业必须加入厚生养老保险，另外规定了国家公务员、地方公务员和私立学校教职员等特定人群通过职业共济组合参加互助养老保险的问题。厚生年金保险的资金来源于雇员和雇主(或政府)的缴费，由个人和雇主各分担一半，合计费率自2004年13.58%起步，每年上升0.35%，直至2017年达到18.3%②。

① 房连泉.瑞典名义账户养老金制度改革探析[J].欧洲研究，2008(6)：124-138.

② http://finance.sina.com.cn/leadership/mroll/20120426/201611935538.shtml.素描日本多层次养老金体系.

(八) 韩国

采用税收方式筹集养老金资金，国民年金的费率为 9%，雇主和雇员分别缴纳 4.5%，自雇者和农民按照税前月收入的 9%纳税，国家对月收入在 7 700 韩元以下的自雇者和农民提供 1/3 的补贴①。

(九) 英国

国家基本养老金由雇主和雇员共同缴纳，自雇者按统一费率自己承担缴费，还有国家财政拨款。国家收入关联计划同样由雇主和雇员缴费，职业养老金计划资金来源于雇员缴费或雇主缴费，或雇员及雇主双方的缴费。各职业养老金计划的缴费率有很大差异，有些计划是统一费率；有些计划根据雇员收入的不同，实行等级费率。个人养老金计划资金来源于计划成员个人或其与雇主共同的缴费，及计划基金的投资收益。

(十) 德国

法定养老保险规定养老保险费由雇主、雇员和政府三方共同承担，并主要由雇主和雇员承担，不足部分由联邦财政补贴。雇员应缴的部分由雇主代扣，连同雇主应缴纳部分一并缴纳给社会保障组织。德国所有的工人和职员都参加法定养老保险。2000 年，德国的公共养老保险费率为 19.3%。2004 年，雇员交纳的养老保险费为其月收入限额以下部分的 19.5%，由雇员和雇主各负担一半(原联邦德国地区雇员的月工资收入限额上限为 5 150 欧元，原东德地区的上限为4 350 欧元)。超过上限部分的月收入不再交纳养老保险费②。

(十一) 美国

OASDI 的收入来源的 85%是美国税务局征收的社会保障工薪税，多任美国总统(卡特、里根、克林顿)在他们的任期内提高了此税

① 张士斌. 日韩养老金制度改革比较与借鉴[J]. 现代日本经济，2011(6)：35 - 43.

② http://www.xiangrikui.com/shehuibaoxian/yanglaobaoxian/20120503/215937.html. 向日葵保险网.

的税率,从而为政府增加了收入。工薪税包括社会保障税和退休医疗税,与养老金有关的社会保障税税率是收入的12.4%,雇主和雇员各缴纳6.2%,自雇人员负担全额。社会保障税每年的应税收入规定了法定上限,会随平均工资指数(Average Wage Index,AWI)变动。2009—2011年各年的法定上限均为10.68万美元①。OSADI另外的收入来源是养老基金的投资收益和对社保津贴给付的征税。个人养老账户的资金来源于个人账户拥有者的缴费,但是有一个年度缴费限额,2008年是5 000美元,年龄超过50岁的人可以追加1 000美元。收益确定型(DB)的雇主养老金计划通常由企业缴费。而缴费确定型(DC)的雇主养老金计划有雇主和雇员共同缴纳一定比例的费用。个人退休账户的资金来源是雇员自己的缴费。

(十二) 加拿大

老年保障金和收入补贴计划的资金由政府负担,无须企业和个人缴纳。加拿大/魁北克养老金计划资金来源于雇员和雇主的缴费。这是政府强制执行的养老计划,规定所有年满18岁的公民,只要收入超过基本的免除额(每年3 500加元),须向加拿大养老金计划(或魁北克养老金计划)缴费。雇员和雇主分别缴费50%,自雇者自己缴纳全部金额。加拿大/魁北克养老金计划的替代率约为25%,第一层次和第二层次的养老金待遇加在一起约占平均雇员月收入的40%②。注册养老金计划(RPP)是由雇主自愿发起建立,雇主与雇员共同缴费,有DB型、DC型和混合计划三种形式。利润分享计划(DPSP)可以让员工分享公司的盈利。雇主的缴费来自公司利润,其缴费上限由加拿大联邦税务局设定,目前为雇主利润的5%③。

① 李云林.美国基本养老保险的特点及启示[J]社会福利(理论版),2012(2):42-46.

② 张忠利.加拿大养老金制度的状况与改革[J].中国地质大学学报(社会科学版),2007(1):36-41.

③ 徐冰冰.加拿大雇主发起的多样化退休保障计划的启示与借鉴[J].上海国资,2010(8):90-92.

表 8.5 主要国家养老保险金缴费水平

国 家	缴费占居民收入水平(%)					占 GDP 比重(%)	占税收比重(%)
	1994	1999	2004	2007	2009	2008	2008
加拿大	5.2	7.0	9.9	9.9	9.9	2.8	8.3
法国	21.5	16.7	16.7	16.7	16.7	NA	NA
德国	19.2	19.7	19.5	19.9	19.9	6.6	18.2
意大利	28.3	32.7	32.7	32.7	32.7	8.6	19.9
匈牙利	30.5	30.0	26.5	29.5	33.5	6.8	17.3
日本	16.5	17.4	13.9	14.6	15.4	5.8	20.4
韩国	6.0	9.0	9.0	9.0	9.0	2.5	9.3
美国	12.4	12.4	12.4	12.4	12.4	4.6	16.3
OECD34	19.2	19.3	20.0	19.8	19.6	5.1	14.2
巴西	NA	NA	31.0	31.0	31.0	NA	NA
印度	NA	NA	24.0	24.0	24.0	NA	NA
俄罗斯	NA	NA	28.0	26.0	26.0	NA	NA

数据来源：OECD《Pensions at a Glance 2011》

通过研究上述国家的缴费资料(表 8.5)，有以下两点值得注意：一是就缴费水平而言，有些国家如意大利、匈牙利、巴西的缴费水平在 30%以上，相对较高；而另一些国家如加拿大、韩国、美国的缴费占居民收入水平相对较低，占 10%左右；我国目前城镇职工基本养老保险的缴费水平是工资的 28%，从横向比较属于缴费水平比较高的国家。二是就缴费结构而言，实行完全积累制的国家侧重于雇主和雇员的缴费责任。实行混合制的国家侧重于雇主、雇员和政府共担，有的国家政府的保障作用更强，如加拿大、瑞典。有的国家强调雇主责任，如阿根廷、墨西哥，更多的是国家保障基本生活，养老金缴费方面雇主雇员各付一半，如美国、德国、韩国、日本。还有个别国家雇员缴纳的养老金比例超过雇主，如新加坡。我国的缴费比例 28%中，20%为雇主缴费，8%为职工个人缴费，两者差距较大，当出现收支缺口时政府承诺用财政补贴补足。较高的缴费负担使得雇主采取各种手段规避缴纳职工的养老保险，或是以较低的工资水平为职工缴纳养老保险。

五、投资

对于实行积累制或部分积累制养老金的国家来说，如何使国家养老基金或个人养老账户中的储蓄额随经济的发展保值增值是一个关乎劳动者切身利益的重要问题。如果储蓄额不能实现增值甚至不能保持原价值，则作为养老金体系最后负责人的政府要么通过经济手段弥补缺口，要么就要承担由此带来的政治损失，养老金改革的意义也就荡然无存了。因此各国或地区均采取措施，一方面提高养老基金运作的竞争性和开放性以提高收益率，另一方面加强对运营机构的监管以保证基金的安全性。

（一）智利

在改革初期，养老基金的投资范围较小，主要是国债和储蓄。随着资本市场的逐渐成熟，投资范围也在不断扩大，养老基金可投资于股票、房地产、外国证券等领域。但是政府对于投资的态度还是非常谨慎的，为了降低投资风险，出台了投资的风险评级制度、资产托管要求以及对每类投资工具的数量限制等方面的政策。比如，智利资本市场上由私人机构发行的债券、股票必须经由政府认可的私人风险评估公司的风险认定后，才能成为AFPs的投资对象，且养老基金的具体投资项目还要经过政府养老金投资风险委员会的最终裁定；对特定投资品的最高投资比例也有限制，对一种项目的投资不能超过养老金总额的30%①，但政府债券的投资限制不受此限。这样可以防止将养老金过分集中于某些投资品尤其是风险较大的投资品种，分散风险。

---

① 金淑彬. 智利养老保险个人账户基金投资管理及对中国的启示[J]. 金融与经济，2010(2):77-79.

智利政府认为私营的养老基金运营市场更加有效率，因此将个人账户积累的养老基金委托给 AFP 管理。AFP 是私营的非银行机构，一般由商业银行或保险公司控股。1981 年改革之初，成立了 11 家 AFP 公司，由于竞争激烈，进入门槛低，到 1992 年 AFP 的数量增至 22 家。但随着收益状况的下降，一些 AFP 公司破产，其余则进行了收购和重组，到 2007 年只剩 6 家。改革之初劳动者可自由选择更改 AFP，但 1997 年 11 月通过的新法律规定每年只允许两次移动账户，以缓解 AFP 之间的竞争①。

对于养老金的投资范围，最初智利政府将其限制在较稳定的金融产品，即投资国债的上限为基金总额的 100%，投资公司债券上限为 60%，定期储蓄的上限为 40%，为提高收益率，智利政府一直在扩大 AFP 的投资范围：1985 年开始允许 AFP 对股票投资，上限为 30%而且能够参与国有企业的私有化进程；1991 年政府制定 40 家优良上市企业为股票投资目标；1992 年 5 月允许进行海外投资，但上限为 1.5%；1994 年 3 月，将股票投资的目标公司分阶段扩大到 150 家，并放宽持有每种股票数量，同时允许投资可转换公司债券和特定的政府债券，放宽海外投资的限制到 6%；1995 年 5 月把 AFP 持有的股票上限从 30%提高到 37%，把海外投资上限提高到 9%；2007 年对养老金投资的限制为政府债券不低于 50%、公司债券不超过 45%、股票不超过 37%，抵押债券不超过 50%、国外投资不超过 30%。

（二）墨西哥

墨西哥没有最低投资回报率的承诺②。国内法律明确规定了养老基金的投资渠道和投资顺序：国家发展事业或者项目、基础建设、政府债券、股票，其中股票投资不能超过养老基金的 5%，是为了保护养老基金的安全，防止风险性投资的比重过高。对于各种投资

① 陈培勇．智利和墨西哥社会保障法比较及其启示[J]．拉丁美洲研究，2007(6)：37－41.

② 贾永成．拉美公共养老保险私有化改革比较[J]．拉丁美洲研究，2006(3)：27－30.

项目财政规定了最高的投资限额，同样是为了控制风险水平。2004 年 5 月，监管机构允许养老金投资于国际市场以提高收益率和安全性。

（三）新加坡

新加坡公积金的投资分为政府投资和个人投资两部分。政府投资部分主要用于购买政府债券，参保人可获得 2.5%的名义记账利率，与实际投资收益之间没有关联。个人投资的方向有股票、共同基金等，其收益率取决于投资的实际情况，风险和损益由参保人自己承担。参保人亦可不进行个人投资，将账户资金完全交给中央公积金局投资打理。政府掌握了八成以上的投资份额。截至 2010 年 3 月底，新加坡中央公积金个人账户余额中政府投资占 80.6%，个人自主投资仅占 19.4%①。在 2008 年、2009 年，新加坡政府提高了收益率，允许中央公积金所有账户中的第一个 6 万美元资金的记账利率额外提高 1%，其中普通账户中最多 2 万美元的记账利率可达到 3.5%②。

（四）阿根廷

阿根廷养老金国有化后，AFJP 管理的养老基金将上交国家社会保障局，并入现收现付制度下的“可持续性保障基金”。该基金属于“阿根廷统一养老金”体系，是现收现付制度下的收支余额储备。基金的投资范围限于 1993 年“统一养老金法”规定的一些内容，包括政府债券、公司债券、可转换债券以及国内公司股票、共同基金等证券产品，此外还可投资于基础设施和生产性部门③。

（五）瑞典

瑞典因为名义账户里的资金直接用于支付当前退休人员的养老金，名义账户上没有资金，所以没有相应的投资。名义账户

---

① 胡秋明，袁中美. 社会养老保险个人账户基金管理模式探析——基于新加坡中央公积金和香港强积金制度的比较分析[J]. 投资研究，2011(3)：2－8.

② 周志凯. 新加坡中央公积金投资运营分析及对中国的启示[J]. 社会保障研究，2010(6)：107－111.

③ 郑秉文，房连泉. 阿根廷私有化社保制度“国有化再改革”的过程、内容与动因[J]. 拉丁美洲研究，2009(2)：7－24.

里资金投资收益是根据平均工资增长率确定的。实账积累养老金就可以投资。政府不做最低收益担保。由雇员自己选择基金管理公司,实行市场化管理,风险自担。瑞典允许任何一家在瑞典注册的基金公司参与实账积累养老金的投资管理,并且允许每个基金公司注册多支基金,最多为25支基金①。基金公司只需要和政府当局签订一份合同,内容须规定基金的费用结构、披露要求等信息。

(六) 意大利

意大利第二支柱中的契约型—封闭型养老基金不能对资金进行直接投资,而须对资金做出战略配比,使基金能够进入投资公司。投资是以银行、投资公司和保险公司为介体,他们承担投资风险的责任。按规定,投资于一般金融市场以外的实体的资金不能超过50%,投资于非OECD国家的不能超过5%②。此基金的回报率取决于投资收益、管理成本等因素,不提供固定的回报率。

(七) 日本

日本在2001年前公共年金资金一直被政府用于“财政投资融资计划”中,但是由于缺乏监督等原因导致公共年金较大的投资损失。2001年4月开始厚生省新成立“年金积立金运用基金”(GPIF),由其负责年金信托资产的市场化投资管理。GPIF的资金投资运用分为三部分:一是将大部分资产委托给民间金融机构进行市场化投资;二是作为支持“财投计划”改革的一项过渡措施,部分资金继续购买财投债券;三是留有一少部分资金自主运营。日本政府对GPIF有投资限制,其中,投资于国内债券、股市的资产比例分别为60%、11%,而投资于海外债券、股市的资产比例总计为29%③。

---

① 周志凯.论国际养老金个人账户投资选择权[J].保险研究,2008(11):56-60.

② 郑秉文,宋坤.意大利九十年代以来养老金三个支柱改革进程——兼论引入“名义账户”的前途[J].欧洲研究,2005(6):94-110.

③ http://finance.people.com.cn/stock/GB/17123180.html.日本养老金体系与资本市场.

(八) 韩国

韩国国民年金基金金(Korea National Pension Fund)是年金计划现收现付收支余额形成的积累基金，是一支“缴费型”的国家主权养老基金。国民年金基金主要收入来源为历年的保费收入和基金运营收益；主要支出为历年的国民年金给付以及国民年金管理公团的行政管理费用。在资产运作方面，国民年金管理公团每年将国民年金现收现付的收支盈余积累起来，作为一项基金进行投资运作，采取直接投资和间接投资两种方式。首先，大部分国民年金基金资产由“国民年金管理公团”直接向资本市场投资；其次，“国民年金管理公团”将部分资产外包委托给境内外的市场金融机构进行投资管理。

(九) 英国

英国职业养老金计划会有私人部门管理的养老保险基金，英国政府没有对养老基金具体的资产结构做出规定和限制。一般只规定了发行人、各类投资工具、风险、所有权集中度，而没有规定资产持有类别的上限。对DC计划有集中度的限制，投资于任一共同基金不超过10%，投资于一个管理者运行的基金不超过25%，自我投资不超过5%，对海外资产投资则没有限制①。英国的基金持有者养老保险制度专门面向年收入1万到2万英镑的中等收入阶级，力图使劳动者通过团体加入这一计划而提高议价能力，降低私营基金运作机构的管理费用，提高劳动者收益。这个养老保险制度收到管理企业年金的OPRA和管理个人养老保险的FSA的共同监督。

(十) 德国

德国的养老金资金由政府指定专门机构负责管理和营运，以使其保值、增值。在德国，养老保障资金的征收不是由税务机关负责，而是由健康保险组织负责，但养老保障收入严格纳入国家预算管理，

① 刘子兰，刘雪梅.英国职业养老金计划的监管探析[J].国际经贸探索，2006(5)：66-70.

其实质上是税收性质①。养老金水平每年调整，调整幅度取决于毛工资增长率、净工资增长率和净养老金水平。当出现养老保险基金收不抵支时，首先动用弹性储备金（即养老保险基金的累计结余），仍不足的部分，由联邦财政给予补贴。从 2002 年起逐步允许寿险公司、投资信托公司、银行等机构为劳动者提供养老计划并对符合一定条件的计划给予政府补贴。

（十一）美国

美国《社会保障法案》规定，联邦社保基金只能投资于美国政府对其本息均予以担保的“孳息型有价证券”。所以联邦社保基金主要投资于财政部发行的特种债券，少数留存现金和投资于普通国债②。

雇主养老金计划中 DB 型基金雇主可将养老基金委托给商业银行、信托投资公司、保险公司等机构进行投资管理，投资方向有股票、债券、不动产及其他形式的金融产品，而 DC 型如 401(k)计划可由参加的职工自主选取投资组合方式，用以购买基金、股票和债券等。雇主有义务为雇员提供年金计划的各种细节和相关的投资信息，以便职工选择。DC 型养老金主要投资于美国的共同基金，2009 年投资比例为 45.57%，接近 50%③。

个人退休账户的资产主要投向了美国共同基金，在 2009 年时达到 45%④，共同基金包括国内或国外证券投资的股票型基金、债券型基金，货币市场型基金及混合型基金。其中投资于国内证券的股票型基金的比例较高，2009 年时达到 41%⑤，在 2008 年金融危机前这

① http://www.studa.net/shuishou/061008/10230620.html. 养老保险费改税及相关核算管理.

② 王亚柯. 中国养老保险基金管理：制度风险与管理风险——基于美国联邦社保基金管理经验的启示[J]. 华中师范大学学报（人文社会科学版），2012(5)：8－13.

③ 美国投资公司学会（Investment Company Institute），2009 年第二季度美国退休基金市场报告（The U.S. Retirement Market, Second Quarter 2009）。

④ 美国投资公司学会（Investment Company Institute），2009 年第二季度美国退休基金市场报告（The U.S. Retirement Market, Second Quarter 2009）。

⑤ 美国投资公司学会（Investment Company Institute），2009 年第二季度美国退休基金市场报告（The U.S. Retirement Market, Second Quarter 2009）。

个比例更高。个人退休账户的所有者可以直接参与账户资金的投资。

2002年美国社会保障委员会公布报告，提出了多个养老基金建立个人账户后对于现行投资政策的修改方案，允许积累资金投入于股票市场，以期提高收益率。具体而言，即设置“二层结构”，劳动者首先向国家管理的第一层缴纳，超出一定额度后再向私营的第二层缴纳。国家管理的部分选择一种国家提出的指数基金中进行运作；私营部门管理的部分投资于市场上的基金进行运作。据估计，各种方案的实际收益率在2%—3.5%，由此最多可以减少68.1%的社会保障税缴纳（钟仁耀，2004）。

（十二）加拿大

加拿大1999年成立的养老金计划投资委员会（CPPIB，CPP Investment Board）负责加拿大养老金基金部分结余的投资运作，实现基金的保值增值。雇主雇员及自雇者向CPP缴费，在收入大于支出有结余资金时，CPP向CPPIB提供结余资金，由CPPIB进行投资。CPPIB在实际运作中几乎全部采用指数化投资[①]。这些指数主要集中在加拿大的TSP综合指数、美国的标准普尔500指数等指数上。注册型退休储蓄计划（RRSP）的资金可投资于股票、债券、定期存款、担保投资工具等项目。

加拿大的基本保险基金原本仅允许购买政府债券，1998年改革后，政府放开了对养老基金购买国内股票的限制，并将长期收益率设定为3.8%。截至2009年，养老基金的年化收益率为5.2%。起初投资目标仅限于加拿大的股票市场，但由于国内股市很小，且行业分布较为集中，因此政府允许养老金投资于国际市场以分散风险，提高收益。据投资委员会估计，目前有约56.9%的资产投资于国际市场（CPP Investment Board，2009）。

---

① 杜金沛，吴中超. 我国社保基金投资的改革方向[J]. 安庆师范学院学报（社会科学版），2006(1)：90－94.

案例国家或地区在养老金运作管理中非常重视投资，再逐渐放开投资方向的同时加大了监管力度以降低投资风险。总体来说有以下特点：一是投资范围。由政府运营的基本保险基金投资范围一般比较窄，如新加坡、美国。积累制的实账积累部分（如瑞典）以及混合制的个人账户部分的投资范围则比较灵活。二是投资方式市场化，投资机构竞争性。养老金或者委托给民间金融机构运营，或者由参保者在多家投资机构中进行选择，养老保险管理机构自主运营的情况很少。三是具有严格的监管措施和投资限制。如设置投资顺序、投资比例、投资上限、投资集中度，对投资机构进行风险评级、资产托管要求，并在信息披露方面予以规范。例如智利的养老基金监管局对养老保险个人账户市场进入和退出、投资范围和投资比例等方面进行监控，并规定了最低投资回报率，并且规定养老基金与养老基金管理公司的自有资产完全独立，确保投保人的养老基金不会受到基金管理公司破产的影响，与此同时，可以重新选择一家基金管理公司并将个人账户的资金转移进去。四是建立个人账户投资风险补偿机制。无论是智利模式还是新加坡模式，都有最低收益的担保。智利的养老基金采取市场化运作方式，先是由基金管理公司承担责任，政府做最后的兜底工作。新加坡的养老基金统一交由国家管理，收益保障的责任完全由政府承担。

六、监管

（一）智利

智力政府成立养老基金监管局 SAFP，负责对 AFPs 的监管，并且由政府提供最低养老金保障。智利政府对 AFPs 制定了严格的监管措施：第一，强制性规定了最低投资回报率。即每家 AFP 每个月的投资收益率不得低于过去 36 个月该类基金市场平均收益率 2 个百分点或低于市场平均收益率的 50%（采用两个数据中的较低者）；第二，法律要求每家 AFP 都要建立储备金制度。公司从自有资金中划出总量为其管理养老基金净值 1%的资金作为储备金，并将储备金与其管理的养老基金一起进行投资。最后，政府对养老基金的最高投资回报率制定了上限。超出的部分要作为养老基金的“利润储备金”储存起来。若 AFP 在法定期限内达不到最低资本金要求，或在法定期限内强制储备金无法达到应有水平；亦或是出现无法兑现养老基金投资回报达到最低回报率要求的情况，将会被政府强制解散。在 AFP 破产的情况下，由 SAFP 负责公司资产的清算。由于制度规定养老基金与 AFP 的自有资产完全独立，所以公司的破产不会对老百姓的养老基金造成影响，个人的账户资金则会转移到其重新选择的养老基金管理公司中去。

为保障养老基金安全，智利法律规定养老基金本身独立于 AFP，AFP 仅获得劳动者加入后缴纳的手续费。如果某一家 AFP 破产，劳动者可以将其储蓄转到另一家 AFP，这样可以规避 AFP 破产给养老基金带来的风险。同时，20 世纪 80 年代中期设置了对 AFP 的监管机构 SAFP 以保护劳动者的权益。SAFP 在考察各种投资方向风险的基础上，有权对 AFP 的投资结构作出规定。此外 SAFP 还要考察养老金的运作情况，规定其收益的上限与下限。超过上限的收益必须提留作变动准备金，在收益低于下限时充实进来，维持养老金的稳定(钟仁耀，2004)如果收购提前退休者养老债券的保险公司破产，政府会保障退休者获得最低养老金及养老金权益中超过最低养老金部分的 75%(Holzmann et al. ,2009)。

(二) 墨西哥

在墨西哥，养老金的筹集、管理和发放分别由不同的机构负责。养老金的筹集由国家社会保险局负责，养老金的管理和发放是由养老基金管理公司(AFORE)负责的，墨西哥有养老基金管理公司 21 家，其中 20 家私营机构，1 家属于社会保险局管理的公共机构，每个雇员可自由选择一个 AFORE 来建立个人养老金储蓄账户，账户里的资金由政府、雇主和个人三方缴纳。政府不提供社会救助养老金，但会为缴费年限达到 25 年的受保人提供最低养老金担保。对养老金管理公司的监管由国家养老金储蓄管理委员会负责，主要是对其运营和投资实施监督，监督内容包括养老基金收益情况，投资渠道是否合乎法律规定、养老金的发放情况及有无虚假广告等。并要求各AFORE定期提交投资管理报告，接受社会各方面的举报，对违规公司进行处罚或整改。对于养老基金投资的各种金融工具，政府规定了它们最高投资的上限以控制风险。

在后来的改革中，自雇者也被强制要求参加个人账户制度，并且墨西哥政府将个人账户制度覆盖到了联邦公共部门雇员，规定2007年4月1日之后新参加工作的公共部门雇员必须参加个人账户制度，年龄在46岁以下的公共部门雇员在2008年7月之前必须选择加入新制度还是继续留在现收现付制度中。选择参加新制度者将会得到原制度下基金积累部分的补偿，补偿形式是以债券的形式发放①。政府成立了一家公共机构管理公共部门雇员的个人账户，在3年的管理期后，公共部门雇员可以选择由该机构继续管理或自己挑选任一家私人养老基金管理公司来进行管理。墨西哥在2008年建立了一个指标体系，方便拥有账户的雇员比较各个AFOREs的净收益，新进入制度的雇员若不选择基金管理公司则默认为选择回报率最高的AFORE，允许账户在各个基金公司转换的频率为每年一次，但向回报率最高的公司转换不受时间限制。

（三）新加坡

新加坡政府建立了中央公积金局来统一管理，由于实行相对集中的管理，管理成本较低。由劳工部制定有关政策并进行监督。政府制定了《中央公积金法》保护参保人的合法权益。公积金的运作独立于政府财政。政府推出了最低存款填补计划，若参保人55岁时退休账户上的存款未达到最低存款要求，可以由子女用自己的公积金存款或现金填补父母的退休金账户，使父母能获得最低养老金保障。中央公积金的具体投资运营则由新加坡货币管理局和新加坡政府投

① 张占力.第二轮养老金改革的兴起与个人账户制度渐行渐远——拉美养老金私有化改革30年之反思.社会保障研究，2012(4)：30－38.

资管理公司负责。

(四) 阿根廷

阿根廷,旧制度下,第二支柱的个人账户计划有私营的养老基金管理公司(AFJP)管理,第一支柱和第二支柱的现收现付计划由国家社会保障局(ANSES)管理。国有化改革之后,AFJP 公司管理的养老基金转移到了 ANSES,相应的,由 AFJP 支付的个人账户计划养老金待遇,统一转由 ANSES 负责支付。AFJP 若破产,政府会承担一定的赔偿,但不会超过清算得出的公司最高资本金价值。距离法定退休年龄十年内的参保人可向 ANSES 提出申请,按照原个人账户计划的计算方法领取退休金。对于新制度下的可持续性保障基金,ANSES 来进行管理,国会设有的社会保障基金管理委员会进行监督。

(五) 瑞典

瑞典名义账户养老金的缴费资金由四个缓冲基金管理,即第一、第二、第三和第四国民养老金基金(National Pension Fund)。每支基金接收全部缴费的四分之一,并承担四分之一的养老金待遇支付。积累制账户的缴费资金由积累制“养老金管理局”管理,成员自己选择投资基金,再由养老金管理局转移给市场上竞争的基金管理公司进行投资运营①。作为管理名义个人账户的成本,政府要向账户收取一定比例的管理费。

(六) 意大利

意大利针对旧的养老制度提前退休无惩罚的政策,新制度对提前退休进行处罚,并收紧退休的资格。规定提前退休必须缴纳至少 1.2 倍于最低保障养老金水平的保险费。对于照看孩子而不能工作的女性,政府代为记账“缴费”直到孩子满 6 岁。第二支柱中的契约型——封闭型养老基金由 COVIP 监管,它授权批准并建立养老基

① 蒋岳祥.瑞典政府养老保险制度改革及其启示[J].浙江大学学报(人文社会科学版),2003(7):130-137.

金，对其风险控制准则进行审核，在养老基金和基金管理人之间达成一致，并确立衡量基金投资的标准。

（七）日本

日本为了解决在基金管理方面的弊病，组建了年金经营基金会，扩大民间和精英人才对基金管理和经营的参与，引进竞争机制，有计划、有步骤的将养老保险基金引向资本市场。为了加强资金运作的安全性，特设投资专门委员会，对直接进入资本市场的资金进行严格调查和审核。与此同时，推行国际财会标准制度，将经营状况的一切信息彻底公开，接受国民及国际社会的监督①。

（八）韩国

韩国的"国民基金管理委员会"为基金的运营决策机构，做出基金投资管理和重大事项决策，其下设的"国民基金评估委员会"为基金的经营业绩评估机构；国民年金管理公团为基金的管理实体，该机构内设"基金管理中心"，专门负责基金的投资运营。国民年金管理公团是基金的管理主体，它是卫生福利部下属的一个非营利性独立法人机构，其职责是负责国民年金的征缴和待遇支付工作，进行国民年金基金的投资运营，并进行一些社会福利设施建设，以提高国民福利水平。国民年金管理公团实行垂直管理，公团最高领导为主席，三位部门经理分别负责计划执行处、计划运营处以及"基金管理中心"的管理工作②。

（九）英国

英国养老金监管是一个多体系监管，由养老金计划办公室、养老金监管局、征缴局、职业年金咨询局、金融服务局等几个部分组成。政府还建立了一些监管制度以更好地加强管理，包括"仲裁"机制，引进专业裁判或者仲裁者，代表委托人的利益，可以对受托人的不当行

① 尹成远，周稳海．日本养老保险制度改革对中国的启示[J]．日本问题研究，2005(4)：14－16．

② 房连泉，郑延慧．韩国国民年金基金投资的经验教训[J]．天津社会保险，2008(5)：48－52．

为进行有效的约束。另一项是"申诉"机制，鼓励广大成员通过该机制，直接将自己的意见或者不满反映给监管机构①。还出台了一系列法律法规，如《养老金法案》、《社会保障法》、《养老金计划规则》及特别针对职业养老金计划监管的《2004年养老金法案》。

(十) 德国

德国对养老保险的监管有两种形式：一是行政监管，联邦直属的经办机构由联邦的社会保障部或联邦保险监管局负责监管；州直属的保险经办机构由该州的社会保障事务部(或者州监察局)负责监管。二是司法监管，由联邦和州独立的社会法院行使权力。对企业年金资产组合做出具体的限制，包括两方面：一是限制企业年金的自我投资，即对养老金投资于购买基金缴费人(企业)所发行的股票和债券进行限制。德国规定自我投资不能超过10%。二是规定各种投资工具在投资组合中所占的最大比例②。

(十一) 美国

美国对于第一支柱的监管是由多部门共同作用的，包括社会保障署、社会保障基金信托委员会和社会保障咨询委员会。联邦社保基金的管理中托管人和受托人是相互分离的。财政部作为托管人将社保基金存入特定账户，社会保障基金信托委员作为基金受托人，对联邦社保基金进行评估管理，并实行信息公开制度，便于民众了解社保基金的运行情况，社会保障署起到管理监督的作用。雇主养老金计划中，雇主一般要建立委员会来对养老金计划的投资运行进行监督，同时要向雇员信息公开。

(十二) 加拿大

加拿大老年保障金实行按季指数化，不受通货膨胀影响，收入达到一定数额要缴税。2006年，个人净收入在62 144美元(包括老年

---

① 刘子兰，刘雪梅. 英国职业养老金计划的监管探析[J]. 国际经贸探索，2006(5)：66-70.

② http://www.jrj.com.cn/NewsRead/Detail.asp?NewsID=194180. 企业年金应由专业金融机构运作.

保障金)及以上的养老金领取者要缴税。所缴税额通常是从每月的老年保障金中扣除,扣除金额为个人收入与既定标准差额的11.25%①。加拿大的公共养老金由独立于政府的加拿大养老金计划投资委员会(CPPIB)进行管理和投资。政府无权直接干涉CPPIB的日常经营活动,但可以对公司财务、信息、监控、管理程序等方面进行审查,有权任命董事会董事,每三年可对有关法律法规审定、修订一次。

鉴于养老金规模庞大,对人民生活和国家稳定起到至关重要的作用,案例国家或地区都非常注重养老金在使用过程中的监管。除了制定相关法律外,主要还有以下有特色的措施:一是完善配套制度。如智利对投资回报率设置上下限的同时,建立起储备金制度,在不符合制度规定时政府有权强制解散AFP,养老金独立于AFP的自有资本,故破产不会畏怯养老金的安全性。再如英国的"仲裁"机制和"申诉"机制对受托人的不当行为产生约束。二是机构设置,集中管理。与智利的储备金制度相对应的是建立监管机构SAFP,监督AFP的政策执行情况。墨西哥筹集、管理和发放分别由不同的机构负责,养老金的筹集由国家社会保险局负责,养老金的管理和发放是由养老基金管理公司(AFORE)负责,对后者进行监管的是国家养老金储蓄管理委员会,监管内容主要包括AFORE的运作和养老金的发放情况。新加坡对养老金实行中央公积金局集中管理。日本特设投资专门委员会,对直接进入资本市场的资金进行严格调查和审核。三是多元监督。有的国家采取政府、民间监管多管齐下的方式,确保养老金的安全。如日本组建了年金经营基金会,扩大民间和精英人才对基金管理和经营的参与。美国除了官方监管机构外,还有雇主作为监管方组建委员会对养老金的投资运行进行监督。

---

① 李亚敏,王浩.加拿大养老金制度的发展及其对中国的启示[J].财经科学,2011(2):35-42.

七、激励和约束

(一) 智利

在智利的养老保险制度下，只要劳动者个人账户积累达到政府规定的最低额度或劳动者10年来平均工资的70%即可退休，但劳动者只有达到法定退休年龄时才会得到政府支付的认购债券，并将其包括到个人账户中领取养老金。养老金的税收优惠政策为"EET"型，即在缴费和投资阶段不征收个人所得税，而在领取养老金时征收[①]。为防止这一政策被用来逃避个人所得税，智利政府规定包括养老金和健康保险等在内，个人账户的缴费上限为60 UF(智利的指数化货币单位)。

(二) 阿根廷

2007年之前，政府鼓励参保者选择第二支柱的个人账户计划。由于金融危机爆发后个人账户基金损失较大，在2007年，政府出台了法案鼓励和支持第二支柱的现收现付计划。对于新参保者，在90天内没有在现收现付和个人账户计划中做出选择，将被自动归入现收现付计划。并允许之前参加个人账户的参保者退回到现收现付计划。每五年参保人可以在现收现付和个人账户之间选择一次。这些政策使得大量参保者从个人账户制度流入现收现付制度，国有化改革前已有1/5的参保人退回到现收现付计划中[②]，也为2008年的国有化改革打下了基础。

(三) 瑞典

由于按名义个人账户计算雇员退休后的受益年金，因此雇员工作的时间越长，其所得的年金将越多[③]。这样会鼓励雇员多工作，以

---

① 郑秉文，房连泉. 社保改革"智利模式"25年的发展历程回眸[J]. 社会保障研究，2006(2)：190-209.

② 郑秉文，房连泉. 阿根廷私有化社保制度"国有化再改革"的过程、内容与动因[J]. 拉丁美洲研究，2009(2)：7-24.

③ Berg Lennart. The Framework of Swedish Pension Reform [M]. Merita Nordbanken, Stockholm, 2000.

领取更高的退休金，减少提前退休的情况。

(四) 日本

日本政府通过税优政策鼓励企业年金发展，分担公共养老金重担。随着日本退休给付会计准则的变化、年金资产运作低效、劳动者流动性加大等外部环境的变化，日本政府导入了确定给付型企业年金和企业型确定缴费型企业年金，并对企业年金给予了税收政策，在企业年金的缴费、投资环节免税，领取时扣税的税收模式。

(五) 英国

英国规定退休雇员的养老金收入需缴纳个人所得税，属于应税收入。税率会根据雇员收入情况的不同而改变。职业养老金计划根据是否得到税收部门的批准，可分成经批准的职业养老金计划和未得到批准的职业养老金计划，前者可依法享受税收优惠，后者则没有税收优惠。在享有税收优惠的职业养老金计划中，雇员的缴费从应税收入中扣除，前提是雇员的缴费比例最高不超过其工资的15%，雇员和雇主合计的缴费比例不超过雇员工资的17.5%①。对于个人养老金计划，政府也有税收减免的优惠，但对于超过上限的部分不享受税收优惠。

(六) 德国

对于企业年金德国政府提供了税收优惠。雇主向账面养老金计划的缴费可以税前扣除，对一次性总付的养老金免税，对一次性总付的养老金免税对以企业年金形式从计划领取的养老金部分征税，税率随年龄不同而不同。

(七) 美国

美国对于养老金的运作，在税收方面制定了优惠政策，包括个人缴费税收可以延迟支付，企业的缴费则可以在税前扣除。美国政府对于部分雇主养老金计划也有实施税收优惠，如401(k)计划可以延迟纳税。对于第三支柱的个人退休账户的两种形式，税收政策各有

① 吴慧琼. 英国养老保险制度研究[D]. 武汉科技大学，2009.

不同：存入传统 IRA 账户的钱属于个人税前收入，待到退休后支取这些投资本金及收益，同时按取款时的税率缴税，这便提供了税收延期支付的待遇，但是在 59 岁半前取款须补缴所得税，再处以 10%的罚金；而 Roth IRA 是税后缴费，提款时无需再缴费，适合于那些缴费时纳税率低而提款时纳税率高的纳税者。

约束则是 1983 年的《社会保障修正法案》规定从 2009 年起逐步提高退休年龄，到 2027 年退休年龄将提高到 67 岁①。这样做的目的是增加保险基金的积累，缩短养老金发放的年限，节约成本。

(八) 加拿大

加拿大政府通过税收优惠政策鼓励和支持私人养老金计划的发展。如注册养老金计划(RPP)可以享受有关税务减免的优惠，雇主为雇员所缴金额不计入雇员当年的收入总额，雇员每年按个人上年收入的 18%缴费，在不超过税务局规定的缴费上限内的部分，可享受税前扣除②。注册型退休储蓄计划(RRSP)中的储蓄有税收优惠，即税前扣除缴费，并且再投资的收益是免税的。延期利润分享计划(DPSP)也享有税收优惠政策。

(九) 中国香港特别行政区

中国香港特别行政区强积金计划有着低标准、广覆盖的特点。其占中小企业的整体经营成本不足 1%，积金局也建议员工积极参加职业退休计划——补充养老保险、商业寿险和个人储蓄计划。为了推行强积金计划，政府规定除了获豁免的人士外，所有年龄在 18—65 岁之间的雇员都必须强制参加。如果雇主没有安排雇员参加强积金计划，便属于违法。首次被定罪，可以罚款 10 万港币及监禁 6 个月，其后如果再被定罪，刑罚会加重，可处以罚款 20 万港币及监禁 12 个月。同时，法律对企业缴费没有宽限期，雇主无论经营状况如何，都

---

① 刘云香，丁建定. 美国养老保险体制改革及其经验[J]. 南都学坛(人文社会科学学报)，2007(4)：28-31.

② 长江养老视野. 加拿大雇主发起的多样化退休保障计划的启示与借鉴.

必须按时供款。①

(十) 德国

德国相关法律规定十分严格，个人除了可以选择更换保险公司之外，按时足额缴纳社保是必须履行的义务，一旦有违规情况将面临严重后果。如果收到三次警告信，个人的信用就将受到质疑，并会被个人信用中心记录在案，以后贷款等需要信用证明的时候将受到严重影响。

养老保险制度顺利运行的前提是保险费的足额缴纳，实际情况是在缴纳过程中可能出现大量的违规操作，主要问题集中于单位支出部分的少缴或不缴。企业逃费的方式包括：第一，增加临时工，减少合同工，减少参保职工人数，加之部分企业员工流动性大，人员数目经常变动，无法准确核定其纳入养老保险里的职工人数；第二，变相减少工资总额，违规截留应缴保费，或是借故延迟缴费。为了保证养老保险制度的顺利实施，案例国家注重运用税收工具的激励作用以及额外制定法规增加对违规操作的惩罚力度。

在税收优惠方面，各国或地区普遍采用 EET 制，并以此来鼓励企业建立企业年金，作为基础养老金计划的重要补充。政府在征税时要面临以下三个环节的问题：① 当企业雇主为职工缴费时，是否允许其将这笔缴费支出计入成本费用，在所得税前列支，从而对这笔缴费免征企业所得税；对于职工个人的缴费是否允许从应纳税所得中扣除，免征个人所得税。② 当企业养老金计划取得投资收益时，对其是否征收所得税。③ 当退休职工从养老金计划领取养老金时，是否要对他们的这笔养老金收入征收个人所得税。案例国家 EET 制占据了主导地位，也就是对养老金缴费和基金投资收益都免税，只对雇员退休后领取养老金时才课税。EET 税制不会导致重复征税，它反映了养老金储蓄在生命周期中收入再分配的真实性质。当企业(雇主)为职工缴费时，应对这笔缴费免征企业所得税；对于

① 养老保险国别研究及对中国的启示[M]. 中国保监会，2007.

职工个人的缴费则免征个人所得税，以鼓励更多的企业雇主和职工向养老金计划缴费，从而尽可能地扩大养老保险计划覆盖面。其次，在基金投资收益环节，应适当减免税收。若基金投资于基础设施建设等实业工具，或者投资于银行存款、债券等金融工具，则全部免征所得税，若基金投资于国内外股票及衍生工具，则应适当减免所得税。最后，在养老金的领取环节，则不应给予任何税收优惠。此环节不给予税收优惠，主要是防止部分效益好的企业以及收入高的职工当初大量缴费以避税或偷税。一旦发现缴费过程中出现违规，惩罚措施也是相当严厉的。如中国香港特别行政区的违法定罪、大量罚款以及德国肮脏的信用记录都会对雇主的缴费行为造成强有力的约束。

八、退休年龄、缴费年限和养老金发放

（一）智利

在智利，雇员退休后可用账户中的本金和收益购买终身养老金，也可以根据每年国家统计局发表的养老金领取者平均寿命计算出的数额，按月直接从账户提取一定的养老金直至死亡，还可以将上述两种方式任意组合(朱青等，2007)。

（二）墨西哥

墨西哥的养老金制度规定无论男女，退休年龄均为 65 岁，一般情况下缴费满 1 250 周才可以领取退休金。年满 60 岁，缴费满 1 250 周，可享受提前退休。养老金的领取有两种：一种是分期领取，另一种是购买终生年金。若职工不具备上述享受养老金的条件，在其年满 60 岁时，可将养老金账户金额一次性提走。目前，政府提供的社会最低养老金担保标准是每人每月 300 美元，当职工个人账户退休金达不到每月 300 美元的标准时，由财政补足到 300 美元①。

① 中国社会科学院课题组(主持人：郑秉文). 部分国家社会保障资金投资管理情况. 内部资料，2007(1).

(三) 新加坡

在新加坡,雇员 55 岁后可以从选择将退休账户中的资金购买年金、存入银行获取利息或保留在公积金退休账户中获取利息。参保人年满 62 岁时即可每月从退休账户中领取养老金。

(四) 瑞典

瑞典法定的退休年龄是 65 岁,新制度下 61—70 岁之间的都可以退休。名义账户养老金账户上记录着缴费人的缴费情况,当缴费人到退休年龄时,政府会根据名义账户上的积累,按照工资的增长情况、通货膨胀等因素确定缴费者的退休金。来自名义个人账户的资金不能作为财产继承,而实账积累养老金是可以继承的。

(五) 意大利

意大利养老金的给付与缴费者个人账户的积累和退休年龄有关。雇员可以在 57—65 岁之间选择退休。退休金给付是指数化的,规定每十年对转换系数修订一次。对于契约型——封闭型养老基金的分配,雇员可以一次性领取 50%,余下的以年金形式存储起来。

(六) 日本

日本的第一层次国民年金的保费和待遇发放标准由法律规定,不与参保者个人收入挂钩。领取养老金数额的多寡取决于缴费时间的长短,最高为缴费 40 年,每月可领取 66 000 日元养老金。第二层次中保费和待遇发放标准与参保者个人的收入挂钩。领取退休收入时包括两部分:一是定额给付,等于国民年金;二是强制参加的收入关联给付。

(七) 韩国

韩国的养老金给付,按照所有受保人上一年平均月收入与退休者整个缴费期间平均月收入之和的 1.8 倍计算,可选择长期给付或一次性给付;参加保险超过 20 年者,每超过 1 年,月补助额增加 5%;受退休者供养的无收入亲属(子女、父母或配偶)可享受增发年金的定额给付。在年金给付的调整方面,韩国没有建立像日本那样的价格指数自动调整机制,但亦根据价格变化调整补助,年金保险费原则上每 5 年调整一次①。韩国国民养老金给付的起始年龄标准为男女均 60 岁,考虑到人口寿命的不断延长和资金运行情况,韩国政府决定从 2013 年开始将养老金起始年龄提高到 61 岁,此后每 5 年提高 1 岁,直至 2033 年提高到 65 岁②。

(八) 英国

雇员或自雇者只要向英国社会保障部的缴费署缴纳国民保险费(NICs),在达到法定退休年龄后即可领取国家基本养老金。全额国家基本养老金在 2006—2007 年度为每周 84.25 英镑,最低国家养老金数额为全额的 25%③。雇员退休时可从其所在职业养老金计划中一次性领取养老金收入,可以免缴所得税,但雇员退休后正常领取的定期(按月或周)养老金是应税收入,个人养老金计划的成员可以在 50 岁时选择一个时间起点领取养老金。

(九) 德国

德国领取养老金的基本条件是年满 65 岁,累计缴费 35 年。养老金的标准由参保人的报酬积分和养老金现值共同决定,其中养老金现值全国统一;报酬积分取决于个人缴费期内历年工资收入与全国平均工资比值之和。

(十) 美国

美国的基本养老金发放实行一套精算制度,与退休年龄、纳税数额及年限等因素有关,由财政部按月发放养老金,汇入个人账户。雇主养老金的领取方式有一次性领取、分期领取、转为存款等。

(十一) 加拿大

加拿大政府规定领取老年保障金的需满足两个条件:年满 18

---

① 郑秉文,史寒冰. 东亚国家或地区养老社会保障模式比较[J]. 世界经济与政治,2001(8):32-37.

② Yang,Jae-jan. The 1999 Pension reform and anew social contract in southkorea [M]. Dissertation submitted to the Graduate School-New Brunswick Rutgers, The State University of New Jersey in partial fulfillment of the requirements for the degree of Doctor of Philosophy Graduate Program in Political Science. p. 177.

③ 吴慧琼. 英国养老保险制度研究[D]. 武汉科技大学,2009.

岁后在加拿大居住满十年和年满 65 岁。在加拿大居住满 40 年可以领取全额老年保障金。满足条件的加拿大居民可提出申请领取老年保障金。领取第二层次的加拿大养老金数额的多少与缴费时间、缴费数额及何时退休有关。通常养老金从 65 岁开始领取，但也可以选择在 60—70 岁之间的任何年龄来领取。每年养老金会根据消费者指数进行调整。

近年来，由于人口老龄化和政府财政压力的冲击，世界各国普遍实行了提高退休年龄的做法（见表 8.6），而已实行推迟退休年龄的国家，在具体实施过程中基本上采取的是渐进性质的缓慢延长的做法，实现平稳过渡。

表 8.6　主要国家退休年龄的延长情况及做法

国家	原退休年龄	改革后退休年龄	做　法
美国	65 岁	67 岁	自 2009 年开始，每一年退休年龄推迟 2 个月，至 2027 年将退休年龄从现在的 65 岁提高到 67 岁①。
德国	65 岁	67 岁	从 2012 年起，用 12 年的时间把退休年龄延长一年，一年延长一个月；然后再用 6 年的时间把退休年龄延长一年，一年延长两个月，到 2030 年把退休年龄延长到 67 岁②。
英国	男 65 岁 女 60 岁	男女职工退休年龄并轨为 65 岁	英国计划在 2016 年 4 月到 2018 年 11 月期间，把女职工的退休年龄提高到 65 岁，男女并轨③。
意大利	男 60 岁 女 55 岁	男 65 岁 女 60 岁	每 18 个月延长 1 年，直至男 65 岁、女 60 岁为止④。

---

① 刘云香，丁建定. 美国养老保险体制改革及其经验[J]. 南都学坛（人文社科学报），2007(4)：30.

② 侯立平. 德国养老保险体制改革刍议[J]. 西北人口，2006(4)：18.

③ http://news.xinhuanet.com/book/2012-06/24/c_123322562_2.htm. 新华网.

④ 张丽. 推迟退休年龄的可行性研究[D]. 东北财经大学，2007.

续 表

国家	原退休年龄	改革后退休年龄	做　　法
日本	60 岁	65 岁	每 3 年提高 1 岁，男性从 2013 年开始到 2025 年结束，女性从 2018 年开始到 2030 年结束①。
韩国	60 岁	65 岁	退休年龄从原来的 60 岁提高到 2013 年的 61 岁，然后每 5 年提高 1 岁，逐步提高到 2033 年的 65 岁②。
新加坡	62 岁	65 岁	由最初 1955 年设立的中央公积金制度规定的 55 岁延长到 2012 年的 62 岁，并将延长到 2018 年的 65 岁③。

另一方面，也有一部分国家采取了弹性退休制度，如意大利、瑞典、加拿大以及东欧部分国家等。意大利是实行弹性退休的代表国家，开始于 20 世纪 90 年代，其制度安排为工人可以在 57—65 岁之间选择退休，同时规定不得早于 57 岁退休。养老金的给付水平取决于工人在整个职业生涯中个人账户的积累和退休年龄，还取决于国内生产总值名义增长率并据此转化为名义资产。其缴费确定型(DC)给付计算公式如下：

$$P_{NDC}=\left[\sum_{i=a}^{age}c_i\,(1+g)^{age}-\right]i\cdot\delta_{age}+1$$

ci——工人在 i 岁时的缴费

g——国内生产总值名义增长率

age——退休年龄

δ——针对具体年龄阶段的年金率

① 尹成远，周稳海，代栓平．日本养老保险制度改革对中国的启示[J]．日本问题研究，2005(4)：15．

② 陈少晖，许雅雯．养老保险制度：韩国的经验对中国的启示[J]．亚太经济，2005(6)：61．

③ 郭伟伟．新加坡社会保障制度研究及启示[J]．当代世界与社会主义，2009(5)：81．

a——工人进入劳动力市场时的年龄

制度实施后，退休资格审查更加严格，规定虽然仍可以提前退休，但必须缴纳至少1.2倍于最低保障养老金水平的保险费。除了确保工人在整个职业生涯内缴费以外，退休至少还要满足以下两个条件中的一个：或至少缴费5年就可以达到57岁退休的退休年龄，或至少达到40年的缴费年限①。

在我国，上海市已于2010年10月开始实施柔性延迟办理申领基本养老金手续，但男性退休年龄不得超过65周岁、女性不得超过60周岁。但上海的弹性退休机制仅仅作为一个试点，规定具有专业技术职务资格人员、具有技师证书的技能人员和企业需要的其他人员均可柔性延迟退休，没有覆盖所有群体。

我国养老保险缴费年限为15年，从一个普通职工来看，假设25岁就业，60岁退休，期间的工作年限有35年，15年的缴费年限和实际工作年限存在着较大出入，与其他国家相比（见表8.7），也有很大差距。

表8.7　部分国家养老保险缴费年限

	阿根廷	墨西哥	英　国	韩　国
缴费年限	30年	1 250周（约24年）	全额领取资格为缴费年限达到工作寿命的90%	缴费20年可获得全额保险年金

在国际上，很多国家也针对自身养老保险基金运营状况以及职工的普通工作时间对缴费年限做出了一定的调整，诸如表8.6中的墨西哥与韩国：墨西哥在1997年改革之前，其缴费年限为15年，由于职工平均工作年限的不断增加，过去规定的500周容易造成不公正，导致工作年限短的与工作年限长的享受同样数额的养老金。根据“新法”，交纳保险费不满1 250周的，也不会失去其个人账户上的

① 郑秉文，宋坤．意大利九十年代以来养老金三个支柱改革进程——兼论引入“名义账户”的前途[J]．欧洲研究，2005(12)：103.

养老金储蓄，并且交纳保险费在 750 周至 1 250 周的人，即有权在退休后直至去世为止，享受公费医疗①；韩国也将获得全额养老金的条件由原先 15 年的缴费时间延长至 20 年。

在养老保险缴费年限研究中，具有参考价值的是在一些国家中，即使没有达到规定的缴费年限，也不是一刀切的只能领取个人账户上的养老储蓄金，而是可以根据已交纳的年限享受低一档次的减额保险金。如英国虽然规定缴费年限应为工作年限的 80%以上，但缴费年限在工作寿命的 25%—90%之间的，在每周 95 镑的基础上，可以按比例减少领取额。缴费年限不足 5%的，不能领取养老金。男性缴费满 11 年、女性缴费满 10 年，可享受最低养老金，为国家基本养老金标准的 25%②；韩国则规定缴费年限 20 年以上并达到 60 岁的人可获得 100%的基本年金。缴费年限 10 年以上不满 20 年，年满 60 岁的人可获得基本年金的 50%，且缴费年限每增加一年递增 5%③。

就我国实际情况而言，多数城镇职工的缴费年限已远远超过 15 年的范畴，适当延长缴费年限无疑是一种温和的改革做法，在一定程度上可以缓解养老金压力。同时，我国在延长退休年限之时，应采取相应的配套措施，做好精算工作，对于未能达到延长后的缴费年限的人群，也按比例给予一定的基本养老金，而不是只能一次性领取个人账户养老金，提高参保积极性。

---

① 徐世澄．墨西哥社会保障制度的改革[J]．拉丁美洲研究，1997(4)：33．

② 郑州市人力资源和社会保障局英国养老制度培训情况报告．2010－12－06．

③ 陈少晖，许雅雯．养老保险制度：韩国的经验对中国的启示[J]．亚太经济，2005(06)：61．

第九章

增强城镇职工基本养老保险制度吸引力的措施分析

现有文章对养老保险制度激励功能的研究主要集中于：一是制度比较。邓雷群、程乐华①指出，从国发[1991]6 号文件到国发[1997]26 号文件再到国发[2005]38 号文件，政府不断改革制度，逐步建立起缴费工资与在岗平均工资共同作为计发基数、缴费年限每增加一年计发比例提高一个百分点和综合考虑平均预期寿命、退休年龄、利息等因素的养老金计发办法，使得鼓励多缴费、多工作、多得养老金的激励机制逐步改进。二是现行制度缺陷。邓雷群、程乐华(2006)认为在统筹层次上进展缓慢，而且统筹模式也不统一，使得资金的使用效率偏低，责任不明确，不能充分调动扩面征缴的主动性和积极性。葛根路(2010)指出，对个人账户而言，由于银行存款利率与两位以上工资增长率的巨大差距，使得个人账户积累相对萎缩，从根本上失去了激励机制。

上述文献指出现行制度在激励功能方面的缺陷，如统筹层次、缴费率以及基金的保值增值存在诸多问题，本章将进一步探讨造成这些问题的根源，并从国外养老保险制度改革积累的经验角度出发，对

① 邓雷群，程乐华."十一五"时期我国养老保险制度改革的基本走势[J].南昌大学学报(人文社会科学版)，2006(6).

将来改革过程中增强制度吸引力提出具体的政策建议。

一、增强制度吸引力的国际经验

(一) 财政是养老保险制度改革及增强制度吸引力的坚强后盾

养老保险制度是为了弥补保险市场失灵而创立的、国家向公民提供的一种社会福利，无论是制度正常运行还是转轨，财政必然在其中起到非常关键的支撑作用。另外作为转轨成本主要组成部分的隐性债务，其实质是“老人”和“中人”在养老保险改革前的时期所创造的剩余产品，均以利润的形式上缴财政，支援国家投资和建设，最终全部凝结在了固定资产中，隐性债务显性化之后该部分债务理应由财政支付，因此财政在养老保险制度转轨中承担重要角色。国际上财政对于养老保险制度的支持主要表现在：支付转轨成本、最低养老金担保和财政补贴，我国财政也有类似的职能和安排，但是以下两点削弱了财政的支持力度：首先，从财政支出结构上看，表 9.1 反映的是 2005 年我国财政支出结构与国际上其他国家的横向对比，由于某一国家的财政支出结构不具有普遍代表性，因此选取发展中国家、发达国家及世界平均水平来做对比分析。

表 9.1　国际财政支出结构对比　　单位：%

名　　称	经济建设费	行政管理费	科教文卫费	国防费	社保支出
中国	27	19	26	7	11
中等收入发展中国家	17	15	20	9	7
高收入发展中国家	11	13	26	23	13
发展中国家平均水平	14	14	23	16	10
发达国家平均水平	9	9	26	7	33
世界平均水平	12	12	24	13	17

资料来源：《中国统计年鉴 2006》、《Government Finance Statistics Yearbook》

可以看出，我国经济建设支出比重为 27%，远远大于世界平均水平、发达国家平均水平与发展中国家水平。行政管理费支出比重为

19%，是各比较对象之最。科教文卫支出比重则与世界平均水平和发达国家平均水平相近，略高于中等收入发展中国家水平。国防支出水平则与发达国家相当，大大低于发展中国家和世界平均水平。而社会保障支出远远低于发达国家水平和世界平均水平，目前社会保障支出占我国财政支出 12%，远低于西方国家 30%—50%的比例，即使是一些中等收入国家比例也在 20%以上[①]，因此，加大对社会保障的财政支出势在必行。其次，既然“老人”和“中人”的养老金凝结在固定资产中，国有企业理应承担大部分隐性债务，从国际经验来看，无论哪个机构代表国家担任股东，国企分红交给财政部用于养老保险支出，现在很多国家都采用这种做法，如丹麦、芬兰、法国、德国、新西兰、挪威、韩国和瑞典等国。我国国有企业上缴红利的企业范围过小、上缴比例过低的局面一直未有改观，虽然从 2011 年起我国央企上缴红利比例上调了 5 个百分点，其中石化、烟草、电力等 15 家垄断国企的上缴比例提高至 15%，但相比国外发达国家平均 50%的国企红利上交比重，我国国企所承担的社会责任仍然偏低。

（二）现收现付部分企业缴费率适中，投资保守谨慎，财政的作用不可小视

国际上实行部分积累制的国家，现收现付部分具有普惠性质，以保证退休人员基本生活，一般采取待遇确定型方式，或全部由国家财政承担或由国家、企业、个人共同承担。在瑞典，第一层次是提供给低收入群体的保障养老金，资金来源于税收；第二层次的名义账户也具有现收现付性质，雇员和雇主的合计缴纳工资的 16%，本部分账户采用缴费确定型方式。英国法定的国家基本养老金为每个符合领取养老金条件的退休人员提供等额基础年金，资金来源于国家财政和雇主缴费。美国第一支柱为联邦社保基金（OASDI），收入来源的 85%是美国税务局征收的社会保障工薪税，与养老金有关的社会保障税税率是收入的 12.4%，雇主和雇员各缴纳 6.2%。OSADI 另外的收

① 数据来源：http://finance.ifeng.com/news/macro/20120615/6611052.shtml

入来源是养老基金的投资收益和对社保津贴给付的征税，美国联邦社保基金主要投资于财政部发行的特种债券，少数留存现金和投资于普通国债。加拿大第一层次是老年保障金(OAS ,Old Age Security)、保证收入补贴计划(GIS, Guaranteed Income Supplement)和配偶补助计划，这些是社会福利，满足一定的条件即可领取，本部分资金由政府负担，无须企业和个人缴纳。综上所述，国家财政是现收现付部分的重要来源，在此基础上企业和个人缴费率才可能维持适中的水平。

(三) 积累部分保值增值渠道多元化，监管严格

与现收现付部分代际赡养及保证基本生活水平的功能不同，积累部分的资金发挥着提升退休人员生活质量的功能，其保值增值的力度是增强制度吸引力的关键因素，这就意味着投资渠道和监管有别于现收现付部分，从国际运营经验看有如下特点：第一，市场化运作，风险自担。雇员或雇主可以在允许的投资范围和限额内自行投资，或委托金融机构投资。智利成立养老金管理公司 AFPs 收集缴费，管理账户以及对基金进行投资运作，投资范围包括国债和储蓄、股票、房地产、外国证券等，允许雇员每年视 AFP 的经营情况有两次机会转移账户。瑞典由雇员自己选择基金管理公司。美国雇主养老金计划中 DB 型基金雇主可将养老基金委托给商业银行、信托投资公司、保险公司等机构进行投资管理，投资方向有股票、债券、不动产及其他形式的金融产品，而 DC 型如 401(k)计划可由参加的职工自主选取投资组合方式，购买基金、股票和债券等。第二，监管力度和风险控制严格，主要表现在设置投资范围、投资品种的最高上限以及投资机构资质认定及投资行为约束。意大利、英国、智利、日本等国均设定投资品种上限，墨西哥除了对各种投资项目规定最高的投资限额之外还设定投资顺序。智利资本市场上由私人机构发行的债券、股票必须经由政府认可的私人风险评估公司的风险认定后，才能成为 AFPs 的投资对象，养老金投资风险委员会对具体的投资项目进行最终裁定。瑞典的基金公司需要和政府签订一份合同，内容须规定基金的费用结构、披露要求等信息。

(四) 按比例分摊的转移接续政策及灵活机动的缴费年限政策

正如前文所述,欧盟成员国之间转移接续制度是这样的：在达到领取退休金年龄之后,按在欧盟各国的参保时间遵从比例分摊的原则领取养老金。

在一些国家中,即使没有达到规定的缴费年限,也不是一刀切地只能领取个人账户上的养老储蓄金,而是可以根据已交纳的年限享受低一档次的减额保险金。如英国虽然规定缴费年限应为工作年限的80%以上,但缴费年限在工作寿命的25%—90%之间的,在每周95镑的基础上,可以按比例减少领取额;缴费年限不足5%的,不能领取养老金。男性缴费满11年、女性缴费满10年,可享受最低养老金,为国家基本养老金标准的25%①。韩国则规定缴费年限20年以上并达到60岁的人可获得100%的基本年金。缴费年限10年以上不满20年、年满60岁的人可获得基本年金的50%,且缴费年限每增加一年递增5%②。新加坡政府推出了最低存款填补计划,若参保人55岁时退休账户上的存款未达到最低存款要求,可以由子女用自己的公积金存款或现金填补父母的退休金账户,使父母能获得最低养老金保障。

二、增强养老保险制度吸引力的措施

(一) 建立财政专户,扩展资金来源渠道

养老保险账户平衡是一个转轨期内长期存在的问题,因此,有必要建立财政专户,形成比较稳定、长期、有效的财政对社会保障特别是养老保障投入的机制。第一,发行长期特种国债。对统筹账户收支状况进行预测分析之后发现,统筹账户的年度缺口存在于2018—2036年,那么在财务上就可以这样安排：先用2013—2017年的盈余来支付缺口,再发行长期养老保险债券(用2037年之后的盈余作抵

① 郑州市人力资源和社会保障局.英国养老制度培训情况报告[R].201-12-06.

② 陈少晖,许雅雯.养老保险制度：韩国的经验对中国的启示[J].亚太经济,2005(06):61.

押)募集资金。第二,统筹账户滚存结余的增值。对于统筹账户而言,资金管理首先要遵循一个是安全、谨慎原则,其次才考虑收益率,这是统筹账户投资不同于其他基金投资的区别,因此目前只投资在银行存款和国债两方面,这是确保安全性的选择。同时也可尝试投资于低风险的银行理财产品,可以参股获利稳定的行业,如银行、证券、保险、电力、通信、石化等资源类行业,定期得到分红以增强养老金缺口的偿还能力,其收益划入财政专户。第三,调整国有资本使用结构。国企的分红是公共财政收入,目前大部分又返回给中央企业使用,国有企业没有很好地履行社会责任,应当通过预算编制程序对其按优先顺序进行更好地配置。在养老金缺口逐渐增大的预期下,预算支出必先考虑国计民生的重大问题,国企分红将成为弥补缺口的重要来源。

(二) 财政支持力度不断加大的情况下,逐渐减少企业缴费比例

目前20%的缴费率对于大多数企业来说仍然偏高,这就增加了扩大覆盖面、提高参保率乃至延迟退休等措施的实施难度。财政专户支持的力度不断加大的同时,可以适当降低企业养老保险的负担,提高企业和职工的参保积极性。尽管缴费率降低,但参保人数的增加仍然能够保证养老金的收入来源,甚至产生拉弗曲线中增加养老金收入的作用。同时政府应下定决心统一制度,打破身份决定养老金缴费和福利的藩篱,对不同身份的参保职工一视同仁,缴费率的降低有助于减少改革阻力,进一步扩大覆盖面给予养老保险账户更大的资金支持。

(三) 设置基础养老金领取档次和比例,增强支付制度的灵活性

延长法定缴费年限促进参保人员年龄结构年轻化的同时,设置基础养老金领取档次和比例,增强支付制度的灵活性。现行制度已经考虑到对年轻人参保的激励作用,在计发政策中加入缴费年限因素,缴费年限越多,退休后获得的统筹账户养老金越多。然而,最低缴费年限15年又部分地抵消了这种激励作用,因为个人可以在达到15年的最低缴费年限后设法提前退休然后再就业。根据劳动和社会保障部社会保险事业管理中心的数据,城镇参保职工年龄和性别分布基本与城镇就业人员的一致，运用《中国劳动统计年鉴》的相关数据，可以得到 2002—2009 年净增参保人员的年龄、性别平均状况。所有净增参保人员中年龄在 40 岁以上的约 67%，40—44 岁者所占比例最大，约为 28.31%（其中男性 17.02%，女性 11.29%），由于目前正处于隐性债务偿还期，净增参保人员的年龄结构老年化会加重偿债负担，加速偿付危机到来。在延长法定缴费年限的同时可以设置基础养老金的领取档次，具有参考价值的是在一些国家（例如英国、韩国或地区）中，即使没有达到规定的缴费年限，除了领取个人账户上的养老储蓄金之外，可以根据已交纳的年限享受低一档次的减额保险金。对于流动就业人员，按在各地的参保时间遵从比例分摊的原则领取养老金。如遇退休时缴费年限不够需补缴者，可借鉴新加坡的最低存款填补计划，由子女的社保账户进行补充。

（四）增强个人账户保值增值力度，提升养老保险制度的吸引力

个人账户具有跨期支付的性质，对保值增值的要求更高，因此可参照目前全国社保基金的制度安排，并入社会保障基金，按照《全国社会保障基金投资管理暂行办法》的规定进行投资，或者委托给有实力的、信誉好的证券公司、银行、基金公司等投资机构代为理财。不管哪种方式，这样的制度安排有两个方面的前提：一是做实个人账户。个人账户“空账”使得资金的保值增值成为空谈，这是抑制参保积极性形成退保风潮的重要原因，账户做实有赖于统筹账户资金的充盈及财政支持。二是理财渠道的多元化形成竞争的市场。根据国际经验，资金增值过程中“用脚投票”机制非常重要，竞争的市场带来更高收益和优质服务。同时，配套措施避免了理财机构之间的恶性竞争，如规定“用脚投票”的次数，制定一系列监管制度用以限制投资范围和投资行为，建立投资机构资质认定及投资机构的进入退出机制等。我国加以借鉴，在委托理财的同时设置更严格的监管机制，确保资金在安全的前提下保值增值。

第十章 养老保险制度破冰式改革的方向

党的十八届三中全会提出建立更加公平可持续的社会保障制度,养老保险涉及约十亿计的人民群众切身利益,是社会保障制度改革、完善的重中之重。前面的论证指出:制度所面临的一系列可持续性发展的问题归根结底与制度的吸引力有关,十八届三中全会之后所采取的改革也很明显带有这种激励的倾向,这样的改革方向无疑是正确的。需要注意的是,改革亦是对参保人员群体的利益再分配,福利的变化可改变参保人员的个人选择意愿,同时养老金的刚性特征可能会增加改革的成本,这需要充分了解参保人员尤其是在覆盖范围内却放弃参保的务工人员的意愿。从整体改革进程来看,养老保险改革又与其他改革,如城乡发展一体化的新型城镇建设有关,养老保险改革的顺利进行有助于推动改革的整体化进程。

一、制度碎片化的福利影响

2015 年 1 月,人力资源和社会保障部召开的新闻发布会指出,企业退休人员基本养老金水平实现十连升,月人均水平由 2005 年的 714 元上升到 2014 年的 2 070 元,增长了约 1.9 倍,上涨速度应该说是相当快的,但是职工参保率并没有大幅度上涨,可见养老金水平的提升并没有产生很大的吸引力,原因何在? 尤其是 2012 年人社部提出延长退休年龄的设想,引发了公众对现行制度不满情绪的强烈反弹。如果制度提供相当程度的保障水平并有足够的吸引力,那么公众的选择则更倾向于延迟退休，然而事实正好相反。财政补贴连年上升却换来令人沮丧的结果，这种矛盾的现象不得不引起我们对制度建设及改革质量的反思。

表 10.1 显示出中国的基本养老保险制度的碎片化特征，各种养老制度缴费水平和待遇水平的对比可以得出养老金差异并非来自劳动生产率的不同，而是城乡居民身份以及职业地位的差异，因此制度碎片化实质代表了身份地位所带来的养老金待遇的差异。我国民众素有“不患寡而患不均”的思想，不均就是不公正，因此民众对制度碎片化引发的不公正现象反响很大，严重影响了制度吸引力和参保积极性。

表 10.1 我国各种养老保险制度概况

项 目	城镇基本养老保险		机关事业单位养老保险	城镇居民养老保险	新型农村养老保险
建立时间	1951；现行制度安排：1997		1951；现行制度安排：1978	2011	2009
参保人	各类城镇就业人员（机关事业单位除外）		机关事业单位人员	16 岁以上城市非就业人员	16 岁以上农村居民
缴费水平	统筹账户：工资总额的 20% 左右（依各城市情况而定），由雇主缴纳	个人账户：缴费工资的 8%，有上限与下限，在当地平均工资的 60%—300% 之间。由职工缴纳	无需缴费①	个人缴费，缴费档次可选择。有政府补贴。全部进入个人账户	同左，但缴费档次设定不同
待遇水平	基础养老金：至少缴满 15 年，工作 35 年的基础养老金替代率为 35%	个人账户养老金加基础养老金合计约为平均工资的 58.5%	平均替代率为个人退休前工资的 70%—90%	基础养老金＋个人账户养老金	基础养老金＋个人账户养老金对农民人均纯收入的替代率约为 20%
是否强制	强制	强制	自愿	自愿	

资料来源：根据 2012 年之前的国务院相关文件整理

① 新华网 http://www.cq.xinhuanet.com/2014－12/2 5/c_1113773838.htm

根据《国务院关于统筹推进城乡社会保障体系建设工作情况的报告》的数据，四种制度下的平均养老金待遇水平，企业退休人员基本养老金月人均水平2014年为2 070元。机关事业单位基本养老金约为4 000元[①]，全国城乡老年居民月人均养老金82元，其中各级政府全额负担的基础养老金76元。差距最大的为机关事业单位基本养老金水平与城乡居民养老金水平，前者大约为后者的50倍，其次是机关事业单位基本养老金水平与企业退休人员基本养老金水平，前者约为后者的2倍。从替代率角度分析，替代率水平最高的群体是机关事业单位，其次为城镇职工，最后为城乡居民。上述养老金差距表明，城乡居民与机关事业单位养老金水平差别最大，企业与公务员养老金的差距在“多轨制”中并非最大，然而在碎片化制度框架内反响最为强烈的不是城乡居民，而是企业职工。

形成这种现象的原因主要是制度不同。按照世界惯例，养老保险制度的原则是个人缴费，尽管目前城乡居民个人账户设有缴费档次，但如果不缴费，年满60周岁符合领取条件的参保人员也可直接领取基础养老金，月待遇标准为55元，这些钱来自国家财政，属于惠民政策，因此与机关事业单位的养老金差距并没有成为社会焦点。城镇职工养老制度与机关事业单位之间的差别，其性质与城乡差别不同，同样是朝九晚五地工作，机关(和三分之一事业单位)不缴费，企业职工缴费约占到总工资的28%，然而机关事业单位的养老金却高于企业，相当于同工不同酬所引发的待遇不公平，因此成为质疑的焦点。

尽管企业退休人员基本养老金水平实现了十连升，然而替代率连年下降，换言之与在职职工的平均收入以及当年社会平均工资水平相比，基本养老保险的保障水平在下降，如图10.1所示，不仅与目标替代率58.5%有差距，而且与机关事业单位进本养老金的替代率

---

① 根据郑秉文：养老金制度改革可借鉴美国和拉美经验，http://finance.china.com.cn/roll/20130827/1763255.shtml

差距很大。这就是为何延迟退休的想法一提出就立即遭到企业职工反对的根本原因所在，因为在现有制度框架下，延迟退休只会导致身份地位所决定的养老金差距越来越大，对企业职工来讲尽管延迟退休能带来养老金的提高，但提高幅度非常小，机关事业单位延迟退休可带来权力和利益的双赢。因此，碎片化制度的整合是增强制度吸引力的第一步。除此之外，碎片化制度下机关事业单位与企业之间养老保险关系相互转移接续困难，制度并轨有助于人力资源合理流动和有效配置。

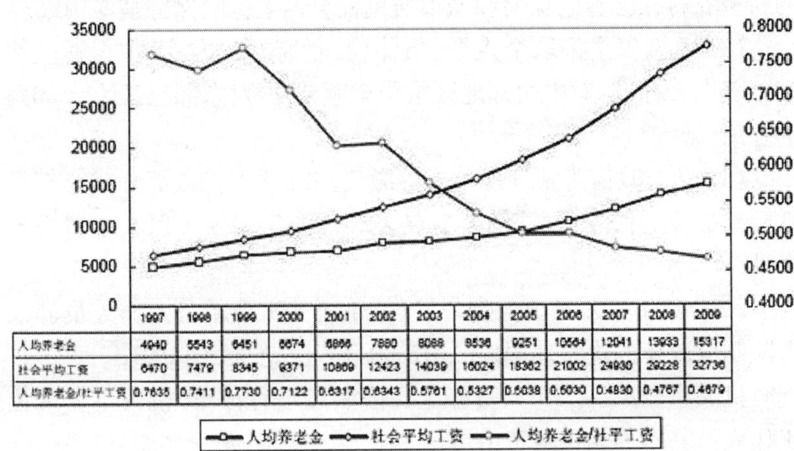

	1997	1998	1999	2000	2001	2002	2003	2004	2005	2006	2007	2008	2009
人均养老金	4940	5543	6451	6674	6866	7880	8088	8536	9251	10564	12041	13933	15317
社会平均工资	6470	7479	8345	9371	10869	12423	14039	16024	18362	21002	24930	29228	32736
人均养老金/社平工资	0.7635	0.7411	0.7730	0.7122	0.6317	0.6343	0.5761	0.5327	0.5038	0.5030	0.4830	0.4767	0.4679

图 10.1　1997—2009 年企业职工养老保险人均基金支出与职工平均工资变动比较①

二、十八届三中全会以来基本养老保险制度的破冰式改革

表 10.1 所列为 2012 年之前的情况，十八届三中全会后，国务院针对养老保险制度又进行了大刀阔斧的改革。国务院总理李克强 2014 年 2 月 7 日主持召开国务院常务会议，决定合并新型农村社会

① 1997—2004 年为分行业职工平均工资数，2005 年以后为分行业在职职工平均工资数。数据来源：根据人力资源和社会保障部官方网站"数字人社"历年统计年鉴整理。

养老保险和城镇居民社会养老保险，建立全国统一的城乡居民基本养老保险制度。2014 年 2 月 24 日，人社部和财政部发布了《城乡养老保险制度衔接暂行办法》，也是一个具有弥合城市和乡镇居民基本养老保险制度重要意义的一个文件。合并方案主要包括下面四部分内容：

(1) 在已基本实现新型农村社会养老保险、城镇居民社会养老保险全覆盖的基础上，在全国范围内建立统一的城乡居民基本养老保险制度。

(2) 合并后，在制度模式、筹资方式、待遇支付等方面与合并前的新型农村社会养老保险和城镇居民社会养老保险保持基本一致。

(3) 基金筹集采取个人缴、集体助、政府补的方式，中央财政按基础养老金标准，对中西部地区给予全额补助，对东部地区给予 50% 的补助。

(4) 地方政府为重度残疾人等缴费困难群体代缴部分或全部最低标准的养老保险费，鼓励公益慈善等社会组织为参保人缴费提供资助。

2015 年 1 月 4 日国务院印发《关于机关事业单位工作人员养老保险制度改革的决定》[国发[2015]2 号]，决定从 2014 年 10 月 1 日起对机关事业单位工作人员养老保险制度进行改革，机关事业单位工作人员基本养老保险费由单位个人共同负担，缴费办法、待遇标准计算等与企业养老保险办法相似，工作人员将根据该办法的实施时间划定“老人”、“中人”、“新人”，实施不同的参保办法，而因为参保人员在退休之后，可以享受到职业年金，待遇标准要比企业退休人员高。显然表 10.1 的四个项目目前已经被合并成两个项目，表面看上去的制度简化实质意味着以公平性提升养老保险制度的运作效率并增强其可持续性。

三、养老保险制度改革的方向及尚待解决的问题

(一) 延长退休年龄

延长退休年龄主要基于以下原因：劳动力供给总量逐步减少、

老龄化高峰加速到来、养老金收支平衡压力大、早退休使人力资源巨大浪费。从精算结果看，延迟退休确实有增收减支的作用。我国退休年龄的确定及延迟退休想法的提出主要经历了以下步骤：1951 年政务院颁发《劳动保险条例》，规定男工人与男职员年满 60 岁、女工人和女职员年满 50 岁时退休。1955 年国务院颁布《关于国家机关工作人员退休暂行办法》，国家机关中女性工作人员的退休年龄由 50 岁提高至 55 岁。1978 年《国务院关于工人退休、退职的暂行办法》严格限定了退休条件，在男工人年满 60 周岁、女工人年满 50 周岁外，本人连续工龄必须满 10 年。2008 年 11 月，人社部社会保障研究所负责人就称，有关部门正在酝酿等待条件成熟时延长退休年龄。2010 年 9 月，人社部副部长王晓初表示，到 2035 年中国将面临两名纳税人供养一名养老金领取者，引发“是否应该推迟退休年龄”热议。2014 年全国两会期间，人力资源和社会保障部部长尹蔚民表示，人社部会在 2020 年前，将延长退休年龄的方案推出来，方案是渐进式的延迟退休年龄办法。2015 年初中组部、人力资源和社会保障部联合发布通知，党政机关、人民团体和事业单位正、副处级女干部及具有高级职称的女性专业技术人员，将年满 60 周岁退休，3 月 1 日起执行。

毫无疑问，延迟退休在制度并轨之后推出，似乎改革的阻力会有所减少，延迟退休首先在机关事业单位推开也会得到较好的实施。然而，不同群体延迟退休意愿会有所差异。居重要位置的、收益比较高、权力比较大的、提拔的可能性比较多的人，他们选择延迟退休的概率较大，而这类人群属于金字塔顶端，比例很小；而人数众多的专业技术人员和强体力劳动的人，他们反对延迟退休的这种呼声比较高。例如专业技术人员更多会选择退休之后返聘，对他们来说可以在领工资的同时享受养老金待遇，对单位来说可以减少养老金支付，双方一拍即合。对于普通企业职工来说，工资基数低，延迟退休并不能带来收入的大幅度提升，其岗位可替代性高，企业更愿意招聘生产效率高工资福利低的年轻人，因此即使企业职工有延迟退休的意愿，可能也是一厢情愿。因此,延迟退休的阻力不小。

的确很多国家在延迟退休年龄,但是这些国家的寿命较高,同时延迟退休可以获得一笔不菲的“奖励”。例如德国从2012年1月1日起,关于职工67岁退休的法律生效。德国人的平均退休年龄是65岁,但平均寿命已达到80岁。因此德国政府决定从2012年开始将退休年龄提高到67岁。虽然延长了退休年龄,但是德国人有很好的社会保障制度与休假制度。前者让职工身体健康得到保障,后者让职工的心情获得充分的调整。以上这些是德国延迟退休年龄的重要民生基础。休假天数会随着工龄的增加而增加,50岁以上员工每年可享受30天的带薪休假。职工的退休年龄延迟了,相应的每年带薪休假的天数也会增加①。在美国平均寿命为78.7岁,62岁是最早申领退休金的年龄,换言之,如果不满62岁退休,基本上领取不到退休金,而越推迟退休就可能领取更多的退休金②。在瑞典由于进行了退休金改革,瑞典人乐于当个高龄就业者,该国比其他欧洲国家更能应付人口老化挑战。瑞典平均寿命为85岁,根据欧洲统计局的数字,2013年瑞典的就业率为74.4%,高于欧洲联盟平均水平,瑞典55岁至64岁的人73.6%就业,同样高于欧盟50.1%的平均水平。修订之后的退休制度吸引他们延迟退休,63岁退休者所得的退休金会比65岁退休者少12%。69岁退休者比63岁退休者多得近30%的退休金③。一些国家如美国、新加坡等,增加的缴费年限是可以领取奖励养老金的④,在美国,职工延迟到70岁退休,可以比65岁退休多拿40%的退休金⑤。虽然我国在计算基础养老金时加入了缴费年限的因素,但在工资不高的情况下养老金增加部分不多,与在职职工工资增长率相比更是难以企及,其他方面的社会保障也并不因此增加

① http://news.enorth.com.cn/system/2012/06/19/009476446.shtml
② http://news.hexun.com/2012-01-16/137306309.html
③ 中国新闻网 http://www.laoren.com/ylzx/2014/413476.shtml
④ http://news.163.com/13/0913/07/98KTJ4VV00014AEE.html
⑤ 优化养老社保,我们还能做更多[N].人民日报.2012-09-17:04.

多少，因此在平均寿命只有74.83岁的情况下，工资越少、工作越不稳定的职工以及具备返聘条件进行最大利益选择的人越不愿意延迟退休，自愿延迟退休的群体占少数，硬性规定延迟退休年龄可能引发一系列规避政策的行为，反而造成监管困难及高昂的实施成本。除非有相应的激励制度相配合，才有可能激发延迟退休积极性，而目前的政策导向是对提前退休有相当明确的惩罚办法，但对于延迟退休仅仅是硬性规定，尚没有额外的激励措施。还有一种情况，劳动者特别是一线劳动者报酬偏低的状况亟待扭转。目前一些劳动者的劳动报酬甚至还不如退休后的养老金，这必然助长一部分人对早退休的期待和对延迟退休的反对。

（二）解决参保扩面难度大的问题

国家统计局发布的2012年全国农民工监测调查报告显示，2012年全国农民工养老保险的参保率仅为14.3%①。《2012农民工监测调查报告》显示，2012年中国农民工总量达到26 261万人，比上年增长3.9%，然而中国的养老保险体系尚未为农民工撑起保障大伞，仅有4 543万农民工为基本养老保险体系所覆盖，约占农民工总数的17.29%。

参保扩面不仅仅涉及养老保险制度可持续问题，更涉及劳动者的利益和福祉。不愿参保的群体主要有哪些？他们为何不愿参保？人力资源和社会保障部社会保障研究所与北京、辽宁、河南、浙江、四川、广西等6省（市、自治区）人社厅（局）以及所属科研机构联合开展了《社会保险法》实施情况专题调查研究②。报告分析，参保扩面难度大的原因有以下几点：

1. 私营小微企业因缴费负担重不愿参保

小微企业、劳动密集型企业利润低，参保压力大。社会保险扩面

① 国家统计局：2012年全国农民工监测调查报告. http://www.stats.gov.cn/tjfx/jdfx/t20130527_402899251.htm，2013.10.20.

② 2013-7-3的人民日报 http://finance.sina.com.cn/money/insurance/bxdt/20130703/074715997234.shtml.

的重点在私营小微企业，而调查发现，绝大部分私营企业只给核心管理人员和技术人员缴纳社会保险，无心或无力考虑普通职工的参保问题。私营企业普遍反映目前的社保缴费超过他们的承受能力。

2. 农民工群体、个体工商户、灵活就业人员的个人缴费能力不足

根据相关规定，要求个体工商户和灵活就业人员按城镇职工平均工资的20％缴费，其缴费负担相对以前加重。北京亦庄一家企业介绍，社保法实施前企业只为农民工人均缴纳32元/月的工伤和医疗保险费，五险齐征后，缴费额涨至692元/月，农民工个人缴费额从原来的0元增加到208元。这对当前以“养家糊口”为主要目标的农民工来说，现金减少意味着生活紧张，所以宁愿当前不参保。这反映出制度供给和制度需求间不够匹配的问题。

3. 劳务派遣工因劳动关系复杂参保情况差

理论上讲，劳务工作为劳务派遣企业的员工，也应参加社保，但实际上这部分人参保比例非常低。以使用劳务派遣最广泛的建筑行业为例，目前很多建筑业务劳务公司成立时间短、规模小、实力弱、组织机构不健全、经营管理水平较低，企业的收益主要是劳务管理费，一般为1％，根本无力为员工参保。另一方面，即便用工单位很正规，为劳务工支付了社保费，劳务派遣公司也不大可能为职工缴费，而是倾向于为自己牟利。

问卷调查显示，未参加职工养老保险的人员中，因收入偏低未参保的居多，占到47％。其他的原因依次为“对政策不了解”、“单位不给办理参保手续”。在调查社会保险费的个人负担时，有50％的人认为负担可以承受或较轻，但也有46％的人认为负担较重或很重，其他人则表示说不清楚。

报告认为，针对扩面难的问题，除了要加大宣传力度、增强行政执法能力外，也应进一步合理调整缴费政策，其中包括对于小微企业可考虑适当降低缴费负担，或由政府提供缴费补贴等。不同制度衔接办法未及时跟上。社会保险法对城乡两种养老保险之间的衔接，

只是原则上提到：参加基本养老保险的个人，达到法定退休年龄时累计缴费不足15年的，可以缴费至满15年，按月领取基本养老金；也可以转入新农保或城居保。实际上，不少农民想从新农保转入城镇职工养老保险以获得更高待遇。还有一些参加城镇职工养老保险或城乡两种养老保险的农民工陆续达到退休年龄，需要尽快解决待遇领取问题。个别符合两边领取条件的，可能还存在双重享受待遇情况。问卷调查发现，农村户籍人口双重参加养老保险的比例达到8%。而在城镇职工养老保险和新农保的衔接方面，尚未出台统一、具体的政策，影响着部分参保人的权益。报告认为，当前应针对广大群众反映比较突出的问题，加快制定和完善与《社会保险法》相配套的惠民政策，其中包括：残疾津贴政策、抚恤金和丧葬补助金政策、城镇职工基本养老保险与城乡居民社会养老保险衔接办法等。

2008年《劳动合同法》实施以来，仍然有大量农民工没参加任何养老保险，养老保险年限和缴费都是空白，对养老保险的了解几乎空白甚至错误。《工人日报》2012年10月23日第7版站在农民工立场上分析他们拒参养老保险的原因，农民工为什么不愿参保呢？养老保险最终是他们受益，不愿参保算的是哪笔账呢？文章调查了盛博金属制品有限公司的农民工，他们的想法具有代表性："我还有地，农闲上班，农忙种地，也不指望在这儿干多久，现在参保自己要搭钱，还是把每年应缴的社保费发给我最实惠。""还是现在多攒点钱，早点成家最重要，到40岁参保也不迟，现在缴费，个人还要付出，到时还不知是什么政策呢。""想等到45岁时参保，这样缴足15年，刚好60岁到龄退休，要不太浪费了。""我不是本地人，今年在这儿干，明年说不定了，谁还有时间为这点养老金来回折腾，等将来稳定后再说吧。""社会养老保险好是好，不过最低缴费标准年年涨，现在企业缴大部分还好，那以后没有单位全是自己缴，不是太亏了吗？"综上所述，工作单位不确定可能造成多次转移接续，他们或者嫌麻烦，或者对政策的稳定性充满疑惑，这种心理使得他们更愿意变现。

公司人事经理对当下社保政策的一些疑问都来源于长期和农民工的实际工作交往,“今天参加了城镇养老保险,对许多收入不稳定和相对较低的农民工来说,中间欠缴的怎么办?以后没单位交不起又怎么办?已经缴纳的可不可以转到新农保,折算成农保年限,享受农保待遇?”

盱眙县人社部门参与了劝说农民工,在实际工作和交流中了解到仍然有很多地方政府为了招商引资把不缴纳养老保险当做优惠条件,人社部门执法甚至要先去招商部门申请批准,还有不少企业借口农民工不愿参保一推了之,想以此为挡箭牌,冠冕堂皇地减少用人成本。农民工不愿意参保的原因大多数源于对社保政策的误读。因此,社保部门需要运用电子化手段简便手续、提高工作效率,并加强宣传,让外来务工人员知道养老保险转移接续手续简便,并且社会养老保险缴费长短、缴费多少和退休养老待遇关系很大,站在他们立场上算一笔账,告知他们及时参保的必要性。

(三) 养老金入市

我国采取的多层次养老保险制度中基本保险部分属国家统筹并采取现收现付制,旨在保障退休人员最低生活水平,其保障功能决定了运营这部分基金应更加注重安全性和流动性,因而不宜投资于资本市场;个人账户完全由个人设立或由个人与企业共同筹资设立,个人自愿投资,旨在提高老年生活质量,因而投资方向由个人决定,国家给予适当引导和政府优惠;企业补充保险既统一于政府手中,又存在缴纳与支付的时间差,为基金营运管理资本化创造了条件。然而我国是否具备将基金推向资本市场的条件呢?养老保险基金进入资本市场,在国外已相当普遍且日趋成熟,我们只要分析国外养老基金运行制度,就能找出养老基金进入资本市场应具备的条件,若我们具备这些条件便可放心大胆地资本化运营,否则还是谨慎为好。

1. 养老保险基金监督部门和经营机构分离

许多国家法律都规定:补充养老金资产必须分离出来,成为一个具有“明确、单一目的”的法律实体，一般成为补充性的或私营的“养老基金”，这一基金完全为设立养老基金的企业或工会的员工和退休人员的利益而存在。在案例法国家，如美国、英国、澳大利亚，养老金以信托基金形式存在；在成文法国家，如荷兰、瑞士，养老基金以基金会的形式存在，不管养老基金存在形式如何，他们都奉行监管部门和经营机构分离的原则。发达的养老保险市场，养老基金一般由经营机构进行公司化管理，而政府仅起到监督作用。当监督部门独立于养老基金日常活动之外时，其监督行为就不会同经营活动混淆起来，否则其投资决策可能被政治目的束缚，管理体系会出现混乱。改革前智利及其他国家实例表明，当监督部门同时参与日常经营活动时，他们在决策时就不能完全坚持公平性原则，并充分发挥其潜在能力。很多国家数据显示，大部分“公营”养老基金收益低于“私营”收益甚至出现亏损现象，原因是他们按要求必须投资于政府债券或投向经营不善的国有企业，获得极低的名义利息。

1998 年 3 月成立的劳动和社会保障部(现称“人力资源与社会保障部”)作为社会保障的最高权力机关，担负着基金法人的角色，肩负着养老保险的行政管理和事业管理的双重责任，它的经营决策受国家行政干预，由以及管理的保险中心来管理投资，但政府部门下设投资机构，这无异于国家既当“运动员”又当“裁判员”，违背市场化原则。笔者认为养老保险改革首先应把行政监督机构与经营机构彻底分开，否则经营机构形同虚设，保值增值成为空谈。目前业内还存在其他两种方案：由全国社保基金理事会来管理。2004—2014 年十年间，社保基金平均都能取得 9%的收益率，还代理了 9 个省份中央财政补贴的个人账户养老金。社保基金有能力管理，问题是全国社保基金理事会承担国家养老金战略储备的任务，近期内只收不支，不宜再承担个人账户养老金的运营管理任务；第二，由各社保经办机构管理，可地方社保基金管理部门投资经验、人才缺乏，易受地方行政意志操控。

2. 养老基金公司化运营模式

国际上养老基金的营运管理普遍采取基金会(foundation)的组织形式。基金会取得独立法人地位后进行公司化管理,受《公司法》的限制,其内部治理结构由会员大会、董事会和监事会组成,会员大会选举产生董事会、监事会,董事会行使基金法人决策权,监事会对董事会决策程序进行日常监督。经营机构承担"受信托责任"和多家经营机构竞争的压力。"受信托责任"要求经营机构将注意力集中于养老金的有效经营上,它保证了在经营机构经营不成功时,由基金经理者作为债务人承担风险净值。例如美国 ERISA 实质上把养老金支付义务从一种附加福利变成一种公司对受益人负有的法定责任。基金会为实现基金安全性、收益性和流动性的统一,需聘请知识面宽、经验丰富的投资专家作为咨询顾问,帮助选择最佳投资人选,制定投资战略,做出投资决策。一般来说基金管理人、基金保管人和基金投资人共同进行基金的运营。在运营过程中,许多国家注意将基金法人资产与养老基金分离、投资机构法人资产与养老基金分离,达到责权利明确,更有利于养老基金的监管和运作。与基金保值增值密切相关的是基金投资人,国际上普遍规定投资机构多元化,基金所有人可以根据评级信息自由选择投资机构,激烈的竞争使投资机构更注重投资收益。我国虽然也有基金会,但其运作形式很不规范,没有严格的内部治理结构,更不会承担"受信托责任",在这种"软约束"情况下,基金常被挪用或非法操作,严重影响基金所有者的利益。同时,我们尚未建立起基金管理人、基金保管人、基金投资人三者相互激励、相互制约的关系,组织结构很不健全。

3. 养老基金运作多层监管模式

在资本市场发达的国家,养老基金的运作受到多层监督。首先,政府不直接管理和经营个人账户的养老保险基金,而是依法建立充分监控机制,确保养老保险基金安全性和投保人的信心。新加坡的《公积金法》和《信托投资法》、智利的《养老保险法》、法国的《社会保险综合法》都是为监管养老基金颁布的法律。主要有以下监管内容：首先，许多国家法律对基金投资方向和投资比例有不同规定，有的国家规定了养老基金投资于无风险或风险小的金融资产的比例，例如比利时规定企业养老基金投资于政府债券部分不得低于15%；有的国家规定养老基金投资于风险资产的上限，如瑞士对养老资产结构规定的上限是：国内股票30%，外国股票10%，外国货币资产20%。这种规定无疑在资本市场不稳定的情况下起到保护作用。许多国家监控机构要求经营公司要达到一定投资收益水平，给基金持有人一个最低回报。其次，依法建立由专家组成的监控机制，他们要定期向国家书面报告监控情况。经营公司内部由董事会设立监事会，监事会对董事会日常活动进行监督，董事会一旦违反投资原则，监事会及时给予纠正。基金法人还要接受独立外部审计部门的监督，这样基金法人处于内外监控之下。再次，有些国家设立多个经营公司，基金持有者有权要求信息公开，并可以"脚用投票"—把账户转移到其他管理公司，因此基金经营公司必须具备健全的运行和监管制度，否则面临破产危险，这样基金持有者也成为监管的一极。

我国养老基金均由国家社会保障部门管理，目前尚未建立起多家经营公司，基金持有者做不到"用脚投票"，经营公司的公司制结构尚未形成，且外部审计部门不够独立、客观，因此无法实现内外监控，导致我国基金监督单一化。然而国家对养老基金立法和监控机制的构建仍处于初级阶段，不可避免地出现了各种暗箱操作和寻租行为。所以，建立多层监督机制是个巨大工程，需要各方面配合和长时间筹备工作。

4. 资本市场成熟的规避风险机制

总结世界各国的经验，养老基金除存入银行、购买政府债券外还包括购买企业固定利息债券、股票，投资于房地产，抵押放款和保单贷款等，可见投资工具相当丰富。成熟的投资人采用多元化投资以规避风险，他们总结出两个原则：从长远看，投资分散到不同类型中去的组合比局限于单一投资类型中取得组合收益要好；在每一种投资类型中将投资充分分散于不同股票或债券中是同样重要的，它能避免单一股票大跌的冲击。投资人进行投资时一般采用“资产与负债相匹配原理”决定投资方案。投资人因使用养老金而对基金所有者构成负债，支付义务结构决定了投资方案，例如以年轻职工为主的养老保险方案，在将来许多年里都可享有净现金流入，对于这种支付义务结构应采用类似兑现其结构的资产投资及投资于长期的、回报高的股权和低流通性债券等金融资产。因养老金收支时间差较长，所以各国着眼于长期投资选择。

目前，我国资本市场上的融资工具和融资手段正逐渐增多，这为多元化投资创造了必要条件。然而，在我国，多元化投资能否起到大幅降低风险的作用还需考证。以股票为例，股市风险一般分为两大类别：一种是非系统性风险，即由特殊因素引起的，股市投资主体能通过分散投资规避的那部分风险，如股市的公司风险、财务风险。则部分风险使投资者防范和控制股市风险的核心；另一种是股市的系统性风险，即股市投资主体因政治、经济和社会的因素影响而面临的不能通过分散化投资规避的风险，如股市价格风险、股市购买力风险、市场利率风险。所以要考证多元化投资对降低风险所起的作用，就应看能通过多元化投资规避的非系统风险占总风险的比重，比重越高，多元化投资效果越好。例如美国经验数据表明：对于单个股票而言，系统性风险占总风险的比例约是30%，当证券组合的大小为随机抽样的20只股票时，证券组合总风险会降至只包括系统性风险的水平，所以在成熟的资本市场，养老基金可多元化投资于股票把风险降到最低。但我国股票市场上系统性风险占总风险比重较大，一方面我国多元化投资分散风险的效果较差，另一方面又缺少必要的避险工具和监管措施，因此养老基金进入股票市场风险很大，所以基金运作不应以股票市场为主。

5. 对我国基金资本化运作的建议

从以上分析来看形势不容乐观，基金运行所必备的重要机构和人才尚不具备，经营、投资机构均不完善：公司化基金经营机构几乎空白，公司内部法人治理结构还不成熟，投资人才缺乏，建立公司制基金会困难重重。同时，我国资本市场以短期投机行为为主，基金运作单一化监管面对不稳定的资本市场显得苍白无力，没有有效规避风险机制。笔者认为，养老基金进入资本市场运作是必然趋势，但目前我国还不具备进入资本市场的条件。设立重要机构、采取严格的监管措施、预留一定比例准备金是前提条件，否则养老基金进入资本市场是危险的。只有在前提条件具备后，养老基金采用多元化投资理念和"资产与负债匹配原理"进行长期投资，才能与资本市场的运作产生互动作用。当务之急是：建立几家承担"受信托责任"的股份制基金法人作为基金经营机构（具备上述内部治理结构），赋予它们自由选择基金投资人的权力；充分利用目前国家建立开放式基金的契机，建立开放式养老基金，给基金所有人"用脚投票权"；建立投资评级机构，适当放宽保险公司经营范围；基金法人与基金投资者根据协议按比例共担风险和利益分配，这样可以利用基金实力雄厚、投资经验丰富的投资机构运营基金，一般不会因运营不善而破产，即使基金有损失，也能找到责任主体，实现风险转嫁；根据投资多元化原则和我国金融市场的实际情况，除把少部分基金长期投入绩优股外，定向债券式基金投资、直接贷款和优势产业型基金投资也是较好的目标市场，我们可以像其他国家一样采取谨慎投资原则，对目标市场投资比例规定上限，并根据资本市场运行情况逐渐放松。

在基金制下，参保者将退休前的缴费积累起来，用于退休后的养老金领取，表面上看，基金制不存在不同代际的收入分配，从而其养老成本不受人口结构的影响。但是，正如 Holzmann（2006）所指出的，无论在哪种基金模式下，参保人都必须用其积累换取养老产品和服务。在基金制下，参保人通过积累金融资产换取养老消费。在现收现付制下，参保人通过积累可兑现的制度承诺换取养老消费。因此，从全社会的角度看，无论采取哪种融资模式，人口老龄化都会因劳动力人口相对比例的下降而影响国民总产出，养老产品和服务都是劳动者创造的国民总产出的一部分，因此，养老负担最终都会落在劳动者身上。当然，如果基金制能够提高国民储蓄，储蓄又能以提高劳动生产率的方式投资，将会使国民总产出增加，国民总产出的提高是应付人口老龄化的最根本的手段。

第十一章 主要结论及政策建议

本书以现行养老保险制度为基础，重建制度可持续性的衡量指标，运用精算方法测算了我国城镇职工基本养老保险改革中统筹账户缺口规模及平均替代率的变化趋势，进而对养老保险制度统筹账户的财务可持续性做出基本判断。通过分析养老金收支模型中的参数，将其分为单边影响因素及综合影响因素。其中着重分析了三个对账户可持续性造成综合影响的参数，并进行比较静态分析。同时对个人账户的精算分析可知：制度选择对统筹账户支付负担造成的影响不可小视。

一、主要结论

(一) 现行制度下的可持续性状况不容乐观

制度可持续性的衡量指标包括两个：财务收支状况及替代率指标。财务收支精算结果表明，2018—2036 年有年度缺口，2023—2050 年内源性基金累积为赤字，这说明内源性融资弥补缺口能力有限，不足以维持统筹账户的财务可持续性，现有制度不变的情况下，需要通过其他渠道筹集超过 4 万亿的资金。另外，平均替代率随着老龄化程度的加深逐渐降低，又随着人口年龄结构的调整所引起的养老金收入增速的提升及支出增速的降低而逐渐回升，但是仍达不到目标替代率 35%。可见，如何筹措资金是增强这段时期统筹账户可持续运作能力的核心。

（二）精算模型提供了内源性筹资的潜在渠道

目前政府筹措资金主要有两种途径：一是内源性筹资，即挖掘养老保险制度内部资金潜力，提高内部资金使用效率；二是外源性融资，即以其他方式从养老保险制度外部获得资金。养老保险制度的长期性意味着养老保险统筹账户需要获得可持续发展的长久稳定资金来源，显然外部资金难以满足长期性的需要。另外缺口的金额庞大，外源性融资可能会影响经济运行。因此，筹资应以制度内部调节为主，外部调控为辅，于是调整现行制度成为首要考虑的措施。

（三）精算结果显示内源性筹资措施并非全部可行

就现行制度的调整而言，单边影响因素，如影响支出的参数、可以改善财务状况，但是有降低平均替代率的作用。增收方面，缴费率已达到高点，难有提升余地，唯有增加综合征缴率、提高征缴效率是可行办法。比较静态分析结果表明，综合影响因素中延迟退休及提高参保率能够增强账户的可持续运行能力，而在职职工平均工资增长率的提升在改善财务状况的同时降低了平均替代率，需要对退休人员进行补贴，否则会拉大在职职工与退休职工的福利水平，长远来看不利于制度的可持续发展。

（四）提升制度吸引力是治本之策

参数调整在现实中遇到的阻力说明，行政命令可能引发规避制度的变通行为从而增加监管成本，因此需要进一步在提升制度吸引力方面寻求解决之道。国外经验表明，财政支持是完善养老保险的坚强后盾，按比例分摊的转移接续政策、灵活机动的缴费年限政策以及个人账户在严格监管下的多元化保值增值渠道，是我国可以借鉴的提升制度吸引力的措施。

（五）个人账户的制度选择会对统筹账户的支付负担造成影响

如果维持积累制不变，2028 年之前在新人支付还没有开始之时个人账户的支付压力相对较轻，2013—2028 年之间做实个人账户可以避免“空账”的危害。精算结果表明，名义账户制可以在测算期内实现个人账户的财务平衡，而在平均寿命延长而计发月数维持不变的情况下,积累制会出现个人账户的支付缺口,根据政策本部分缺口由统筹补足,必然会使原本赤字的统筹账户雪上加霜。因此,如果维持个人账户全积累制不变,统筹账户则需要筹措大约 11.56 万亿元的资金,积极调动内源性和外源性融资必不可少。

二、政策措施

基于模型结果的比较,我们提出以下政策建议:

(一) 内源性融资

1. 建立财政专户,扩展资金来源渠道

面对 2018—2033 年缺口的集中爆发期,政府需要补充外源性融资。养老保险账户平衡是一个转轨期内长期存在的问题,因此,有必要建立财政专户,形成比较稳定、长期、有效的财政对社会保障特别是养老保障投入的机制。

(1) 发行长期特种国债。对统筹账户收支状况进行预测分析之后发现,统筹账户的年度缺口存在于 2018—2036 年,那么在财务上就可以这样安排:先用 2013—2017 年的盈余来支付缺口,再发行长期养老保险债券(用 2037 年之后的盈余作抵押)募集资金。

(2) 统筹账户滚存结余的增值。对于统筹账户而言,资金管理首先要遵循一个是安全、谨慎原则,其次才考虑收益率,这是统筹账户投资不同于其他基金投资的区别,因此目前只投资在银行存款和国债两方面,这是确保安全性的选择。同时也可尝试投资于低风险的银行理财产品,可以参股获利稳定的行业,如银行、证券、保险、电力、通信、石化等资源类行业,定期得到分红以增强养老金缺口的偿还能力,其收益划入财政专户。

(3) 调整国有资本使用结构。国企的分红是公共财政收入,目前大部分又返回给中央企业使用,国有企业没有很好地履行社会责任,应当通过预算编制程序对其按优先顺序进行更好地配置。在养老金缺口逐渐增大的预期下,预算支出必先考虑国计民生的重大问题,国企分红将成为弥补缺口的重要来源。

2. 确保参保积极性，提升参保率

(1) 财政支持力度不断加大的情况下，逐渐减少企业缴费比例。目前20%的缴费率对于大多数企业来说仍然偏高，这就增加了提高参保率的难度。同步适当降低企业养老保险的负担，可以提高企业和职工的参保积极性。尽管缴费率降低，但参保人数的增加仍然能够保证养老金的收入来源，甚至产生拉弗曲线中增加养老金收入的作用①。同时政府应下定决心统一制度，打破身份决定养老金缴费和福利的藩篱，对不同身份的参保职工一视同仁，缴费率的降低有助于减少改革阻力。

(2) 完善转移接续政策。对此我国可借欧盟的做法，针对不同成员国之间社会保障衔接问题，欧盟颁布了《欧共体 140/71 号条例》和《欧共体 574/72 号条例》，流动人员在欧盟各国的缴费和年限会连续累计，以便跨境流动的劳动者能得到相应的待遇。在达到领取退休金年龄之后，按在各国的参保时间遵从比例分摊的原则领取养老金。

(3) 两种账户采取不同的保值增值方式。现收现付的统筹账户养老金与完全积累的个人账户养老金在性质上截然不同。对于统筹账户而言，资金管理首先要遵循一个是安全、谨慎原则，其次才考虑收益率，这是统筹账户投资不同于其他基金投资的区别，因此目前只投资在银行存款和国债两方面，这是确保安全性的选择。但是，个人账户具有跨期支付的性质，对保值增值的要求更高，因此可参照目前全国社保基金的制度安排，将来基本养老保险基金实现全国统筹以及个人账户做实以后，可以并入社会保障基金，按照《全国社会保障基金投资管理暂行办法》的规定进行投资。或者委托给有实力的、信誉好的证券公司、银行、基金公司等投资机构代为理财。理财渠道的多元化形成竞争的市场。根据国际经验，资金增值过程中“用脚投

① 降低缴费率可提高参保率的设想在复旦大学封进教授所做的研究中已被证明有效，对于提升民营企业参保率的作用尤为明显。封进，张素蓉. 社会保险缴费率对企业参保行为的影响：基于上海社保政策的研究[J]. 上海经济研究，2012(3)；封进. 养老保险制度改革的方向[J]. 中国经济报告，2013(3).

票”机制非常重要，竞争的市场带来更高收益和优质服务。同时，配套措施避免了理财机构之间的恶性竞争，如规定“用脚投票”的次数，制定一系列监管制度用以限制投资范围和投资行为，建立投资机构资质认定及投资机构的进入退出机制等。我国加以借鉴，在委托理财的同时设置更严格的监管机制，确保资金在安全的前提下保值增值。

3. 延长退休年龄需审时度势、循序渐进

近年来，世界各国普遍实行了提高退休年龄的做法，然而实施过程面临很多挑战：如挤占就业岗位，不利于提升劳动生产率，增加企业的冗员和缴费负担等，同时还会影响参保积极性阻碍参保率的提升。目前世界上许多国家都对其退休年龄做出了一定程度的调整。如美国到20世纪70年代末，养老保险连续几年出现赤字。为了缓解养老金的压力，1983年美国总统里根签署社会保障法修正案，根据这一修正案，从当时到2017年，把正规的退休年龄自65岁逐渐提高到67岁(1938年以前出生的人不受影响)。在日本，快速的人口老龄化和预期寿命的延长使养老金体制面临巨大的压力，从而迫使政府对退休年龄进行调整，20世纪90年代初日本的社会保险制度改革的重要内容之一就是逐渐把退休年龄提高到男性65岁、女性60岁。根据第六次全国人口普查详细汇总资料计算，2010年我国人口平均预期寿命达到74.83岁，比10年前提高了3.43岁。中国人寿命已有明显提高，但仍比日本人均寿命短约10年。平均寿命提高的情况下，高等教育的普及化推迟了就业年龄，适当推迟退休亦在情理之中。但若考虑寿命及复杂的现实情况，则推迟退休年龄的制度实施起来有难度。首先，日本人人均寿命83岁，按照法定年龄退休之后还有15—20年的寿命，而即使维持我国现行退休制度，退休后的余命仍旧赶不上日本，如果再推迟退休年龄，退休之后余命更少。其次，舆论压力可能使实际操作寸步难行。例如上海推行的柔性延长退休制度已经遇到强大的舆论压力。如果经济增长能够吸纳更多的就业以至于对就业人员不产生排挤作用，用人单位愿意使用退休人员，退休人员也愿意推迟退休，柔性延长退休制度将带来明显的增收减支效应，效应大小取决于愿意并能够延长退休年龄的退休人员人数及其工资水平。但是在目前失业率高、经济不景气的情况下，能够同时满足这三种约束条件的毕竟是少数，因此依赖柔性延长退休年龄以控制缺口规模的做法具有很强的不确定性。

(1) 考虑推迟退休年龄政策的时间机遇。蔓延世界发达国家的经济危机严重影响我国的出口业和跨国企业的境内投资，企业的招聘意愿大大降低，就业形势较严峻，大学生就业难的问题备受关注，在这样的背景下推出推迟退休年龄的政策不合时宜。随着未来劳动年龄人口比重不断降低以及老年人口抚养比逐渐升高，在经济繁荣的时期推出这项计划遇到的阻力将会小很多。

(2) 采取延迟退休的替代方式——延长法定缴费年限。延长法定缴费年限促进参保人员年龄结构年轻化的同时，设置基础养老金领取档次和比例，增强支付制度的灵活性。现行制度已经考虑到对年轻人参保的激励作用，在计发政策中加入缴费年限因素，缴费年限越多，退休后获得的统筹账户养老金越多。然而，最低缴费年限15年又部分地抵消了这种激励作用，因为个人可以在达到15年的最低缴费年限后设法提前退休然后再就业。根据劳动和社会保障部社会保险事业管理中心的数据，城镇参保职工年龄和性别分布基本与城镇就业人员的一致，运用《中国劳动统计年鉴》的相关数据，可以得到2002—2009年净增参保人员的年龄、性别平均状况。所有净增参保人员中年龄在40岁以上的约67%，40—44岁者所占比例最大，约为28.31%(其中男性17.02%，女性11.29%)，由于目前正处于隐性债务偿还期，净增参保人员的年龄结构老年化会加重偿债负担，加速偿付危机到来。在延长法定缴费年限的同时可以设置基础养老金的领取档次，具有参考价值的是在一些国家中(例如英国、韩国)，即使没有达到规定的缴费年限，除了领取个人账户上的养老储蓄金之外，可以根据已交纳的年限享受低一档次的减额保险金。对于流动就业人员，按在各地的参保时间遵从比例分摊的原则领取养老金。如遇退休时缴费年限不够需补缴者，可借鉴新加坡的最低存款填补计划，由子女的社保账户进行补充。

4. 核实缴费工资，提高综合征缴率

缴费工资的核定一直是养老金征缴方面的难题。我国现行的基本养老保险缴费制度为：用人单位按照本单位职工工资总额的20%缴纳养老保险费，计入统筹账户，职工按照本人工资的8%缴纳养老保险费，计入个人账户。各单位支付给就业人员的劳动报酬以及其他根据有关规定支付的工资，不论是计入成本的还是不计入成本的，不论是按国家规定列入计征奖金税项目的，还是未列入计征奖金税项目的，不论是以货币形式支付的还是以实物形式支付的，均包括在工资总额内。但在实际操作过程中，企业和个人有减少缴费基数的动机，致使近五年的平均缴费工资远远低于在岗职工平均工资①。

为了核实缴费工资，完善征缴和监督制度提升综合征缴率，需要从信息库的建立和审计入手。我国的养老保险基金的征缴手段信息化程度低，信息机构和管理体制缺乏信息化建设，仍需要进一步形成一套完善、通用性强的社会保障信息化操作系统，以保证社保、地税、财政等部门之间有关财务数据、信息的快速传递；建立各部门之间的对账制度，避免同样一个数据，多家统计结果差别较大的现象。审计方面存在的问题主要有：审计成本高和内部审计制度缺位。关于前者，有必要逐渐建立全国统一监管的信息库，淘汰传统的手工方式，采用电算化的方式提高审计覆盖面和审计质量。关于后者，我国的社保基金都由当地的社保基金管理中心代为管理。作为事业单位，没有法人资产和独立的经济利益约束，不能独立承担民事责任的社保基金管理中心很难建立有效的监管机制和规范化的内部审计制度，也就难以防止、发现和及时纠正基金筹集、支付和投资等不规范的行为。因此，需要建立会计控制制度、责任分离制度、账务账表及会计档案管理办法等一系列制度及办法。为了更好地促进审计工

① 根据人力资源和社会保障部2005—2010年度人力资源和社会保障事业发展统计公报计算得出，平均缴费工资是在岗职工工资的60%左右。

作，可以设计绩效审计指标，考虑下列因素：养老保险信息系统共享程度、地方性规定的缴费基数和缴费比例、缴费工资核定状况、基金综合征缴率、基金使用绩效水平等。

（二）外源性融资

1. 划拨国有企业分红，补充基金收入来源

我国规定国家拥有股份的股份有限公司（包括境外上市公司）向公共投资者首次发行和增发股票时，均应按融资额的10%出售国有股，国有股存量出售收入全部上缴全国社会保障基金。关于国有资本利润分配，以中央企业为例，实现利润分配大体上分为四个部分：上缴所得税25%，归属少数股东约25%，企业法定留存约25%，最后剩下的25%是母公司可以支配的利润，国有资本收益是从可支配利润中提取的。2007—2010年，中央企业国有资本收益共收取2 130.9亿元，目前收取国有资本收益的大型中央企业100家，及小部分文化、旅游企业。其中，按照收取比例分为四类：最高比例15%，也有一部分10%，第三类5%，还有一类是免的。国有资本收益主要用在五方面：一是支持中央企业自主创新和培育发展新兴产业支出；二是支持中央企业重组支出；三是支持中央企业灾后重建支出；四是支持中央企业应对金融危机支出；五是帮助中央企业解决历史遗留问题支出。

在养老金统筹账户支付压力与日俱增的形势下，除了股票发行和增发时的资金补充之外，还应当从国企分红中划拨一部分用于养老金支付缺口，这是有依据可循的。首先，隐形债务是国有企业的历史欠账。制度转轨过程中出现的隐性债务实际上是国有企业对原制度下老年退休人员的历史欠账，相当于国有企业在社保改革前未能为员工缴纳足额养老金，现在有必要足额偿还给员工。国企的出资人是全国人民，那么公众享受投资收益即国企利润大幅增加的福利也是顺理成章，这决定了国有企业必须在实现利润之外，应该且必须承担更多的社会责任。其次，国有企业有能力补充养老保险基金。国有大中型企业依靠要素垄断、政策优惠和资源优先配给获得的高额利润，其实质是由公众买单的垄断租金，如果垄断状况短期内难以

改变，至少可以本着“取之于民，用之于民”的原则，通过国有资本收益增加国家财政，以公共支出的形式支持大规模的社会福利事业，如弥补数额庞大的养老金体系缺口。

在增加国企分红和调整使用结构方面，我国还有很大的空间。首先，国有资本收益的收取比例还有进一步增长的余地。与世界其他国家相比，我国的国企对国家的分红比例小很多。世界银行(2010)对一些国家的分红情况进行梳理，截至2008年6月30日这一财年，国企净利润为5.98亿新西兰元，其中70%(4.2亿)作为分红交给了国家。2006年和2007年，瑞典政府收到的国企分红分别为国企净利的67%和58%。2007年，法国政府收到的分红是上述企业净利润的40.3%，2006年为37%。世界银行(2010)收集了16个发达经济体中49家有2000—2008年分红数据的国企数据，计算出每家企业2000—2008年的平均分红率，平均值为33%，中值为33.9%，大部分公司对国家的平均分红率在20%—50%之间。其次，在国有资本使用结构方面，目前收取的国有资本收益大部分又返回给中央企业使用，属于体内循环而不是回馈社会，国有企业没有很好地履行社会责任。在使用方面，需要建立“国有资本经营预算”和“公共预算”的衔接，国企的分红和改制收入是公共财政收入，应当按公共财政收入进行管理，即不经全国人民代表大会的预算程序批准，任何人都没有决定其支出用途的合法权力。通过预算编制程序对公共支出按各领域的优先顺序进行更好地配置。从国际经验来看，无论哪个机构代表国家担任股东，国企分红通常都要交给财政部用于一般性公共支出。现在很多国家都采用这种做法，如丹麦、芬兰、法国、德国、新西兰、挪威、韩国和瑞典。在养老金缺口逐渐增大的预期下，预算支出的编制必先考虑国计民生的重大问题，国企分红将成为弥补缺口的重要来源。

2. 参股投资经营稳定的行业，保障养老金结余的收益

根据本书的测算：统筹账户在2013—2017年、2037—2050年有大量的年度盈余，因此可以参股获利稳定的行业，如银行、证券、保险、电力、通信、石化等资源类行业，定期得到分红以增强养老金缺口的偿还能力。但是,参股的前提是养老金集中管理,资料显示,截止到2007年底我国共有13个省县市自治区名义上实行养老保险省级统筹,10个左右的省区以市级统筹为主,其余的省区仍以县级统筹为主。2010年底,全国已经有25个省级单位达到了省级统筹的标准,能够在全省统一调度使用养老保险基金,其他地方仍在实行市级统筹或者县级统筹,可见,我国城镇职工养老保险的统筹层次发展比较缓慢、统筹层次仍然偏低。由于整体上统筹层次不高,不但难以发挥社会保险的互济和调剂功能,也干扰了养老金参股投资的管理和监督。因此,参股投资需要养老金统筹层次的提高。

测算表明2013—2017年有年度盈余,这与实际状况(个人账户挪用、财政补贴增加)不太一致。这样的矛盾可以理解为:尽管经济发达的年轻型城市统筹账户有盈余,但在统筹层次较低的情况下,难以通过资金调剂补贴给养老负担重的地区。根据《社会保险法》规定:基本养老保险基金出现支付不足时政府给予补贴,因此在有缺口的地方,政府不得不增加财政补贴或挪用个人账户。由此可见,把养老负担重的省市纳入全国统筹相对来说容易一些,对于有年度盈余的省市,改为全国统筹会面临很大阻力。2018年之后统筹账户出现年度缺口,对于绝大多数省市来说养老金支付成为"烫手山芋",此时是提升统筹层次的良机。在缺口期提高统筹层次,政府尤其是中央政府的压力确实很大,但年度余额2037年又重新出现,政府的压力会大大减轻。因此统筹层次的提升需要审时度势、循序渐进。

3. 利用外汇储备增值部分,补充财政对于养老金的补贴

截至2012年3月末,我国国家外汇储备余额为33 050亿美元,储量排名世界第一。如何有效使用日益庞大的超额外汇储备一直以来是热门话题,目前我国外汇储备主要有四条利用渠道:投资固定收益资产、进口急需设备及技术、海外股权投资、进口战略储备物资。那么巨额的外汇储备是否能用作养老金偿付呢?本文认为直接利用外汇储备充实养老保险金的可操作性不大,首先,证券类资产所占比例很大,再去掉满足三个月进口支付额与突发性应急储备级正职采

购等需要之后，我国现实可利用的超适度外汇储备数额不多。其次，外汇储备直接划拨用于养老金支付操作难度很大。一方面，外汇储备实际上是央行以负债方式形成的资产，因而不能无偿使用。如果直接划拨会造成中央银行资产负债表的不平衡，即央行面临无法支付的困境，除非央行拿出自有资金捐赠给养老保险管理部门，但是央行的自有资金不多，并且势必极力反对。针对上述问题，又出现了变通方法，如财政部直接发行国债换取外汇储备之后再划转，中央银行外汇资产减少的同时，对中央政府债权等量增加，从而保持总资产的不变。但无论怎样，直接划拨外汇资产都会造成"二次结汇"的问题。外汇储备来源于国际收支盈余，例如外贸企业获得美元收入，如在国内消费或投资就需要把美元卖给商业银行获得人民币，商业银行再卖给中央银行获得人民币，美元资产就成为中央银行的外汇储备。如果将外汇储备直接划拨出来弥补养老金缺口，就必须再回到银行兑换人民币，中央银行又要支付一笔人民币购买这笔美元资产，这无疑相当于人民币增发一次，国内货币流通量增大，容易造成货币贬值或通货膨胀。

综上所述，使用外汇储备需要遵循两个原则：有偿使用，无偿划拨会破坏中央银行的资产负债表；境外使用，境内使用会造成"二次结汇"，人民币超发和流动性过剩。可见外汇储备本身用于养老金支付是不合适的，但是其投资收益可以作为补充资金的来源。外汇管理部门的职责是在管理好风险的前提下，确保外汇储备资产保值增值。外汇储备经营收益并入人民银行大账，人民银行依法将央行净利润全部上缴财政，增加用于民生支出的财政资金的可使用量，实质上我国外汇储备的投资收益是上缴财政的，因此外汇储备投资收益越多，我国财政资金的实力越雄厚，这笔收益可以专款专用，用于养老金支付的财政补贴。

（三）保护个人账户所有者权益

由于未明晰养老保险个人账户产权归属，作为养老保险的参保人，企业职工的自由选择权严重缺失。现有文件都没有对养老保险个人账户产权性质作一个明确的界定。养老金的运作主要依靠国家，会同时受到经济因素和政治因素的干扰。在养老保险个人账户缴费方面，职工缺少社会保障主体意识，因而缴费缺乏及时足额缴费的动力。

1. 依法界定个人账户的产权

由于现在养老保险个人账户缴费缺乏制度激励，国家立法对个人账户的产权未作出明确界定，参保人处于完全被动的地位，没有任何自由选择权，这也会减弱他们的缴费积极性。只有充分确认养老保险个人账户的法律性质，才能有效保护参保人的权利，强化参保人的社会保障主体意识，吸引参保个人及时足额缴费、从而保证养老保险个人账户制度能够高效、有序地运转。

个人账户基金是每一名参保者的私有财产，因为其资金来源于参保人员自己的缴费。作为个人账户的所有人，参保人应当拥有自由选择委托代理人、自由选择投资方式和渠道等方面的自由选择权力。国家和政府在此不能越俎代庖，管理经营个人的私有财产。国家和政府应通过立法、资格审查、风险警示、政策制定等途径给参保人以相应的制度支持和信息引导。

依法界定个人账户的私有产权可规定参保人有权自由选择其个人账户基金的管理人，可以选择资金回报率较高和管理佣金较低的运营机构。这样可以明显减少未来收益的不确定性，使参保人能够对产权形成合理预期，减少其决策偏差和次优投资行为。明晰个人账户产权能够使得参保人充分掌握其个人账户基金的投资、成本及收益等信息，从而更有可能做出理性选择与投资决策。与此同时，个人账户产权的明晰化与透明化，也会进一步激发潜在参保人参加养老保险的积极性，从信誉机制上约束各方利益主体的行为，从而提高养老保险制度的效率。

2. 完善养老保险个人账户信息披露制度

信息披露制度是养老基金投资市场发展的基石，一个有效、规范、成熟的投资市场的典型特征在于信息披露的充分性、有效性、及时性及信息在投资者中分布的均匀性。投资市场本质上是一个信息市场，信息的可获得性与准确性，是投资市场信息效率提高的重要前提。但目前养老基金的信息披露制度还极不完善，信息披露严重滞后，信息违规操作时有发生。因此我们必须完善信息传递机制，信息透明公开，更能吸引公众的资金投向个人账户，提高其参保积极性。

完善信息披露制度，除了应确保信息本身真实准确外，还应从以下两方面考虑：第一，从信息披露的有效性看，扩大信息披露范围，将基金营运机构基金投资的财务状况、计划成本、投资策略、服务项目、收益特点等均纳入披露范围；同时，要加快信息披露频率，改善信息滞后局面，不仅要每年定期公布财务报表，并且要公布资产每日估值等。第二，从信息监管看，对于信息披露不规范的基金公司，要从重处罚；对于弄虚作假的中介机构，例如资产评估机构、律师事务所和会计师事务所，要取消其从业资格，有关的会计师、审计师、律师要被吊销执照并承担相应的法律责任和赔偿责任。

同时需加强信息披露的可理解性。由于各类反映公司经营和财务状况的报告、资料专业术语过多，所以一般投资者较难理解。因此，法定公开信息资料应以鲜明的形式、简洁的语言、通俗易懂的说明和易于为投资者所理解的专业术语向公众披露，激起公众的参保积极性，吸引更多资金投向个人账户。

（四）处理好名义工资增长过程中的两难问题

在考虑目标替代率的情况下，政府会面临财务可持续和实现替代率的两难抉择。对名义工资增长率的敏感性分析的结果显示：随着名义工资增长率的提高，测算期间内养老保险金年度收支虽然仍会有缺口，但是累积赤字会消失，意味着经济的发展对养老保险金收入的影响大于对养老保险金支出的影响，即随着名义工资增长率的提高，养老金统筹账户的代际支付功能会改善，“现收现付制”的“现收”足以支付“现付”；但是，通过对平均替代率均值的敏感性分析可以看出，随着名义工资增长率的增长，养老金平均替代率均值是下降的，说明统筹账户对于退休职工的保障功能不足。养老金平均替代率均值随名义工资增长率的增长而下降说明退休职工在社会经济的增长中受益不多，这样下去将会影响职工的参保意愿，对制度的长期持续运行是不利的。

要解决财务状况和替代率的抉择困境，政府可以采取两种思路：一是为了维持高水平的目标替代率，有必要大量增加外源性融资。随着社会经济水平的发展，建议政府分阶段调整名义工资增长率的调整率 k 值。在现行 $k=50\%$ 的基础上分阶段对 k 进行调整，既使得养老保险金财务状况处于可承受范围之内，又能提高养老保险替代率，实现养老保险制度的长期持续运行。在这种情况下仍然慎用个人账户的资金，否则 2021—2040 年可能会出现个人账户和统筹账户的双重支付危机，无疑使业已存在的偿债危机雪上加霜。二是赋予统筹账户最基本的保障功能，保持 26%左右的替代率，财务的可持续性可以实现。大力发挥商业养老保险和企业年金的保障作用，以弥补基本养老保险统筹账户替代率不足的缺陷。

名义工资增长率的构成对养老保险制度的可持续性有很大影响，政府应该把精力放在控制通胀水平和提高劳动生产率上。在本书分析中均假设通货膨胀率不变，只有劳动生产率变化导致名义工资增长率的波动，但名义工资增长率受到实际工资增长率和通货膨胀水平的共同影响，短期菲利普斯曲线告诉我们通货膨胀率和失业率之间存在着此消彼长的关系，但就长期而言菲利普斯曲线是一条垂直线，表明失业率与通货膨胀率之间不仅不存在交替关系，而且每经过一个“通胀周期”，在失业率回归的基础上通胀率都有所提高。因此，短期内就业率提高引起在职参保职工人数的上升，养老金收入会随之增加。但是，长期来讲失业率的回归又会减少养老金收入。与此同时，通货膨胀水平的提高又会导致年度收支差额结余部分的实际贴现值大幅下降，通货膨胀对养老保险金的双重负面效应对养老保险制度财务的持续运行无疑是不利因素。另外，养老金仅代表一种对经济成果的分配权力，平均替代率衡量的是这种分配权力的大小，而实际产出的增长才是养老保险制度最终的物质保障。因此在追求名义工资增长率提高的过程中，政府应当把更多的精力放在严格控制通货膨胀水平，推动实际生产率的提高上。

第十二章 养老保险制度的微观领域研究现状

随着十八大"建立公平可持续的社会保险制度"的理念提出，养老保险领域的研究开始从财务可持续性及替代率的分析深入到微观领域，如参保意愿及制度转轨的经济效应，研究方法也从保险精算扩展到问卷调查及计量分析。宏观研究过程中提出的问题或假设，逐渐在微观研究中得以分析和解释，两者就如望远镜和显微镜的关系，宏观研究可以使我们统揽全局、高屋建瓴地观察制度演变及现行制度运行的总体状况，在此基础上提出制度存在的漏洞及不完善之处，微观研究把所面临的问题（如本书提出的制度吸引力问题）细化，通过微观数据挖掘、整理、计量进行相关或回归分析，从而找到被解释变量的影响因素，从而为问题提供相应的解决之道。本部分梳理国内外较新的养老保险微观研究成果进行文献综述，借此抛砖引玉，以期待我们能够借助更多的工具和方法多角度解释和解决养老保险制度转轨过程中所面临的诸多困境。

一、参保意愿、忠诚度及满意度调查

正如前面提到，养老保险精算的结果表明：提升参保率和遵缴率对保证制度可持续性起到重要作用，要提升参保率和遵缴率，增强制度吸引力是必由之路。为何实践中两者都不理想呢？微观研究针对参保意愿、忠诚度和满意度所做的研究正是此问题的细化和进一步探索。现有文献主要采用问卷调查的方式，搜集制度覆盖范围内的群体信息，分析他们的选择倾向及其原因，以此作为制定政策或措施的依据。

并轨之后目前的基本养老保险体系主要分为城乡居民养老保险和城镇职工养老保险两大部分。许多学者参与养老保险问题的影响因素进行了研究，大多学者认为参保率低与政府、社会、企业以及劳动者自身等因素有关。

（一）从参保人或企业角度分析影响参保意愿或缴费水平的因素

A. Barrett 的研究认为，就业稳定性越高，农民工越倾向于参加养老保险，并且在统计上是显著的①。与公有制性质单位相比，私营单位的企业为了降低用工成本往往并不给农民工购买社会保险②。温海红③基于陕西省三市的数据，运用多元回归法和方差分析法，提炼出影响缴费水平的因素：在城乡居民个人因素中具有显著性的影响并按影响程度从大到小排列分别为户籍、年龄、婚姻状况、收入、性别。在认知因素中具有显著性的影响并按影响程度从大到小排列分别为养老金够用程度、政策宣传情况、政策满意度。通过差异性分析发现农村居民、年轻人、丧偶者等收入水平低的群体及对政策不满意的群体更倾向于选择最低缴费档次，其研究为采取相应措施提供了调查依据。孙中伟④以珠三角长三角农民工的调查数据为基础，针对控制变量、工作特征、家庭特征、城市定居意愿及对政府社会福利服务评价，使用 logit 模型进行实证分析，结果表明：家庭养老与社会

---

① A. Barrett, Y. McCarthy. Immigrants and Welfare Pro-grammes: Exploring the Interactions between Immigrant Char-acteristics, Immigrant Welfare Dependence and Welfare Policy. Oxford Review of Economic Policy, 2009, 24: 543 - 560.

② I. Nielsen, C. Nyland, Russell Smyth, et al. Which Rural Mi-grant Receive Social Insurance in Chinese Cities? Evidence from Jiangsu Survey Data. Global Social Policy, 2005, 20: 353 - 381.

③ 温海虹.城乡居民社会养老保险缴费水平及其影响因素——基于陕西省三市的调查[J].西安交通大学学报（社会科学版），2014(1).

④ 孙中伟."福利三角"视角下农民工养老保险参与意愿[J].华南师范大学学报（社会科学版），2014(3):108 - 117.

保险主要是替代关系，即家庭社会支持功能越强大，农民工的参保意愿越低，而市场及政府养老与社会保险是支持关系，即雇佣关系越稳定、政府福利制度越完善、服务越好，农民工城市定居意愿越高，则养老保险参保意愿也越高。李婷①以农民工异质性为视角，通过建立logistic模型分别分析新生代农民工与老一代农民工参加社会养老保险的情况及其影响因素。结果表明性别、子女人数、有无耕地及留城意愿对老一代农民工参保意愿的影响显著，收入较高、男性、子女人数少、无耕地或选择留城的老一代农民工参保意愿强烈。与之相同的是，收入较高、子女人数少或无耕地的新一代农民工参保意愿强烈。不同的是，对老一代农民工影响不显著的劳动合同，却对新一代是否参加养老保险有显著的正相关关系。刘辉②等基于湖南农民参加新农保情况的调查，通过二阶段二元logostic回归模型分析了农民参加新型农村养老保险意愿的影响因素。研究发现：农民的健康状况越差、农民的文化程度越低、家庭月收入越高、家庭月支出剩余越少、儿子数量越少、农民对“养儿防老”和“土地保障”的态度越不赞同、期望的养老方式是新农保、对新农保缴费标准越满意及身边的参保人越多，农民越愿意参加新型农村养老保险。从上述研究可知，收入、家庭养老的状况(儿女数量、土地保障)、雇佣关系的稳定性、参保人健康状况及对政策的熟悉和满意程度等因素影响者参保或缴费积极性，当然群体的异质性决定了按照性别、年龄段、工作单位性质等进行的分群体研究更具合理性。

（二）从制度设计及实施角度分析影响参保意愿或缴费水平的因素

郝佳③发现现行新农保制度下参保人的最优选择状况是低档次

① 李婷.代际视角下农民工参加养老保险的影响因素——基于陕西省调查数据的实证研究[J].贵州财经大学学报，2014(5)：90-96.

② 刘辉.农民参加新型农村养老保险意愿影响因素的实证分析——基于湖南省428位农民的调查[J].农村经济，2014(2)：55-60.

③ 郝佳.利益导向、最优选择与现阶段农村养老保险的机制设计.改革，2014(2)：67-78.

缴费、最低年限缴费(仅 15 年)和延期参保,分析新农保在制度设计上存在的低档次缴费的利益导向和激励机制。基于参保也是一种投资的角度,计算投资收益即内部收益率,结果表明参保档次与内部收益率成反比,这说明新农保在制度设计上向缴费能力弱的低收入人群倾斜。在缴费年限相同的条件下,参保年龄与内部收益率成反比,这说明新农保在制度设计上向年龄大的参保人倾斜。各个年龄层次参保人的内部收益率均是延期缴费年限的增函数,当延期缴费年限达到最大值时,内部受益率也达到最大值。因此,现行制度需要进行利益导向机制的再设计:多缴多补、长缴多得、动态调整及延期补缴。成志刚①依据实际调查数据并运用结构方程理论,构建出新农保满意度模型。通过对该模型进行校检显示:新农保政策内容、经办服务正向影响参保人满意度,间接影响参保人信任度。进一步完善制度设计、优化经办服务和提高基金管理运营水平,是确保新农保实施效果、推进新农保可持续发展的重要举措。胡芳肖②从参保农民视角评价新农保政策的角度,运用结构方程模型(SEM),实证分析了陕西省彬县新农保参保人满意度的现状和影响因素,发现养老金待遇水平、地方政府经办服务能力对参保农民满意度有直接正向影响,政府支持对参保农民满意度有间接正向影响;参保期望、参保人抱怨对满意度有负向影响,新农保的抱怨处理机制亟待完善。因此提高政府新农保经办服务能力和养老金待遇水平、建立动态的参保农民养老金调整机制对完善新农保制度有正向意义。白重恩③等从制度改革效果及基本养老保险制度并轨所引发的激励效应出发,使用中国城镇住户调查数据,分析了事业单位养老保险改革对企业职工的养老保险制度并轨预期及其养老保险遵从度的影响。研究发

① 成志刚.新型农村社会养老保险满意度研究[J].湘潭大学学报(哲学社会科学版),2014(9):35-41.

② 胡芳肖.新型农村社会养老保险制度满意度影响因素实证[J].公共管理学报,2014(4):95-103.

③ 白重恩.制度并轨预期与遵从度:事业单位养老保险改革的经验证据[J].世界经济,2014(9):119-144.

现：在浙江和广东这两个试点省年公布并推行的事业单位养老保险改革显著提高了企业职工参加养老保险的概率，但对企业如实汇报职工缴费基数的程度无明显影响。教育水平高的职工、白领职工、年轻职工、国有企业职工以及城镇集体企业职工，其参加养老保险的概率受改革的正向影响更大。结果表明，在浙江省和广东省，改革对企业职工产生了积极的制度并轨预期，并通过提升制度公平性、增强企业职工对制度财务可持续性的信心及减少其外部选择等机制提高遵从度，主要表现为参保积极性的提高。上述研究表明，提升经办机构的运作效率、完善制度设计以及提升制度的公平性可以增加制度吸引力从而提升参保率或满意度。

二、养老保险制度及其改革的经济效应研究

（一）养老保险制度对养老模式选择的影响

Secondi(1997)使用1998年的调查数据描述了中国农村家庭代际转移支付的规模和方向。考察了老年人口如何应对养老保障体系不健全情况下的收入下降，发现当老年人口退休陷入贫困时子女会增加对父母的代际转移支付[①]。Cai et al. 使用中国健康与养老追踪调查(CHARLS)的预调查数据对代际间转移支付进行了详细描述，发现中国家庭间转移支付主要是子女向父母进行的代际转移支付同子女数量、特征和父母收入都存在显著相关性[②]。张川川[③]利用断点回归方法实证研究了以新农保为基础的农村"社会养老"模式对"家庭养老"的替代性，结果表明新农保的推行显著降低了老年人对子女转移支付的依赖程度，然而对于仍然获得了正的私人转移支付的老年人，其研究并没有发现新农保养老金收入对他们获得的私人转移

① Secondi, G., 1997, "Private Monetary Transfers in Rural China: Are Families Altruistic?", Journal of Development Studies, 33(4), 487-509.

② Cai, F., J. Giles, and. Meng, 2006, "How Well do Children Insure Parents Against Low Retirement Income? An Analysis Using Survey Data from Urban China", Journal of Public Economics, 90(12), 2229-2255.

③ 张川川."社会养老"能否替代"家庭养老"[J]. 经济研究，2014(11)：102-115.

支付金额存在显著影响，表明养老金收入对私人转移支付的替代作用仍然有限。张娜[①]运用中国健康与养老追踪调查（CHARLS）2011—2012年的基线调查数据，主要验证养老保险这一重要的经济地位因素对老年人获得家庭照料的影响。研究发现：是否领取养老金对老年全体获得家庭照料没有显著的影响，但是对城镇老年人获得家庭照料具有显著的正影响；不同的养老保险类型是影响老年人能够获得家庭照料的真正原因。正是养老待遇城乡的不均等性，使得领取养老金变量在老年人获得家庭照料上呈现城乡差异。因此，促进家庭照料的供给，要提高农村老年人的养老金待遇水平，逐步实现养老保险的城乡一体化。

（二）养老保险制度对储蓄及消费的影响

第一种观点认为，养老金实际上是资产组合篮子中的一类，与其他金融资产之间存在“替代关系”，所以养老保险制度会抑制储蓄。Attanasio和Brugiavini（2003）利用意大利的数据研究发现，养老金改革与私人储蓄之间的替代弹性介于－0.4—－0.3之间，并且35—45岁年龄段的人群替代弹性最大[②]。李雪增[③]研究表明，近年来居民储蓄率受惯性因素的影响最大，短期内我国的养老保险制度改革对于平抑储蓄难以奏效，长期中养老保险制度的完善将弱化不确定性对家庭的冲击，稳定居民预期，增加家庭消费。张虹[④]基于人口老龄化背景，测算出我国1995—2011年老年人消费总支出，选用老年人人均消费支出反映老年人消费需求，利用单位根检验、协整检验和误差修正模型的估计与检验方法，就社会基本养老保险对老年人消

---

① 张娜.养老保险与中国老年人的家庭照料[J].广西民族大学学报（哲学社会科学版），2014(7)：47－52.

② O. P. Attanasio and A. Brugiavini, "Social Security and Household Saving," The QuarterlyJournal of Economics, vol. 118, no. 3, 2003, pp. 1075－1119.

③ 李雪增，朱崇实.养老保险能否有效降低家庭储蓄：基于中国省级动态面板数据的实证研究[J].厦门大学学报，2011(3).

④ 张虹.社会基本养老保险对老年人消费影响的实证研究[J].财经问题研究，2014(4)：62－67.

费需求的影响进行实证研究。结果表明：社会基本养老保险拉动老年人消费的经济效益明显。朱波①基于习惯形成理论对养老保险影响居民消费问题进行系统的理论分析，证实养老保险财富效应和风险规避效应的合理存在和传导机制。理论模型显示：① 养老保险对消费的拉动随着消费者年龄的增长而日趋明显；② 非参保者消费路径更多受预防性储蓄支配，而财富效应和风险规避效应的共同作用使得参保者消费路径更多受习惯的支配，使得其消费水平和消费增长率都更加平滑；③ 对全社会居民来说，合适的养老保险费和养老金水平，会同时提升在职人员和退休人员的消费水平。最后采用中国综合社会调查（CGSS2008）的样本数据对理论模型的部分结论进行探索性实证分析，认为养老保险能明显提升 40 岁以上参保者的消费水平，对全部参保人员来说约可提升 9.4％的居民消费。

第二种观点认为，养老保险制度引起了个体消费认知以及边际消费倾向的变化，提高了当期储蓄。何立新等与 feng et al. 考察了中国 2005 年城镇职工养老保险改革的影响他们发现这次改革带来的养老金净财富减少显著提高了居民储蓄。白重恩等②（利用一年城镇住户数据，发现尽管参与城镇养老保险会提升消费，但是在给定参保这一条件下缴费额增加却会减少居民消费他们给出的解释是家庭面临信贷约束，同时存在目标储蓄的动机养老金缴费增加后，人们为了实现储蓄目标，只能减少当期消费。杨继军③利用 1994—2010 年中国省际数据进行动态面板回归发现：家庭支出结构的“远期化”和内生性劳动供给等原因，使少儿人口抚育负担对居民储蓄的影响为正；作为“非生产性”的老年人口比重的上升，则倾向于抑制储蓄；养老保险覆盖面、养老保险缴费水平对居民储蓄的影响显著为正，表明

① 朱波．养老保险对居民消费影响的实证分析[J]．统计与决策，2014(24)．

② 白重恩等．中国养老保险缴费对消费和储蓄的影响[J]．中国社会科学，2012(8)．

③ 杨继军．人口年龄结构、养老保险制度转轨对居民储蓄率的影响[J]．中国社会科学，2013(8)：47－66．

养老保险制度改革并没有缓解居民对于未来养老的担忧，进而并未起到给储蓄降温的目的。因此，弱化计划生育政策、提高人口出生率并不能降低当下的居民储蓄，而延迟退休年龄、挖掘适龄劳动人口消费潜力、通过养老保险制度改革降低不确定性，对降低高储蓄率则更为有效。

第三种观点认为，养老保险对储蓄的影响具有不确定性。Feldstein①认为，社会保障会从"资产替代效应"(asset substitution effect)和"诱致退休效应"(induced retirementeffect) 两种相反的方向影响储蓄，社会保障对储蓄的影响是不确定的。李慧②运用结构方程模型探索新农保对消费的作用，得出新农保对农民消费有正负两方面影响的结论，并且认为在不同的经济发展阶段社会保障对消费有不同的作用。新农保增强了农民的安全感，促进了部分农民的消费，但其社会保障作用有待加强。从长期来看，加强社会保障体系的建设对增加农民消费会产生久远并且重要的影响。马光荣③使用2010年和2012年中国家庭追踪调查CFPS数据，考察了新农保对家庭储蓄和消费的影响并发现，对于60岁以下的参保居民，新农保并没有显著影响他们的储蓄率。由于大多数居民的新农保缴费额仅为100元，预期未来能领取的养老金数额较低，因此无法通过财富替代和降低风险的渠道减少家庭储蓄。与此同时，本书发现，新农保显著降低了60岁以上居民的储蓄率，这些老年人不需要缴纳保险费而直接可以领取基本养老金，养老金领取额(约每年660元)占收入的比重平均达到了22.4%，直接为老年人提供了稳定的经济保障。新农保要更大程度地起到促进居民消费的效果，需要采取措施激励人们缴纳更高的保费。

---

① M. Feldstein, "Social Security, Induced Retirement, and Aggregate Capital Accumulation," Journal of Political Economy, vol. 82, no. 5, 1974, pp. 905 - 926.

② 李慧. 新型农村社会养老保险对我国农民消费的影响——基于SEM的实证研究[J]. 经济问题，2014(9)：68 - 71.

③ 马光荣. 新型农村养老保险对家庭储蓄的影响：基于数据的研究[J]. 经济研究，2014(11)：116 - 129.

（三）养老保险制度及转轨对收入再分配的影响

关于养老保险的收入再分配效应，国外的研究成果较多。Entin[①]认为养老保险会显著影响企业职工的工资收入水平。

更多学者在区分群体基础上进行收入再分配的分析。Agar Brugiavini and Franco Peracchi[②]，Marko，Panu and Paolo[③]等运用详细的微观调查数据，通过测算不同人群参加养老保险的内部收益率等方法，估计了不同国家和地区养老保险制度的收入再分配效应。许志涛[④]基于终生收入法构建基础养老金的精算模型，区分不同所有制企业，通过测算净收益额与净收益率发现：我国现行养老保险制度能够调节不同所有制企业之间的收入分配差距，公平差异化的工资增长率有利于强化正向收入再分配效应；但现行缴费机制的"累退性"弱化了养老保险的再分配功能，甚至可能导致逆向调节效应；工资增长率和养老金待遇调整比例越高，受益企业越多且受益程度越大，代际再分配效应越强；如果利率大于养老金增长率，参保者都将遭受损失，对高收入企业尤为不利。赵武[⑤]运用代际核算方法计算现阶段中国各世代的代际账户。结果表明：养老保险政策是决定各世代终生负担、收益和净支付的最主要因素；中国代际账户在性别间的不平衡较为明显，男性的负担明显比女性重；2002—2010年，中国的代际不平衡情况得到了明显的改善；中国2010年的社会保险制度会使新加入的年轻世代受害，老年世代受益。因此在养老保险

---

① Entin S. J. Tax incidence，tax burden，and tax shifting：who really pays the tax [R]. A Report of the Heritage Center for Data A-nalysis，November 5，2004.

② Agar Brugiavini，Franco Peracchi. Fiscal implications of pension reforms in Italy [M]. University of Chicago Press，2007，pp. 253 - 294.

③ Marko K.，Panu P.，Paolo P. Why are more redistributive social security systems smaller? A median voter approach [M]. Oxford U-niversity Press，2008，pp. 275 - 292. Demange(2009)(Demange G. On sustainable pay-as-you-go contribution rules [J]. Journal of Public Economic Theory，2009，11(4)：493 - 527.

④ 许志涛.不同所有制企业职工基本养老保险收入再分配效应[J].财经论丛，2014(4)：34 - 40.

⑤ 赵武.中国养老保险的代际利益关系研究[J].金融经济学研究，2014(5)：118 - 128.

政策的制定时要充分考虑到各代人的利益，应将利益分配的重心逐渐向年轻世代转移，适当延长女性的退休年龄更有利于中国的代际平衡。

有学者对制度改革有可能造成的收入再分配做了分析。邹丽丽[①]认为，统筹层次提高进程中所引起的地区间收入再分配是阻碍全国统筹顺利推进的重要原因。通过社会统筹养老金收支平衡模型，对统筹层次提高过程中影响地区间收入再分配的重要因素进行了分析。研究认为，在岗职工平均工资是统筹层次提高政策实施中可选择的关键调整变量，以此为基础文章设计了多种计发方案以实现不同的收入再分配功能，比较研究认为在现有条件下计发方案 4 有利于统筹层次的顺利提升。刘长庚[②]对比 1997 年和 2005 年改革方案的收入再分配效应，采用统计模拟和精算方法，分别从利率、缴费年限和参保者寿命对我国三种养老保险制度改革的收入再分配效应进行评估，结果表明，改革前的养老保险制度存在逆向收入转移效应，1997 年改革方案具有较强的代内再分配效应，2005 年的改革方案普遍提高了各收入群体的养老保险待遇，但可能加重下一代养老负担。

新农保对收入再分配的影响。范辰辰[③]以系统的理论分析为基础，利用 2011 年中国健康与养老追踪调查(CHARLS)的全国调查数据，采用多元回归、离散选择模型以及工具变量法等多种计量模型实证检验新农保的政策效果，研究结果表明：新农保在全国范围内显著降低了农村居民贫困发生的概率，提高了农村居民的收入水平，增强了农民的经济保障能力。进一步地，对不同年龄群体分组检验的结果表明，作为主要目标群体的农村老年人受政策影响更为显著；但

---

① 邹丽丽. 基本养老保险统筹层次提高中的收入再分配问题研究[J]. 人口与经济，2014(1)：108－115.

② 刘长庚. 我国企业基本养老保险制度改革的收入再分配效应评估[J]. 价格理论与实践，2014(12)：49－51.

③ 范辰辰. 新型农村社会养老保险的减贫增收效应[J]. 求是学刊，2014(11)：62－70.

是处于缴费阶段的农民并不会因为参保致贫，某种程度上甚至有减贫效果。

（四）养老保险制度改革对其他经济行为的影响

1. 对退休选择的影响

赵耀辉[①]、Zhao 和 Xu[②] 等认为，基本养老保险省级统筹改革导致了地方政府激励的丧失，出现了提高养老金支付标准、纵容提前退休的问题。如果改革导致提前退休现象的增加，与之相伴的就是养老金支付的增加以及劳动参与的减少，这无疑会增加养老保险统筹层次提升的成本。张彬斌[③]在此基础上借助于双差分模型分析框架，在平均水平上估计了养老保险省级统筹政策与退休发生率变化的因果关系，并基于政策执行模式的省际差异化，进行了分省估计。实证结果显示，不同政策的实施所导致的提前退休效应在不同的改革省份存在差异，这主要是因为不同的省份采取了不同的统筹改革模式，统收统支模式比预算管理模式诱导了更多的提前退休。这一研究结论为我国养老保险统筹层次改革的成本评估提供了一个重要参考。

2. 对劳动力就业的影响

沈毅[④]认为，新型农村社会养老保险的实施，减少了农民乡城流动就业制度性和体制性障碍，集中表现为农民在城乡劳动力市场就业中，不再盲目单以工资收入与社会保障享有量作为稳定就业决策标准，而是综合考虑就业机会、迁移成本、工作环境等因素，提高了劳动就业的理性和自主性。实证分析表明，自实施新型农村社会养老

---

① 赵耀辉，徐建国. 我国城镇养老保险体制改革中的激励机制问题[J]. 经济学（季刊），2001，1(1)：193－206.

② Zhao Y，Xu J. China's Urban Pension System：Reforms and Problems[J]. Cato Journal，2002，21(3)：395－414.

③ 张彬斌. 基本养老保险统筹层次提升的提前退休效应[J]. 山西大学学报，2014(6).

④ 沈毅. 新型农村社会养老保险对城乡劳动力市场就业效应研究[J]. 经济研究参考，2013(62).

保险以来，农民工就业流向出现结构变化，中西部和本地就业农民工数量和比例逐年增加，并在一定程度上降低了农民外出打工意愿。这有利于挤出人口城镇化的“水分”，提高城市化的质量。

3. 对家庭教育支出的影响

贾俊雪等①认为，父母不是完全的利他主义者，也不是完全的利己主义者。特别是在中国这个儒家传统文化观念较深的国家，父母往往具有利他精神，重视子女的教育和未来发展，同时父母也有利己考虑，会为未来养老做打算。赵静②在对世代交叠模型进行扩展的基础上，利用2002—2009年中国城镇住户调查数据，实证分析了养老保险对家庭教育支出的影响。实证结果表明：① 养老保险缴费率对家庭教育支出有显著的正向影响，说明养老保险促进了家庭教育支出；② 与其他家庭相比，子女接受义务教育的家庭和子女接受高中或中专教育的家庭，其教育支出受到的影响更为显著；③ 户主教育水平较高的家庭及西部地区家庭，其教育支出受到的影响相对较强；④ 减弱养老金与后代收入的联系，会弱化养老保险对家庭教育支出的正向影响。

---

① 贾俊雪，郭庆旺，宁静. 2011. 传统文化信念、社会保障与经济增长[J]. 世界经济，(8)：3-18.

② 赵静. 养老保险对家庭教育支出的影响——基于世代交叠模型的分析. 中国经济问题，2014(7).

第十三章

老龄产业的运作和发展

实际上，不论是对养老保险制度公平可持续的研究还是对其微观经济效应的探讨，最为关键的是保障老龄人口的生活水平，对于老龄人口来说，养老保险制度给予的是经济保障，在此基础上购买到称心如意的产品或服务则是提升他们老年生活质量的根本。国家民政部社会福利和慈善事业促进司的数据表明，2010 年我国老年人口消费规模超过 1.4 万亿元，预计到 2030 年将达到 13 万亿元。如今已进入退休年龄的一个很大的中老年群体，已经不是过去意义上的那种老年人，这些人基本上都是有文化、有社会地位、有独立收入和退休金，具有相当的经济实力。但是在中国大陆，在消费用品上并没有注意这些新一代的老年群体的购买能力和购买需要，还是过去那种老思维，以为老年人就只会捡儿女的衣服来穿，在家里只会粗茶淡饭不会食不厌精。

老年用品市场的供求缺口蕴含巨大商机，却出现叫好不叫座遭到国内商家冷遇的尴尬。相比之下，老年服务市场依托“居家养老＋社区服务”的主流养老模式已初具规模，可见老龄产业内部的发展并不平衡。借鉴社会资本理论可以解释老年服务市场运作模式的成功之处。首先，老年人的消费需求、消费心理和消费行为均不同于其他年龄段的消费者，这直接决定了老年产业的特殊性。其次，就老年服务市场和老年用品市场具体的运作模式来看，前者视老年人为特殊群体，通过利用“居家养老＋社区服务”所营造的社会资本，产生满足服务供求双方要求的机制；而后者则视老年人为普通消费者，运作模式与老年人的消费特点不相称，因而无法创造相应的社会资本予以支持。最后，得出结论：社区在营造老龄产业尤其是老年用品市场运作所需的社会资本方面应更有所作为。

老龄产业的概念于 1997 年全国第一届老龄产业座谈会正式提出，与西方“银发经济”相似，但市场化和成熟程度远不及后者。随着中国老龄化进程不断加快，全球老年用品有 6 万多种，其中日本有 4 万多种，中国仅有 2 000 多种，差距甚大。2014 年中国老年用品市场需求达 1.6 万亿元，但市场供给规模仅为 4 000 亿元，存在巨大供需缺口。其中 2013 年老年保健品、康复及护理用品、助行视听用品、老年家居用品这四大类现实老年用品总需求规模为 6 820 亿元，总供给规模仅为 2 012 亿元，缺口率达 70％①。然而商机如此之大却叫好不叫座遭到国内商家的冷遇，原因何在？实践上看，特殊性强的中国老龄产业刚起步，成功案例不多，这意味着相关企业运营方式不同于一般企业，投资者贸然进入将承担很大的市场风险。再者老龄产业研究侧重于宏观政策扶持、国外经验借鉴及多元化投资论证，较少涉及微观企业运作。本部分研究重点适当向微观领域倾斜，以老龄产业内部现有的运作模式所包含的社会资本为研究视角，并根据老龄产业特殊性判断适合其发展的社会资本类型。

一、社会资本理论概述

社会资本最初是应用于教育的社会学概念，当学术界的原有理论无法解释类似自然资本、生产资本和人力资本存量在不同国家转化为不同绩效时，社会资本则作为长期被忽视的资源分配机制因素之一纳入经济学范畴，于是社会资本与物质资本、人力资本一起构成新的经济增长和社会发展理论模型，并广泛地渗透到增长经济学、发

① 中国老年用品市场刚需产品有哪些？http://nongye.ce.cn/hydt/201412/02/t20141202_2140091.shtml

展经济学和制度经济学等学科之中。

作为新兴的研究框架，社会资本概念尚未达成共识。科尔曼[①](James S. Coleman)把社会资本定义为“促进行动者在组织内部采取某种行为的社会结构”，帕特南[②](Putnam)的社会资本是共享的知识、理解、标准、规则及对有关个人群体进行周期性活动的互动模式的期望。索洛[③](Robert M. Solow)认为社会资本是“诸如信用、合作与协调的意愿、能力以及即使无人监管仍致力于共同努力的习惯——所有这些行为模式和其他行为模式，根据综合生产能力获得一种报偿”，撒拉伯尔丁[④](Ismail Serageldin)的看法是“社会资本通常涉及一系列准则、关系网和组织，通过这些人们获得有助于作出决定及确切表达政策的权力和资源”。

尽管概念多样，社会资本通常分为制度资本(或正规制度)和关系资本(或非正规关系网)两种类型却是普遍认同的。对于两者的区别，库克[⑤](Cook)认为，“制度资本是资本得以安排，规则和步骤继续存在来指导个人行动，并受到人们监督，从而使公认的作用得以实现。而关系资本缺乏组织性，也更分散”。不同类型的社会资本之间并存并能互相加强(Ismail Serageldin，1997. Joseph E. Stigliz，1997. Anirudh Krishna，1997)，但如何互相影响还需要进一步证实。关于两种类型的动态发展过程，撒拉伯尔丁(Ismail Serageldin，1997)认为，“在顺利的发展过程中，非正式协会及关系网与正规管理机构及

---

① Coleman，James S. 1988. “Social Capital in the Creation of Human Capital.” American Journal of Sociology 94(Supplement)：S95 - S120.

② Putnam，Robert Leonardi，Raffaella Nanetti. 1993. Making Democracy Work：Civic Traditions in Modern Italy，Princeton，New Jersey：Princeton University Press. 222.

③ Robert M. Solow. 关于社会资本与经济绩效的评注[A]. 社会资本——一个多角度的观点[C]. 北京：中国人民大学出版社，2005：9.

④ Ismail Serageldin. 社会资本：一个综合的观点[A]. 社会资本——一个多角度的观点[C]. 北京：中国人民大学出版社，2005：56.

⑤ Cook，Karen S. 1990“Exchange Networks and Generalized Exchange：Linking Structure and Action.”In Bernd Marin，ed.，Generalized Political Exchange：Antagonistic Cooperation and Integrated Policy Circuits，pp. 215 - 230. Boulder，Colo.：Westview.

不受个人情感影响的市场机制之间逐步替代”，斯蒂格利茨[①](Joseph E. Stigliz)则更明确地指出“如果政府能力不够或缺乏公正，社会关系网为产生并加强‘可靠承诺’及制定、执行并加强各种正规和非正规的契约，承担主要职责就是至关重要的”，即“公共功能”异化为以社区为基础的横向关系网，但是“当一个社会经济发展时，其社会资本必须与之相适应，使得以市场为基础的经济的正规制度部分地替代人际关系网”，而在发达的市场经济中“不是‘制度和规则’来替代或补充市场和政府，而是形成一种‘达成的共识’的社会资本重构”。

条件类似而绩效不同的经济现象归结为社会资本的作用，那么占有社会资本就相当于构建合理预期以减少交易成本，社会资本具有重要的经济意义，因此社会资本的产生和投资成为理论的核心部分，其中以关系资本的讨论居多。科尔曼(James S. Coleman，1988)非常看重社会关系内部的信息渠道、准则及制裁，存在社会关系网终端或可借助的社会组织情况下，具备有效信息渠道和制裁的威慑力并促成关系资本的产生，否则只能依靠制度资本加以解决。索洛(Robert M. Solow，1997)认为，信用能够通过在类似条件下可信赖行为的重复出现而建立。克里希娜[②](Anirudh Krishna)将信用与合作作为社会资本的核心，限制信用预期的因素主要有文化背景、认知能力及正规制度，协同行为只能在一定条件下存在。这些条件是：协同行为可增进个人预期获得利润，设计需要支持的协同行为的结构(组织)和准则并使其制度化。通过这种途径，促进合适的行动制度化或惯例化。赫克特(Hechter，1987)提出建立社会组织的分阶段过程：需要信用和保护性措施的人们同意在组织中团结起来，为了获得私人物品，成员们必须设计出会员资格标准及监督和制裁程序

---

① Joseph E. Stigliz. 正规的与非正规的制度[A]. 社会资本——一个多角度的观点[C]. 北京：中国人民大学出版社，2005：74－82.

② Anirudh Krishna. 创造与利用社会资本[A]. 社会资本——一个多角度的观点[C]. 北京：中国人民大学出版社，2005：96、112.

并逐渐制度化。在规则和程序内在化的同时，成员为了符合他人预期，主动调节自身行动。厄普霍夫[①](Norman Uphoff)重点讨论了社会资本建立过程中必要的经济投资。创建制度资本时，规则和程序的实施和强化要求消耗一定量的资源，这些就会产生支付、罚款或兼而有之。社会网络同样代表着已建立起来的能减少交易成本的交流与合作模式，聚集成社会网络的人际关系，需要人们贡献彼此福利来维持。社会网络清楚地要求时间、金钱、信息和地位上的投资，能够产生利益流。

二、中国老龄产业运作模式

以经营项目为标准中国老龄产业主要分为两类：一是老年用品市场，包括食品、服装、家庭用品、保健品、辅助医疗设备等；二是老年服务市场，包含日常生活服务、医疗保健服务、老年公寓、托老所、心理咨询陪伴服务等。除了老龄产业整体不景气之外，两类市场之间及市场内部的发展也极不均衡。“老有所养”作为“六个老有”之首，获得全社会关注理所当然。根据多数老人的养老意愿[②]并经过十几年的试点，部分省市已确立主流的养老模式，即居家养老为基础、社区服务为依托、机构养老为补充的养老服务体系。这种养老方式决定了老年服务市场的主要业务是以社区为中心的上门或就近服务。尽管老年服务市场存在质量不高、纠纷不断的问题，但是毕竟在社区中介和政府补贴的共同作用下初具规模并形成了固有的运作模式。而老年用品市场除了保健品曾火爆一时外，其他商品则“惨淡经营”。那么，老年用品市场的惨淡原因何在？这需要我们针对居家养老所支撑的老年服务市场和老年用品市场的具体运作模式进行更深入的讨论。

---

① Norman Uphoff. 理解社会资本：学习参与分析及参与经验[A]. 社会资本——一个多角度的观点[C]. 中国人民大学出版社，2005：290.

② 沪老年人口状况与意愿跟踪调查显示　九成老人想在家养老. 劳动报. 2005-4-8.

(一)“居家养老+社区服务”的运作模式

我们以市场营销管理体系 4P 理论作为分析基础。4P 是指企业在营销活动中的四个可控因素：产品(product)、价格(price)、地点(place)和促销(promotion)。

“居家养老+社区服务”的模式一般在社区建立专门的服务机构作为连接老人和服务人员的媒介，老人随时可向该机构求助并得到免费或低价的菜单式上门服务。在价格方面，一般把有居家养老服务需求的老人分成免费服务对象、补贴服务对象及收费服务对象三类，免费和补贴部分由政府买单，收费部分比家政服务低廉。具有代表性的试点主要包括上海街道居家养老服务中心、大连沙河口区居家养老服务和深圳市福田区社区居家养老服务站。显然，社区服务与市场化的家政服务有很大差别：政府给予政策支持是社区服务非盈利或低盈利性质的保证；社区服务部门属于政府监督下的常驻机构，与老人保持一种长期交往与合作关系，这与临时和短期性的家政服务不同。

(二)老年用品市场运作模式

老年用品业的经营方式完全不同于老年服务业。与服务业丰富的菜单式项目不同，老年用品种类单一且缺乏灵活性，其中以服装和食品最为突出。目前较规范的营销手段是定位为国际老年产品展示交易中心的广州从化万盛广场，其目标是整合老年用品的研发、生产、物流等环节，销售渠道主要包括专卖店、连锁店、医疗机构、超市、商店或百货公司专柜。除传统的销售渠道之外，在保健品火热之时，曾经一度深入居民区实行会议营销，即收集特定消费对象的数据信息并建立起数据库，根据需求状况分类，确定目标消费人群，再利用会议(联谊会、茶话会等)的形式邀请目标消费人群参加，进行有针对性的销售。会议营销本身是以服务启动销售的一种营销模式，服务功能往往要占到 60%—70%，销售的功能只占 30%—40%。而很多企业在进行会议营销时，坑蒙拐骗、夸大宣传、过度承诺，有的甚至到了“不买产品不让走”的地步，商家的这种做法破坏社会的信任度，现在多数老人对“免费健康讲座”或“免费健康检查”有抵触情绪，因此会议营销面临困境，最终只剩下传统的销售渠道了。

养老服务市场中的“居家养老＋社区服务”的模式试点成功并有全面铺开的趋势；老年用品市场在研发、生产及销售渠道方面刚刚起步，是老龄产业较薄弱的环节。两个市场之所以成熟度不同，除了发展时间长短有别之外，最重要的是产品和销售方式是否为老年群体所接受：社区服务业实行菜单式上门服务，同时社区起着媒介作用，与家政服务相比，社区服务把老人作为特殊群体而给予特殊对待。老年用品品种单一，销售渠道与普通商品没什么两样，这说明老年用品经营模式把老人作为普通消费者对待了。

三、中国老龄产业的特殊性

不论按照年龄段划分，还是按照弱势群体划分，老龄产业的市场化程度是很低的，将其单独列出除了引起对矛盾现状的关注之外，还有突出其特殊性的作用。任何产业均由需求所支撑，因此老龄产业需求方——老年人独特的消费心理和消费行为构成老龄产业特殊性的主要方面。通过分析我们可以看到老年人的需求受生理和心理因素的影响表现独特，边际消费倾向因节约、谨慎的消费心理和狭窄的信息渠道而低水平徘徊。这决定了老年群体不是普通的消费者，正因如此，“居家养老＋社区服务”的模式取得成功，而老年用品市场却停滞不前。

（一）老年消费需求特性

长期传统的养老方式忽略老人生活质量造成社会对这些特殊需求的漠视。其实与其他各年龄段相比，老龄人口在吃穿住用行及精神方面有特殊需求。目前老年需求的调研处于起步阶段，通过何种渠道获得这些特殊需求信息并细分之，是投资者涉足老年产业所面临的首要问题。

营销领域现已完成4P’s理论向4C’s新观念的转变。4C’s理论的核心内容分为四个层次：把消费者的需求和欲望置于首位，而将产品先搁置一边；重点研究消费者满足需求所愿付出的成本，而暂且忘掉定价策略；考虑如何给消费者提供方便以购得商品，而姑且忘掉渠道策略；干脆暂时忘掉促销，取而代之以沟通消费者。根据这一新型营销观念，企业要搜集、分析和研究老年人市场的变化，顺应老年人的心理需求和逐步增长的市场。

与其他消费群体相比，老年消费需求的内容和消费行为受生理和心理因素的影响而表现独特，这决定了老年群体不是普通的消费者。老年退休社区针对老年消费特征设计运作模式，才能受到老人的喜爱并获得可持续发展。

1. 求实消费心理特征

求实消费一般包括三个方面的含义：一是商品的实用性和特殊性；二是服务的可靠性；三是价格的合理性。衰老的机能会妨碍老人适应环境的能力及社会交往，因此在产品设计上充分考虑老人日常生活的特殊需求。这些特殊需求主要表现在视觉、听力、神经系统对外界的反映以及活动能力等。同时老人要求这些商品经济实用、质量可靠、使用便利、易学易用。对服务中的求实表现为售后服务及时可靠，劳务服务放心舒心。对价格的求实要求是物美价廉，老年人购物一方面注意价格择廉选购，另一方面要求实惠。从一般的消费心态看，年轻人花钱买靓丽、买时尚，老年人花钱买实用、买传统。退休社区应在住房和服务设计上充分考虑实用、方便、舒适、安全以及个性化特征。

2. 习惯消费心理特征

老年人习惯消费既是几十年生活惯性的继续，又是对新生活方式较少了解和难以接受的反映。人到老年以后，其行为表现往往是：怀旧和沿袭旧俗的心态大于对新事物的学习和接受。其生理和心理基础在于：老年人学习能力的适应能力下降，而几十年生活方式的积累所形成的个人意识中的丰厚沉积构成了新事物难以冲破的思维屏障。同时，身体机能的老化，使老年人对过去的远期记忆深刻，而对当前的近期记忆弱化。因此，在消费生活中，延续几十年形成的生活习惯，就成为老年人普遍的消费特征。它主要表现在日常生活中的购买方式、使用方法、商品认知(或品牌认知)等方面。他们大多是老字号、老商店的忠实顾客；是传统品牌、传统商品的忠实购买者。这要求退休社区具备良好的资质和信誉。

3. 服务消费心理特征

这里的服务消费是指通过服务形式弥补老年人生活能力和心理上的不足。在城市老年人中相当一部分是离、退休人员，有较强的经济独立性。在生活中不仅需要家务劳动方面的社会服务，而且越来越多地表现出心理和情趣方面的需要。这在文化水平较高的老年人中尤为突出，他们既需要社会的帮助，同时也具有很强的参与意识。因此，退休社区应提供老年人各种群体活动，以及陪伴老年人谈话、读书、外出等服务项目。

4. 情趣消费心理特征

与青年人不同，老年人情趣消费的主体实际是习惯消费的固化。老年人消费情趣的形成一般有三：一是原有情趣的自然延伸；二是重操旧业，即年轻时的某种情趣离退休后又重新开始；三是适应老年生活需要而培养的兴趣，即过去并无固定的兴趣、爱好，离退休后，为适应新的生活，依自身的条件和受周围环境的影响而逐步形成的情趣爱好。前两种情趣大多是个人兴趣和意志品质的反映，较少或不受社会和生活周边环境的影响，而无兴趣爱好的老人若要克服退休之后落寞的不良情绪更需要社会引导，退休社区应提供相应的疏导和帮助。

总之，老年人的思维方式和行为方式有别于年轻人。精明的营销者总是绕过年龄，直接接近影响购买的因素。老年市场的成功定位要瞄准动机，强调舒适、安全、便利、信誉、社会参与和传统价值，而作为老年人生活和居住的退休社区，更要适应老年人的特殊消费心理设计运营方案。

(二) 老龄产业获利周期长和公益性并存的特征

消费需求决定于收入水平和边际消费倾向，收入水平越高并且边际消费倾向越大，意味着高水平的消费需求（不考虑消费贷款的情况）。就收入水平而言，以上海老年人口收入状况为例，根据中国新闻网转载的文汇报信息，截至2010年底，上海市城镇退休职工月平均养老金为1 908元，镇保月平均养老金759元，农保月平均养老金为364元，城镇70周岁以上高龄无保障老人月养老金补贴为500元①。尽管与年轻人月平均收入相比差距很大，但367万老年人口、占上海市总人口1/4②的基数使得其整体收入水平不容小视。月平均收入较低的现状说明物美价廉的商品会受到老年人的青睐，而整体收入水平又决定了老龄产业薄利多销的特征。

边际消费倾向主要受老年人消费心理和消费行为的影响：第一，他们长期的生活习惯和经历养成了有别于其他年龄段的节约和谨慎的消费心理。最初老年保健品市场兴起之时厂商急功近利的做法遭遇信任危机，老年人害怕上当而又求助无门的想法十分普遍，对商业推销这种方式有强烈的抵触感。因此，减少甚至放弃购买行为只是老人们为了自我保护而作出的无奈选择。这要求厂商具有良好的信誉并取得老龄人口的充分信任以提高消费倾向。第二，边际消费倾向低的另一个原因是消费行为的特殊性——老人生理条件和获取信息渠道的变化。生理机能的减退使老年人不可能像过去一样经常光顾大小商场，消费行为更依赖于亲朋好友的推荐，获取信息的渠道狭窄。综上所述，消费心理和消费行为决定了老龄产业不同于儿童用品市场及妇女用品市场，后两者属于纯粹的市场交换行为，而老龄产业是厂商与老年人长期合作的关系，属于获利周期长和公益性并存的产业。

四、“居家养老+社区服务”模式的社会资本利用

根据社会资本理论，老龄产业的发展需具备相应的制度资本和

① http://www.chinanews.com/df/2011/05-24/3061864.shtml.
② http://biz.xinmin.cn/2013/03/22/19344727.html.

关系资本，即一系列正式的制度准则、非正式的关系网、信任及合作意愿等行为模式，该行为模式可促成交易费用低廉的交易以增加参与者的福利。“居家养老＋社区服务”的成功之处在于利用现有的社会资本，自动促成供求双方长期的合作、互利和互动关系。

从老龄产业的特征分析可以提炼出供求双方关注的焦点问题，而“居家养老＋社区服务”能够利用社会资本产生满足双方要求的机制。就供给方而言，首先，看重政策扶持以增加其赢利空间。老龄产业作为获利周期长和公益性并存的产业，部分地具有公共物品性质，必然要求政府制度上的支持，否则出现供给不足的状况。其次，获知特殊需求信息。总体状况不能全面反映个体特征，老人的消费需求随性别、年龄、身体状况及家庭背景等因素的不同而有差别，同时顾及商品的大众需求和特殊需求并改造之是老龄产业的生存之道，因此如何获知特殊需求信息并建立顾客需求数据库对于供给方来说非常重要。最后，如何拓展营销渠道。老人对商品营销有抵触情绪，同时消费行为受到亲朋好友的很大影响，因此营销要接近老人的生活氛围，建立厂商信誉。

就需求方而言，首先，价格公道的同时追求质量优良及产品的个性化设计。只是把其他年龄群体的产品以降价的方法，简单地转移到老年市场上作法是不会成功的。其次，老龄产业的规范程度，即是否具备可靠的信息渠道、专家评审制度及惩罚机制。老人在交易过程中处于绝对弱势地位，需要法律和制度的有效保护，然而保护机制不健全往往为不法厂商渔利提供机会，因而需要一套信息甄别和惩罚机制，打破 trigger 博弈造成的减少购买行为的过度自我保护。

老龄产业的制度资本主要包括政府的扶持政策和产业规范制度。有关社区服务的政策早在 1983 年第八次全国民政会议提出，1996 年的《中华人民共和国老年人权益保障法》将养老与社区服务相结合。2001 年财政部、国家税务总局对老年服务机构制定具体的税收优惠政策，而地方政府还追加补贴制度加以扶持。就关系资本而言，信息渠道和信任机制是最重要的。信息渠道方面，老年服务机构设在社区最贴近老人生活，根据老人求助内容、频数和反馈建立数据库并随时更新非常容易。老人也可通过社区宣传栏方便快捷地了解最新服务项目和收费情况。信任机制方面，社区本身就是一个社会资本理论所谓的“人际关系网终端”，其价值就在于具备一系列能够调节并引导行动的有效制裁。封闭的社会关系网里，对服务的评价很快就会散播开来，在法律诉讼等事后维权之外无形中又构成舆论压力，增加服务供给者欺诈行为的成本，自动起到事前甄别厂商的作用，而且以社区为载体的集体事后维权的成本和效力均占优势，有助于保护老人利益。因此，在社区范围内，更容易建立起供求双方之间的信任关系。

五、老龄产业社会资本投资及中介机构的作用

老龄产业社会资本的理想状态是制度资本和关系资本完备，根据社会资本理论，在政府无能为力即缺乏制度资本时，关系资本先行并承担一定的责任。因此，目前的任务是建立畅通的信息渠道以及通过社会关系网终端和惩罚机制培养厂商和老人之间的信任。事实上，“居家养老＋社区服务”模式的成功已经提供了建立关系资本的经验。目前，我国的行政体制已形成一套社区管理的组织基础，各区的街道办事处、居委会在管理、服务方面形成了一套比较完备管理方法。根据 2005 年 10 月上海市民政局“老年服务需求”专题调研组所作的调查报告，受访老人认同的管理方式为单位和社区共管(40.8%)和社区管理(32.6%)两种模式，这说明老人对社区管理持信任态度。但是调查报告同时显示老年人了解信息的渠道中“社区宣传”仅排第五位，这说明社区尚未最大限度地发挥作用。因此，除了为老人提供养老服务之外，社区在促进老龄产业发展上还有发挥作用的余地，即担任商家与老人之间的中介机构。

首先，在信息渠道上，社区是除了亲友之外与老人最亲密的组织，掌握老人的身体状况、收入水平、特殊需求等信息非常容易，建立老人健康档案不成问题，因此厂商在进行需求调查时可通过社区有

偿获得部分一手资料，并加以统计整理形成需求数据库，然后有目的地进行产品研发和生产，亦可随时跟踪需求变化进行产品改造和转产，拉近生产与需求的距离。其次，在信任机制方面，社区对于厂商的事前甄别可以有所作为，除了社区这个社会关系网终端自动起到事前甄别厂商作用之外，社区可以聘请知名专家组成评审小组对产品或服务质量把关，加强事前甄别的准确性。在事后维权方面，社区集体维权比个人维权成本低的多，而且效力可以大到规范老龄产业的作用。最后，通过社区中介运用关系资本，可使多方受益。厂商进入社区接近实际需求，与老人建立信任和长期合作的关系；老人需求可以得到最大限度的满足；社区向商家收取中介费，用来反哺社区环境和文娱设施的改善。至此，社会资本发挥作用并使拥有者获得经济利益的补偿。

关系资本开发和利用并非老龄产业社会资本发展的终点，政府着手建立制度资本也是很重要的。首先，政府应加大老年用品市场的政策扶持力度，目前出现优惠政策向服务部门一边倒的现象，将老年用品完全市场化是不可取的。同时，吸取国外经验，加强老年服务市场和老年用品市场行业规范制度势在必行。其次，限制并监督社区充当中介机构时对厂商的信息披露程度以保护老人的隐私权。再次，完善社区的财务报表制度，并定期审计，防止社区管理人员将中介费挪作他用。最后，专家评审小组的建立、人员管理和考核也需政府给予制度支持。只有关系资本和制度资本同时起作用，社区才能更好地发挥老龄产业中介作用，建立供求双方的沟通机制，使老龄产业成为真正的朝阳产业。

第十四章
老年退休社区运作模式及发展趋势

老年退休社区也称聚集住宅或退休之家，与老年公寓不同之处是它除了租赁房屋外，还提供就餐、清扫房间、交通、社会活动等便利服务。如果老人可以独立生活，但喜欢同其他老人住在一起，或者希望有人帮忙做家务，希望有交通工具外出多参加一些社会活动以保持与社区服务良好的联系，老年退休社区是较理想的选择。

老年退休社区是英国相当一部分老人所选择的具有代表性的养老环境。Hartrigg Oaks 是英国第一个持续护理退休社区(CCRC)，是拓展晚年生活新形式的成功试点。Hartrigg Oaks 模式之所以受到老人的青睐，主要原因是社区十分重视和尊重老人的物质和精神需求并试图最大限度地给予满足，表现在 1998—1999 年第一批老人入住之后的硬件设施、经营理念、一揽子收费计划等方面均根据居民的要求做了调整和改进。那么老年消费心理的一般特征是什么？Hartrigg Oaks 又如何针对这些消费特征进行经营方案设计？Hartrigg Oaks 经营模式为我们提供了什么可资借鉴的经验？这是本部分所要探索的问题。

一、Hartrigg Oaks 运作模式的实践经验

(一) 有良好的资质和信誉

Hartrigg Oaks 是一个独立、非营利性的社区，完全通过 Joseph Rowntree 住房信托(JRHT)和居民的贡献来获得资金。Hartrigg

Oaks由JRHT负责运营，这是Hartrigg Oaks具有吸引力的原因之一。居民信任Rowntree这个名字及其声誉，首先，JRHT与基督教教友派(Quaker)有关联，因而被认为具有良好的道德品质。其次，JRHT不仅拥有广泛的资金来源，而且具备护理院和住房项目的运作经验。Hartrigg Oaks的居民确实在入住决策过程受到Rowntree的知名度和声誉的影响。可以理解，一个在融资方面不具成长性，在护理服务方面没有足够经验的组织不可能会引起潜在居民的兴趣。这一点在考虑模式复制时十分重要，因为居民们对于提供赡养住房的私人公司的逐利动机持有不信任的态度。

(二) 人性化的硬件设计

Hartrigg Oaks是一个能为现有居民提供多年(20年甚至更长时间)居住场所的社区。由于居民可能在Hartrigg Oaks连续独立生活很多年，住房的平房化设计、空间标准、私密性和社区内外娱乐设施的配备以及该案的选址等因素对于潜在入住居民来说，其重要性与寻找新家无异。首先，在诸多吸引力因素中“房屋设计质量上乘”排首位。大面积的房屋空间标准为居民提供贮存贵重物品的场所，同时还可以把阁楼改造成供探亲使用的房间或者工作室。细节设计可以使轮椅运动自如。更重要的是，房屋自带小花园和停车场，房屋之间界限清晰，从而营造一种独立私密的家庭气氛，避免产生机构建筑的感觉。其次，Hartrigg Oaks坐落在迷人的约克城，离市中心很近，交通和通信便利。Hartrigg Oaks所在的New Earswick花园式村庄，有保存完好的19世纪末20世纪初的红砖露台房子，周边花园和绿地环绕，Hartrigg Oaks的一边与田野相连，风景和空气质量优良。最后，设备和设施齐全。Hartrigg Oaks内部建有餐厅、咖啡吧、艺术工作室、理发店、图书馆、机房、温泉游泳池等。每栋房子都有与Oaks中心相连的报警系统。

(三) 邻里式的社交活动支持

在Hartrigg Oaks邻里之间能够和睦相处、友好互助，这源于Hartrigg Oaks的社区理念：通过各种居民自发组织的社团和咖啡吧等场所提供的社交机会，营造良好的邻里关系。居住成本决定了居民多数是退休的专业人士，可以分享彼此的兴趣爱好。他们自发组织各种各样的兴趣小组，有工艺小组、神学小组、文学小组、音乐戏剧小组及瑜伽班等，56%的居民参加两个或以上小组，并认为 Hartrigg Oaks 是充满活力的地方。除此之外，Hartrigg Oaks 还提供诸如咖啡吧等非正式社交场所作为增进感情的地方，帮助居民参加更广泛的社区生活，加强彼此之间的联系。不活跃的居民只要愿意也可以在邻居或社区工作人员的帮助下参加活动。社交计划实施效果也不错，多数居民给予邻居友善的评价并表达助人的意愿。有人认为 Hartrigg Oaks 是社会型友好社区，这是他们入住之后未尝预料到的额外收获。居民总体满意度也与能加入社区内外的社会网络中紧密相关。其他研究表明住在社区中的居民满意度的一个关键的决定因素是为他们安排或提供的社会活动及社交支持的程度(Nocon and Pleace，1999)。但是，Hartrigg Oaks 亟需考虑的一个问题是它该为相对不活跃的居民提供何种程度的社交支持，这是一个难题。

(四) 多样性的服务供给

杂物活服务，包括小型修理和维护。家政服务，包括真空包装、打扫房间、洗刷餐具、更换被褥、床垫翻身、洗涤衣物以及食品或清洁用品的基本购买服务。应急服务，不超过 15 分钟的情感护理、膳食派送、简单梳洗和膳食准备。个人护理，包括穿脱衣服、洗浴和膳食准备等。另外还有短时过渡期间照料以及退房入住 Hartrigg Oaks 护理院的服务项目。

Hartrigg Oaks 采取措施克服最初运作时所面临医疗空间不足、虚弱人群数量过多以及家政服务需求量严重低估等困境，膳宿，护理和供养性的服务逐渐受到居民的广泛好评。首先，居民主观上希望需要时即可得到服务，但在 Hartrigg Oaks，居民是否如愿以偿取决于社区护理专业人士的评估。当居民需要服务时需向社区服务协调中心提出申请，经认定确实自己不能打理，社区才会提供服务。如果夫妇俩人其中之一有能力打理，申请通常不会批准。多数居民和职员认为评估程序公平有效，服务质量细心周到。其次，改变过去以年长人口理论数据的需求期望作为依据的需求估计方式，新的估算模式逐渐与全社区人口的需求相一致的，以克服需求低估的状况。最后，Hartrigg Oaks 还充分利用社交活动所创造的资源倡导互助服务。同居一室的伙伴、社交活动认识的朋友以及邻居都是护理服务的来源。

（五）周到的收费计划

Hartrigg Oaks 需要向居民收取两种费用以补偿社区成本。

（1）住宅费用，或称房屋租金，金额根据面积大小和位置不等。有三种缴费方式可供居民选择：一是可归还的一次性付款。居民入住 Hartrigg Oaks 时一次性支付资本金，离开时 Hartrigg Oaks 以现金形式一次性偿还，与该房间是否有下家预订无关。二是不可归还的一次性付款。金额取决于居民进住时的年龄，总体来讲低于上一种付款方式。如果居民入住的前 56 个月离开，可得到部分退款。三是月付年费根据可归还的一次性付款计算得出。

（2）月付式的社区费用，包括社区运作成本（例如餐厅、咖啡吧职员的工资，房屋和社区设施的修缮费用，园艺，住房保险及管理费用）和护理服务费用。有三种付款方式可以选择：一是标准费用。费用以总额计算，金额与个人实际享受的护理服务量无关，这是一种具有吸引力的选择。选定该种付款方式的居民在入住时必须达到健康标准，年龄越大费用越高。二是标准费用减少的付费方式。个人可在入住时缴纳额外的非偿还资本金，以取得居住期间付款金额低于标准费用的权力。三是护理费用。如果居民不想支付标准费用，或身体状况不达标，护理费用可以在服务发生时支付。另外这些人需要每年为补偿社区运作成本支付固定金额的费用。

JRHT 良好的信誉和资质赢得老人信任，这是 Hartrigg Oaks 的运作基础。Hartrigg Oaks 的周边环境、房屋设计、设施配备充分考虑了老年群体特殊的物质和精神需求。在这个距离市中心不远而又相对隔离的区域，老人的生活宜静宜动，房屋设计照顾到私密性和家庭感的同时，行动不便和健康状况不良的特殊人群亦作为考虑对象。邻里式的社交活动帮助老人克服落寞孤独的不良情绪，形成具有安全感、邻里感、归属感的生活氛围。多样化的服务供给满足了老人在行动不便、信息渠道狭窄的情况下享受服务和购物的需求。可见，Hartrigg Oaks 运作模式将满足老年群体特殊的物质和精神需求以及迎合其消费行为放在首位，正因如此，越来越多的老人成为 Hartrigg Oaks 的居民，满意度也在不断提高。

二、老年退休社区的发展趋势——生态化和智能化

(一) 生态住宅

生态住宅的概念是 20 世纪 80 年代后期，在人口增加、城市扩张、居住空间缩小、不可再生资源减少和生态环境恶化的社会背景下提出的一个有关改善人类居住条件、节约资源、达到人与自然和谐统一的新的住宅发展模式。与以往的住宅模式相比，生态住宅最重要的特点就是要求人类正视当前的生态问题，加强生态环保意识。在此基础上，生态住宅的定义可归结为：应用生态学和建筑学原理，充分利用自然资源，并以不触动环境基本生态平衡为前提，能够进行自身良性生态循环，对居住者的身心健康和安全不构成任何危害的居住空间。生态住宅基本上围绕三个主题：一是减少对地球资源与环境的负荷和影响；二是创造健康、舒适的居住环境；三是与自然环境相融合，并致力于人类的生活模式、现有的生产模式和消费模式的改造。它将给我们带来节地、节水、节能、改善生态环境、减少环境污染、延长建筑寿命等益处。

1. 生态住宅的一般要求

住房不只是人类挡雨遮阳、避暑御寒的栖息场所，更是人类与地理环境（地理、水文、气候）、代谢环境（物质流、能量流）、生物环境（有益、有害生物）、社会环境（服务设施与水平）、经济环境（就业环境、房产市场）和文化环境（历史的延续性、标识性）相互作用的复合体。建

设部住宅产业化促进中心最新的绿色生态住宅小区的技术导则，大致包括以下九方面：

(1) 能源系统——使用常规能源(电、燃气等)时，应使用清洁能源。要求对常规能源进行分析优化，采取能源系统优化方案，避免多条动力管道入户造成资源的浪费。对住宅的围护结构和供热、空调系统要进行节能设计，建筑节能至少要达到50%以上。充分考虑绿色能源(如太阳能、风能、地热能、废热资源等)的使用，绿色能源的使用量达到小区总能耗的10%(折合成电能计算)。

(2) 水环境系统——要考虑水质和水量两个问题。在室外系统中要设立排水、雨水等处理后重复利用的中水系统、雨水收集利用系统等，小区绿化、景观、洗车、道路喷洒、公共卫生等用水只使用中水或雨水；用于水景工程的景观用水系统要进行专门设计并将其纳入中水系统一并考虑。小区的供水设施采用智能化管理，应具有远程监控、故障报警等功能。节水器具的使用率应达到100%。排水应采用雨水、污水分流。污水处理率应达到100%，达标排放率也必须达到100%。在有需要的地方，同步规划设计管道直饮水系统。

(3) 气环境系统——室外空气质量达到国家二级标准。居室内实现自然通风，以保证主要居住空间空气新鲜，防止室内潮湿与霉菌滋生，厨房应有烟气集中排放系统。

(4) 声环境系统——包括室外、室内和对小区以外噪音的阻隔措施。室外设计应满足：日间噪音小于50分贝、夜间小于40分贝。建筑设计中要采用隔音降噪措施使室内声环境系统满足：日间噪音小于35分贝、夜间小于30分贝。小区周边产生的噪音如果影响了小区的声环境则应采取降噪措施。

(5) 光环境系统——室外公共照明宜采用绿色照明。宜用反光指标牌，反光道钉，反光门牌等，建立区内道路识别系统。通过高、中、低、远、近、虚、实等不同照明形式，在不同地区按不同的要求，合理配置路灯、庭院灯、草坪灯、地灯等，形成丰富多彩，温馨宜人的室外立体照明系统。住区内不宜采用霓虹灯或强烈灯光做广告，小区内居住建筑不得采用玻璃幕墙。住宅楼梯间的公共照明应使用声控开关或延时开关。小区道路、停车场上的车灯应避免车灯直射室内，不可避免时，应采取挡光措施。书房、起居室、卧室的窗地比应大于1∶7。

(6) 热环境系统——住宅的采暖、空调及热水供给应尽量利用太阳能、地热能等绿色能源。推广采用采暖、空调、生活热水三联供的热环境技术。室内热环境的舒适性设计：冬季供暖的室内温度宜保持在18℃—22℃之间，夏季空调的室内温度宜保持在22℃—27℃之间；室内垂直温差宜小于4℃；供暖、空调设备的室内噪声等级不得大于30 dB。

(7) 绿化系统——生态环境功能：小区绿地应具备提供光合作用的绿色再生机制；休闲活动功能：应提供户外活动交往场所，要求卫生整洁、适用安全、景色优美、设施齐全。景观文化功能：通过园林空间、植物配置、小区雕塑等提供视觉景观享受和文化品位欣赏。

(8) 废弃物管理与处置系统——生活垃圾收集率应达到100％，分类率应达到70％。生活垃圾收运密闭率应达到100％。生活垃圾处理与处置率应达到100％。生活垃圾回收利用率应达到50％。生活垃圾收集系统的规划、设计、建设应同小区的总体规划、设计、建设同步进行。体现“谁污染谁治理，谁排放谁负担”的公平原则，管理与处置应以无害化、减量化和资源化为基本原则。应设置袋装垃圾的收集设施。多层建筑按单元收集，高层建筑分层收集。小区内居民的冰箱、电视、家具等应进行有计划收集和处理。

(9) 绿色建筑材料系统——小区建设采用的建筑材料中，3R材料的使用量宜占所用材料的30％。建筑物拆除时，材料的总回收率达40％。小区建设中不得使用对人体健康有害的建筑材料或产品。

以上标准贯穿于生态住宅的各个环节(规划设计、材料生产及运输、建造、使用、维修、改造、拆除)，即全寿命管理，它是指保护生态环境和节约各类资源的基础上，在住宅全寿命中都体现节约资源、减少污染，创造健康、舒适的居住环境，以及与周围生态环境的融合。生态住宅的全寿命周期强调的是管理手段的系统性和可持续性。它用系统论的方法涵盖了从前期策划、设计、施工直到营销、物业管理等整个开发运营过程中的管理手段，以达到经济和环境效益最优化。

通过生态住宅的全寿命管理，使小区达到生态环境自然化、洁净能源得到充分开发与利用、水资源的高效利用、废弃物的再利用以及住宅空间实现休闲娱乐功能。① 生态环境的自然化：结合居住区规划和住宅设计来布置室内外的绿化，在园区的绿化带、住宅的屋顶、地面、走廊等处栽种各类花草植物。② 洁净能源的开发与利用：通过房屋结构的设计，使住宅的通风性能、保暖降温性能与当地的气候条件相适应。夏季通风降温、冬季采光保暖等均尽可能多地利用自然界的可再生能源，来达到调节住宅的舒适度水平。与此同时，减少外界能源的输入，如电能、煤气、热能等，从而达到自然资源的可持续利用。③ 水资源的高效利用：生态住宅要求在适宜的范围内进行雨水收集、中水处理。通过设立生活污水处理系统和雨水收集利用系统，将处理后的生活污水以及自然降水用于水景工程的景观用水、园区绿化用水、洗车用水等，达到循环利用和梯级利用的目标，特别是对于水资源匮乏的地区。在技术体系上，要对其进行专门设计并纳入整体水循环系统。小区的供水设施宜采用节水节能型，强制淘汰耗水型室内用水器具。④ 废弃物的再利用：任何住宅小区都不可避免地要产生固体废弃物，而废弃物的无序排放必将增加对外部环境的污染。如何通过合理的设计与处理，将产生的各种废弃物进行回收利用，提高其可再生性是生态住宅设计理念中的一个重要环节。⑤ 住宅空间的立体化：首先，通过合理的建筑设计和园林花卉的搭配，对住宅进行立体化布局，有利于为居民提供一个娱乐身心的居住环境。其次，通过对住宅小区以及楼宇公用走道的立体化设计，拓展住宅的开放空间，宽敞的走道与公共活动场所的增加有利于增加住户相互交流的机会。生态住宅的文化休闲功能：生态住宅小区建设不仅仅局限于物质方面，同时也体现在精神境界方面，其中包括生态住宅与自然景观的融合，与人文景观的融合，与社会文化的融合，以及小区内居民良好的环境意识与道德水准。

2. 老年生态住宅的特殊要求

除了满足上述一般性条件外，作为老年生态住宅还需充分考虑老年人的特殊需求。功用性：要充分考虑老年人步行和使用轮椅的空间，住宅一般设计电梯，尽可能消除地面所有的高差或设置缓坡，使老年人能自由地在住宅内移动。住宅内各功能区要留有足够宽度的通道，房间最好在 15—20 平方米之间，既可放置床铺、衣柜等家私，又有宽裕的空间便于老年人步行或使用轮椅。大厅亦需在使用上充分考虑老年人出入的方便。在户型方面，可考虑同居式的，即老人与子女同住在一个住宅单元内；或者考虑附属式的，即由老年人居住的小户型与其子女居住的大户型搭配在一起，这样老人与子女既可各自独立，又没有完全分隔开，形成一种“邻居式”的生活环境；抑或者考虑并列式的，即在相互独立的两套户型中开辟一个公共的生活空间，使老年人原有的活动空间得以发展和延伸。

(1) 安全性：保证老年人安全使用各种设施。地面材料要求防滑、耐磨，厕所和浴室要安装扶手，建筑内部墙体阳角宜做成圆角或切角，且在 1.8 m 高度以下做到与墙体粉刷齐平的护角，如能做到带有缓冲性的发泡墙纸则更好。照明用途和场所适当配置照明器具，各房间与走廊的亮度应大致相同，以免有刺眼的感觉。开关、门铃和门窗把手的位置适当降低以适应老人身高，标志应醒目以适应老人视力。在空间、标高、材质变化等易发生事故的地方，应通过装修材料或色彩等的变化来达到容易识别的目的。

(2) 可变性：由于老年人从自理自力期到照顾关怀期，大约为十年的时间，老人生理将由健壮到衰老，住宅的设计应当考虑到老年人的需求，设置隐蔽设计，便于增添设备、设施等改造工程。

(3) 可协助性：起居室、卧室、卫生间等门扇要预留观察窗，以便其他人能及时了解老年人的情况并给予协助帮忙在室外公共设施设计和配套方面，小区规划建设中，应坚持无障碍设计，其出入口、水平通道和垂直通道都应为老年人提供方便设施和服务条件，要有清楚的方向性和明确的标志系统，以方便记忆力和视力减退的老年人。设施建设应可使老年人可自由进入园林绿地、庭院进行休闲晨练，还应使老年人方便及便利地享受服务设施和健全的医疗保健体系。

(4) 娱乐性：老人室内娱乐空间以麻将、书画、园艺及饲养宠物为主，根据需要在室内预留合理空间。阳台可作为老人兴趣所至的小型阳光室，自种花草园艺让老人时刻感到自然魅力。为避免老年人有害怕孤独的心理，住宅小区需建造康体中心、医院、社区活动中心等多种配套设施，营造各类的交流空间，丰富老年人的精神和文化生活，为老人开辟一个学习、交流、增长知识、休闲、健身的场所，可通过开设形式多样且不拘一格的课程，满足老年人绘画、摄影、雕刻、文学、地理等不同方面的需要，丰富老年人的社会生活。

(二) 智能化住宅

首先，电气设备操作方便。由于老年人的思维能力有所下降，复杂的操作对他们来讲有难度，如电气设备的安全性操作。故应要有以人为本的设计思路，选用操作简单、安全的设备，提高智能化设备的利用率，综合利用系统集成方式将计算机技术、网络通信技术、智能仪器仪表技术作有针对性设计，在厅、房各位置安装各类明显的控制开关，使老年人能方便、快速的与外界取得联系，以获得帮助，包括物业服务和家人的协助。其次，服务功能。“智能化老年住宅”室内与外界的联系，一般可以通过电话网、有线电视网、电力网、局域网等接入，采用双绞线或细缆、粗缆作为传输介质，为小区提供物业管理、监控系统、门禁系统、车辆管理、三表抄送等服务。再次，报警功能。建立“智能化老年住宅”应以老年人家庭为单位，在住宅内部采用先进的家庭网络路线，将所有的家电(电视、空调、家政安全系统等)相连，以无线或有线方式组网，完成对室内诸如盗窃、火情、有毒气体等的监测，同时控制各种电器、门、窗等。室内一旦发生异常情况(紧急病人、入室盗窃、失火、煤气泄漏等)，各报警器可以通过无线方式将警情发送到主机，主机判断警情类型后，自动拨号通知相关的部门或小区接警中心，及时采取措施加以解决。最后，自动调节功能。根据老年人特定身体条件，自动选择调整室内的温、湿度、光线强度以及无障碍程度等室内环境，从而适应老年人的生活需要。

具体包括：① 安全报警。可以为老年人提供紧急呼救、防盗、防火、防煤气等类型报警；② 家电控制。可以提供手动开关、室内集中遥控、家电定时遥控、电话异地遥控等，甚至通过人体感应对家电实施控制；③ 环境监测与调节。可以根据老年人的身体条件，自动监测、调节老年住宅的室内温、湿度以及无障碍环境等；④ 室内外通讯。与主机对讲、通话录音、来电显示、信息查询、相互转接、电话线路监测、智能对讲门铃等。

三、案例

（一）瑞典

Smeden 位于瑞典中部小城 Jonkoping 的郊外，由 12 幢双联排住宅，共 25 户住户。基地被山坡树林包围，很像中国东北的农村。建设之初，创始人提出了“生态村”的设想，于是他们各司其职分别查找有关生态方面的资料，并与建筑师和生态专家充分讨论，最后在建筑师的帮助下完成规划设计、产品采购，住户参与了建设的全过程。Smeden 的给排水系统不和市政管网相接，在每个房子的卫生间里，大小便分离，分解作有机肥。房子下面埋着收集污水的容器。污水经处理后再利用。每家必须定期清理卫生间，而小区集中的污水处理器，也要由住户轮流定期清理，在 Smeden 每周有劳动日。每家分得一块蔬菜地并可饲养一些家禽如兔子、鸡、羊，强调与动植物共生，并可获得新鲜的自然食品。住宅单体为一层半的坡顶住宅，前半跨客厅到顶、后半跨二层阁楼为卧室，外观朴实，但每户底层有一个玻璃封闭的阳台作阳光室。屋顶上有太阳能板通过高效的转换器提供热水和采暖。建设中特设了一套公共活动单元，供社区活动，共同管理维护。这一切看似怀旧，却是先进技术与传统设计，人与自然的结合。这里的住户都感到满意与自豪，凡今后迁入的成员，也必须遵照“村”里的生态性公约。

Kullon生态社区——与美景和谐相处。市政当局和建设者投入很大力量在公众宣传方面，使那些选择住在Kullon的人们有兴趣学习与周围环境和谐共处。他们也接受了生态化生活培训如：垃圾分类方法，使粪便分解成肥料，节约能源和水，爱护环境等。当每份房屋销售合同签订时，业主也必须签一份生态合同。开发者负责提供生态化生活需要的必要条件，但后来全靠住户自己。开发商会通过教育和宣传生态知识来帮助他们。这个小区的特色有：拥有自己的小型水处理厂，有独立的绿化区使房子坐落于林木间，共享的有机肥系统；太阳能采热和供热系统；采用绿色电力；为了节水用喷淋而不用盆浴。尽管这里不可能完全生态化，他们仍希望有一间专门出售环保食品和无磷洗涤剂的店，以减少对环境的不良影响。

（二）日本

对21世纪住宅发展的趋向，全世界都在关注，日本也有不少企业对此展开研究。Next21生态型实验住宅是其中研究面广、具有代表性的一个实验基地。Next21生态型实验住宅自1993年竣工后，采用由实验者居住的方式，并不断听取他们对此住宅的意见，从而不断调整。Next21生态型实验住宅研究目的：通过改变现有的人类的居住方式，达到保护地球环境的目的。Next21生态型实验住宅研究内容：① 高效率的能源开发和回收利用；② 家庭智能化系统；③ 生态环境的自然化；④ 住宅空间的立体化；⑤ 废弃物的再利用；⑥ 建筑的可变性和长寿化；⑦ 儿童及老人的住房设计；⑧ 建材、设备选用的环保化。

（1）高效率的能源开发和回收利用：发展商自行研制了9.8千瓦的高效能的小型煤气发电机，安置在地下室为整幢楼供电。同时，用供电时产生的热能驱动蓄热吸着式制冷空调和提供热水。另外，通过屋顶的太阳能为居室提供照明。目前，发展商正在研制一种高性能的超小型燃料电池，以取代上述的小型煤气发电机。这种燃料电池，只要放在家门口就可以为家中供电了。

（2）家庭智能化系统：每户安装电子显示板，记录家庭水、电、煤气的使用情况,业主可及时了解用量情况并调整节能。所有的电器与电脑联网,业主在外可以遥控电器开关。

(3) 生态环境的自然化:在实验住宅的屋顶、地面、走廊等处栽种各种植物,植物的种植以减少热岛效应为目的。通过遮阳防止水分散发,吸引鸟类、昆虫居住等试验,提高居住环境的自然生态化。住宅空间的立体化:通过对整幢楼的公共走道的立体化设计,拓展了住宅的开放空间;宽敞的走道也增加了住户互相交流的机会。

(4) 废弃物的再利用:废弃物的排放会增加外部的环境污染。通过实验以达到在本幢楼内对废弃物的再利用。厨房废弃物通过水槽下的粉碎机排放到调整槽;调整槽中的废水和卫生间的废水经过排水处理,一部分再经中水处理后用于大楼内的植物浇灌,一部分达标排放;调整槽内的杂物和废气经过融化分解,对废物产生的热能进行回收,废气经达标处理后排放。

(5) 建筑的可变性和长寿化:传统住宅使用一段时间后将会被拆平重建。而这里的开发商将住宅分为躯干和住户两部分,躯干结构设定寿命为100年,住户部分设定寿命为20—30年。通过两部分的彻底分离,达到住宅使用的定期更新和长寿化。老人住房的设计和房型的可变性:为满足老龄化社会的需要,实验住宅内所有的住房没有台阶,以方便轮椅自由移动。同时,在室内的各个部位设计扶手,方便老人行走。随着单身者、母子型家庭的出现,所有的房型均可重新设计,房间的大小、位置和朝向可随意调整,以满足不同家庭的需求。

第十五章

老年人力资本开发

人力资本是物质资本的对称。将来随着退休年龄的逐渐延长,人力资本所有者——人力资源的年龄界限将越来越模糊,但目前对老年人力资源再开发和再利用通常是理论研究中一个被遗忘的角落。本部分认为客观公正地认识老年人才的优势和劣势是进行老年人才开发的首要问题。在老年人才开发的过程中,应同时发挥宏观、中观和微观的协调作用,即老年人才的"二次开发"是完善社会保障制度、提供科学的老年教育方案和先进设施、打破老年人才与在职人员就业渠道的冲突走协作之路等措施的系统工程。

在老年问题上中国长期存在着两大突出的矛盾:一是人口老龄化与可持续发展之间的矛盾;二是人才匮乏与老年人才闲置并存的矛盾。早在 1992 年联合国第 47 届大会通过的《老龄问题宣言》和《2001 年全球解决人口老龄化问题方面的奋斗目标》,旨在促使各国政府采取积极措施,"使老年和青年两代人合作,在经济、社会和文化发展方面共同实现传统与创新之间的平衡"。与此同时,中国亦开始探索上述矛盾的应对措施。当时人事部提出"整体性人才资源开发战略",明确离退休人员是整体性人才资源开发的一个重要组成部分,即通过老年人才的"二次开发",实现老年人才从"他养"到"自养"的转变,缓和人口老龄化的社会压力和对经济建设的负面影响。同时,以其丰富的知识和经验缓解经济发展中的人力资源瓶颈,从而达到多赢的社会效应。思路是正确的，但是如何在失业率有增无减的情况下巧用闲置的老年人力资源，却是鲜有学者做出理论探讨并提出可行方案的棘手问题。

一、人力资源概念的扩展及人力资本理论综述

人力资源与人力资本是既有区别又互相联系的两个概念。人力资源是指具有一定劳动能力的劳动人口，T. W. 舒尔茨认为体现在人身上的技能和生产知识的存量即人力资本，他说："我们之所以称这种资本为人力的，是由于它已成为人的一部分，又因它可带来的满足和收入，所以将其称为资本。"①按照贝克尔的观点，人力资本是指体现在劳动者身上的资本，它由劳动者的知识、技能、体力(健康状况等)所构成。可见，人力资本理论将知识、工作经验和健康水平作为判断人力资源的标准，年龄的决定作用已弱化了，也就是说，只要一个人拥有健康的体魄、丰富的知识或工作经验，就完全可以打破年龄限制归于人力资源之中。对于体力劳动者来说，健康状况是制约其创造财富的重要因素，因此年龄在决定其是否是人力资源的过程中占较大权重。但是对于脑力劳动者来说，知识积累和工作经验比年龄和健康状况更为重要。以《时间简史》的作者、年逾五旬的史蒂芬·霍金为例，他的健康状况可谓糟糕，如果以此作为评价标准，他是一个非常蹩脚的体力劳动者，然而，以脑力劳动者的标准评价他，谁能否认他是个顶级人才？因此，笔者认为人力资源有体力劳动者和脑力劳动者之分，只要有一定的知识积累、专业水平或工作经验，并可据此为社会创造财富，都可以归为后者。人力资源的概念扩展之后，老年人才应该是属于人力资源的特殊群体。

作为人力资源的延伸，人力资本理论已成为当代经济学理论的重要分支。T. W. 舒尔茨于 20 世纪 60 年代创造性地开拓人力资源

① 西奥多·舒尔茨. 论人力资本投资[M]. 北京：北京经济学院出版社，1992.

理论并使其纳入主流经济学框架之中。作为“人力资本之父”，他从宏观角度探讨人力资本对经济发展的重要作用，从而给予“经济增长之谜”较为合理的解释。同时他进一步指出人力资本的形成有教育、培训、医疗保健和迁移等方式。此后，丹尼森(E. Denison)和明赛(J. Mincer)等经济学家，从实证角度不断修正舒尔茨有关教育对美国经济增长的贡献率。如果说舒尔茨及其追随者致力于人力资本宏观分析的话，这一领域的微观分析则主要由美国经济学家、诺贝尔经济学奖获得者加里·贝克尔(G. S. Becker)来完成，他将人力资本与个人收入分配相结合，为人力资本的性质和投资行为提供了充分的解释。在舒尔茨和贝克尔完成人力资本创建工作后，人力资本理论主要集中于人力资本投资形式、投资途径、投资收益、人力资本与收益的微观模型以及人力资本与经济增长模型等领域，但这些研究很少涉及人力资本的细分以及老年人力资本的投资和再利用。基于此，本章致力于阐明老年人力资本开发和利用的特殊之处，并为老年人才“二次开发”尽己之力。综上所述，老年人力资源的“二次开发”不仅具有现实意义，而且作为理论研究中一个易被遗忘的角落，是人力资本理论有益的必要的补充。

二、老年人力资源“二次开发”受阻的主要原因

尽管老年人才“二次开发”之路正在逐渐拓宽，但被聘用率仍处于较低的水平。老年人才“二次开发”程度的衡量指标主要是老年劳动参与率(简称老年劳参率)。老年劳参率是人力资源利用和供给状况的重要指标，一般来讲该指标描绘 50 岁以上、50—64 岁、65 岁以上仍在就业的老年人占年龄阶段老年人口的比例。本部分仅以中国 55—59、60—64 岁和 65 岁以上的具有本科和研究生学历者的就业状况为例，可以看到资源闲置的数量如此惊人。尽管以学历为标准衡量老年人力资源利用情况有失偏颇，但学历与学习能力和知识储备挂钩，拥有高学历的人理应成为老年人力资源开发的主体。在最优衡量标准缺乏权威数据支持的情况下，以学历甄别老年人力资源是次优选择。

表 15.1 的计算结果告诉我们：年龄在 60 岁以上的老年人力资源劳参率锐减，由 64.9%降至 18.63%，进而降至 6.82%；各阶段研究生的劳参率要大于本科生，可见高学历者参与经济活动的热情较高；男性是退而不休者的主体，三个年龄段的男性就业率均高于女性。因此亟待开发的群体是年龄在 65 岁左右的老年人力资源，在开发男性人力资源时，也应适当向女性倾斜。

表 15.1　老年人力资源就业情况

年龄&学历 \ 比率		准劳参率①%	在职男性/同龄同学历男性总数%	在职女性/同龄同学历女性总数%	在职男性/同龄同学历总就业量%	在职女性/同龄同学历总就业量%
55—59	本科	64.43	78.24	29.32	87.15	12.85
	研究生	89.77	92.36	68.25	91.83	8.17
	总体情况	64.9	78.57	29.6	87.27	12.73
60—64	本科	18.35	20.71	10.72	86.18	13.82
	研究生	42.86	44.74	33.3	87.18	12.82
	总体情况	18.63	21	10.9	86.21	13.79
65 岁以上	本科	6.6	7.3	4	87.09	12.91
	研究生	15	16.17	9.39	89.21	10.79
	总体情况	6.82	7.54	4.12	87.21	12.79

资料来源：以上数据根据国家统计局发布的《第五次全国人口普查公报》和《中国 2000 年人口普查资料》整理

2004 年上海老年大学的一项调查显示：在被调查的 500 名老年学员中，原来从事科技、医学、教师和电脑的科技人员有 235 人，占到

① 表中的准劳参率是指特定年龄区间和学历的就业量与同等条件总人数的比率，笔者称之为“准劳参率”，以便与标准的劳参率相区别。

47%，而目前被聘用的有 54 人，仅占 10.8%。据统计，上海男性退休老人就业率为 25.9%，女性退休老人中 15.7%仍在不同的岗位上发挥余热，但还有更多的愿意继续为社会作贡献的离退休人才找不到用武之地，老年人才被聘成功率较低①。目前老年人才的潜能未被开发出来的现象比较普遍，能工作、也想工作而没有工作的还占很大比重，已在工作仍有相当潜力没有得到充分发挥的情况还很多。即使退休后获得就业机会，但多数是在"拾遗补阙"，脱离了能展其所长的工作环境和条件，被排除在主业之外。综合考虑老年人才"二次开发"受阻的原因，主要有以下三个方面：

(1) 受传统观念的影响，社会上"老年歧视"的现象仍然存在，有些人对老年人才开发存有偏见。"老年歧视"主要表现为过低估计老年人的思维和工作能力，把他们视为社会的负担。有人认为老年人年老体弱、思想僵化、知识陈旧，无法适应现代社会发展的需要，对老年人才的整体素质缺乏客观的认识；有人认为老年人才开发只是为他们"找些活干"，没有看到老年人才开发是一个庞大系统的工程，它还包括通过培训激发老年人才的创造力，以提高整体素质和生活质量等内容。还有人认为当前中国就业市场压力越来越大，让老年人才继续工作必然加剧就业难的问题。他们只注意到老年人才与中青年人在就业方面的矛盾冲突，而没有看到两者的互补效应。

(2) 老年人才开发缺乏行之有效的激励制度、实施方案和理论指导。目前中国老年人才开发仍处于分散和自发的状态，为老年人才服务的公共机构严重不足，人才市场、价值评估机制、聘用管理以及权益保障体系尚待建立。尽管企业人力资源开发理论和实践比较丰富，但往往只是针对中青年员工。因此，一些指标对于中青年员工来说是优势，而对于老年人则是劣势，同时老年人才的优势却得不到体现，正的外部性得不到补偿，从而影响老年人才价值的评价、开发及管理。

① 朱丽丽. 对老年人才市场的几点思考[J]. 上海退休生活，2005(1).

(3) 老年人才开发说到底取决于经济发展状况。中国经济结构处于转型时期，许多企业特别是国有中小型企业面临着产业结构调整和企业重组，下岗待业不可避免。在这种经济形势下，开发老年人才资源必然遇到来自认识、体制、环境、政策等方面的阻力。

综上所述，老年人才开发过程中遇到的阻力主要有三点：一是对老年人才的特性缺乏客观公正深入的认识；二是片面扩大劣势，缩小或忽略优势；三是缺乏与优势相对应的配套措施，如信息中介服务和再培训等。因此，认识老年人才的优势和劣势是进行老年人才开发的第一步。

三、认识老年人力资源的优、劣势是老年人才开发的首要问题

综合现有研究成果，老年人才的优势主要表现在以下几个方面：

(1) 政治优势。当代老年人才资源大多经历过创建新中国的艰苦岁月，在社会主义建设和改革开放中，经历了无数的政治考验。虽然退出了工作岗位，但人老志不移，仍保持着高尚的情操和奉献精神。

(2) 经验和知识优势。老年人才都具有丰富的工作经验，很高的学术造诣和独特的技术专长，下一代要达到或超过他们需要经过相当长的时间积累和磨炼。有的甚至身怀绝技，到其退休时，也未被继承。

(3) 时间和资深辈高优势。老年人在退休后都能自由支配自己的时间和空间，只要有施展才能的机遇和舞台，他们就可为社会做贡献。生活在社会中的老年人才在人民群众中享有很高的威望，其言行举止在社会上的影响力是中青年难以替代的。

比较而言，上海退管会的研究较为详细。他们在一次调查中分别列出老年人与年轻人相比可能具有的八类优势和八类劣势，如表15.2所示：

表 15.2　老年人的优势和劣势

优势序列	选择人数	选择比例(%)	弱势序列	选择人数	选择比例(%)
责任心强	1 185	72.04	身体欠佳	767	46.63
阅历丰富	929	56.47	知识老化	686	41.70
知识量大	540	32.83	创新不够	589	35.81
时间充裕	440	26.75	联系减少	364	22.13
纪律性强	386	23.46	反应迟缓	329	20.00
态度温和	214	13.01	代际隔阂	317	19.27
形象稳重	191	11.61	观念落后	191	11.61
交际面广	167	10.15	目标缺乏	171	10.40

资料来源：上海高校退管会等.上海市高校退休人员“老有所为”情况的调查报告[J].上海老龄科学,2001(2):40.

客观地说,这样的优势和弱势序列基本符合老年人的特点,我们在“老有所为”的实际工作中,应当更多地扬长避短,激发老年群体的优势,发挥老年人和年轻人的互补作用。随着科学技术水平的不断提高,原来被称为劣势的项目作用会逐渐弱化,医疗条件的优越相对提高了老年人的健康水平。只要他们具备学习能力,发达的通信设备(如互联网)也可以使他们在较短的时间内获取更多的新知识和新信息,提高知识更新速度,解决知识老化问题。然而不管是激发老年群体优势,还是弱化劣势的作用,都需要加大老年人力资本再投资。

四、老年人力资源“二次开发”的对策建议

积极组织老年人才“二次开发”,是提高人力资源利用效率的一个重要对策,但需要具备三个重要前提：健康的体魄、继续教育机会和再就业机会。与年轻人相比,上述三个方面均有特殊性,因此需区别对待。面对这一复杂而重要的任务,只靠单位和个人的能力是不够的,应该充分调动起宏观(国家)、中观(企事业单位)、微观(退休人员)的综合力量。

1. 宏观方面：提供制度支持

(1) 完善社会保障制度。目前，社会保障制度正处于改制过程中，医疗保险以建立个人账户作为变革方向，养老保险由现收现付制转变为部分积累制，老年人力资源离退休以前实施的是旧的社会保障制度，没有建立医疗保险和养老保险个人账户，不可能在新的制度下实现养老，但是他们已对上一代尽了赡养义务，根据权利和义务对等的原则，他们有权要求政府提供赡养资金，这笔资金构成转制成本的一部分应由政府承担。政府能否按时足额发放养老金、及时为老人查体治疗是维持和利用老年人力资本的关键。

(2) 提供科学的老年教育方案和先进设施。老年教育承担着老年人力资本再开发和提高老人生活质量(Quality of life)的责任。首先，老年教育应遵循统一要求与因求施教相结合的原则。老年学员从年龄、生理机能及思维、记忆等心理特征看，有不少相同或相近之处，这是统一安排教学工作的基础；但是，他们在生活经历、知识水平和兴趣爱好等方面又存在不少差异。这就要求教师在教学中不能采用一个模式，搞"一刀切"，而必须在全面提高教学质量的前提下，采取因求施教的方法，以充分发挥每个学员的聪明才智和特长。其次，老年教育还应紧跟时代潮流。老年人最怕落后于时代，老年教育要利用信息技术和互联网起到向老年人才传输知识的作用，教学内容应根据经济、政治的变化不断更新。

(3) 统筹规划老年人才的"二次开发"。如前所述，人才市场缺乏对老年人力资本的合理定价机制，易产生逆向选择即高素质的老年人力资本被排除在人才市场之外，人才市场对老年人力资本的调节处于市场失灵状态。根据经济学原理，凡属市场失灵的领域需政府的宏观调控加以调节。理论上讲，政府与基层单位应该采取统筹规划的方式管理老年人才。另外，客观现实说明统筹规划具备合理性和可行性。人力资本理论认为人力资源流动能帮助人才合理定位，最终找到适合自己的职位。年轻人知识更新的能力快，体力旺盛，可以经常跳槽，但这一点不能用在老年人身上。首先，老年人的身体状况和知识更新速度远不如年轻人，无法适应工作经常变更的生活。其次，老年人阅历丰富，已对自身优势、劣势比较清楚，能找到适合自己的岗位，这为统筹规划奠定了基础。所以统筹规划是组织退休人员参与“老有所为”的可行方式。

与劳动适龄人口就业市场并列，应建立老年人才市场，并相应设立一些老年人才职业中介机构，充分实现供需见面，实现信息交流和资源共享，为老年人才继续就业提供便利，实现有序流动和转移。以上海市退管会为例，他们于2003年底建立了上海市退休专业技术人才开发服务部。通过一年的运作，现已有近900名年龄在65岁以下的，具有中高级职称的专业技术人才在服务部登记。其次，通过家政公司获得就业机会。据《新闻晨报》报道，“家政服务队伍中正不断加入退休医护人员和退休教师的身影”①，为高收入家庭提供家庭医护和陪教服务日益成为老年人才的时尚职业。

2. 中观方面：创造就业机会

(1) 打破老年人才与在职人员就业渠道的冲突。人才成长的过程随年龄的变化会呈现出不同阶段，处于不同阶段的人才具有不同的特点和优势，笔者认为，我们要做的不是“缓和冲突”而是要“打破冲突”。在职人员是处于旺盛期的人才，退休人员是处于衰退期的老年人才，他们具有不同的特点和优势，都应该保护和使用以发挥不同的作用。老年人才虽然在精力和体力上与年轻人相比稍逊一筹，但他们的工作经验和管理才能以及优良品格是青年人无可比拟的，如果我们从“打破”的角度出发，发挥两者的优势，重新进行整合，走“协作”之路，则可以取得1+1大于2的效果，因此，我们应积极考虑如何把退休人员与在职人员的关系从“冲突”转向“协作”，通过协作互补，取得共赢效果。

除了与年轻人相互协作之外，老年人才可以从事与其生理、心理特点相适应的社会公益活动。这些岗位因工作量小、耗费时间较长

---

① 新闻晨报，2005-1-12.

且不固定，不符合年轻人就业的需求，又为社会所必需。由老年人才任职恰恰填补了就业的空缺，既满足了社会需求，又为老年人才实现自身价值提供了机会。因而老年人才继续就业是全部社会工作中重要的一环，对以劳动适龄人口为主体的就业具有协调和补充的作用。

(2) 积极参与社会工作。有效利用老年人才可以为社会经济建设提供更多的支持。这样不仅能充分发挥他们的潜能和作用，还能弥补我国现代化建设对人才尤其是高级人才的缺乏。他们参与社会工作的途径有两种：一是为有关部门和企事业单位充当谋士，进行调查研究和咨询服务。随着新科技革命和知识经济的到来，知识在产品中的比例越来越大。目前，我国大量的企业之所以缺乏竞争力，关键在于缺乏掌握新技术的人才，而老年人才中有不少是科技型的，正好具有这方面优势。我们可以把他们组织起来，以顾问小组的形式，以“参与不干预，献策不决策，帮办不承办”为原则，在减少精神压力的同时发挥他们的优势。二是积极为社区服务。社区是社会的基础和缩影，也是保持社会安定的关键，因而是政府工作的一个重要内容。社区中情况复杂，矛盾集中，工作难度比较突出。老年人才的综合素质比其他人群要高，应成为社区建设的一支重要力量。

3. 微观方面：改变再就业观念，主动提高人力资本投资

波士顿大学神经生物学家 A. 彼得等的研究成果表明，老年人的脑细胞会收缩，但不会大量死亡，易于随年龄增长而损耗的主要是头脑中的“硬件”——用作信息处理设备的数十亿个电话线似的通信线路和信息转换开关。头脑中的“软件”——人在一生储存到头脑中的信息并不必然会衰变，正像在一台老电脑上操作新的软件程序时会花费更多时间或出现些小故障一样，一个人在晚年仍然拥有上等的智力，只是认知的速度有所减慢而已。因此，老年人才应在精炼自身知识存量的同时，完全有能力进行知识增量的积累，利用国家和高校提供的机会主动提高自身人力资本投资，同时改变再就业观念，使自己在日益激烈的市场经济中立于不败之地。

参考文献

1. 中文文献

［1］蔡昉，孟昕，王美艳. 中国老龄化趋势与养老保障改革：挑战与选择[J]. 国际经济评论，2004(4)：40－43.

［2］蔡向东. 统账结合的城镇职工基本养老保险制度可持续性研究[M]. 经济科学出版社，2011.

［3］程森成，李扬. 试论我国老年人力资源的开发[J]. 理论月刊，2005(4).

［4］程永宏. 现收现付制与人口老龄化关系定量分析[J]. 经济研究，2005(3)：57－68.

［5］丁建定. 社会福利思想[M]. 华中科技大学出版社，2009.

［6］封进，何立新. 中国养老保险制度改革的政策选择——老龄化、城市化、全球化的视角[J]. 社会保障研究，2012(3)：29－41.

［7］封进. 中国养老保险体系改革的福利经济学分析[J]. 经济研究，2004(2)：55－63.

［8］封进. 公平与效率的交替和协调——中国养老保险制度的再分配效应[J]. 世界经济文汇，2004(1)：25－36.

［9］高建伟. 中国隐性养老金债务精算模型及其应用研究[J]. 经济数学，2004(6)：120－128.

［10］郭宝宏. 论人的需要[M]. 经济科学出版社，2008.

[11] 郭树清.建立完全积累型的基本养老保险制度是最佳选择[J].经济社会体制比较,2002(1):40-41.

[12] 何立新.中国城镇养老保险制度改革的收入分配效应[J].经济研究,2007(3):70-91.

[13] 何平.中国养老保险基金测算报告[J].社会保障制度,2001(3):3-10.

[14] 何新华,肖振禹,战捷.关于我国企业职工养老保险体制改革影响因素的分析.郑功成,郑宇硕.全球化下的劳工与社会保障[M].中国劳动社会保障出版社,2002.

[15] 何新华.养老保险体制改革成本的最小化研究[J].世界经济,2001(2):3-13.

[16] 胡建新,阳继宁.养老保险制度与代际正义[J].经济与社会发展,2011(9):115-117.

[17] 黄乾.论人力资本产权的概念、结构和特征[J].江汉论坛,2000,10.

[18] 黄贻芳.论中国养老社会保险的公平与效率[J].经济评论,2002(4):63-74.

[19] 贾康,张晓云,王敏,段学仲.关于中国养老金隐性债务的研究[J].财贸经济,2007(9):17-23.

[20] 姜向群.人口老龄化对退休金负担影响的量化研究[J].人口研究,2006(3):51-55.

[21] 蒋云赟.我国企业基本养老保险的代际平衡分析[J].世界经济文汇,2009(1):58-69.

[22] 劳动和社会保障部.统一企业养老保险问答[M].中国劳动出版社,1999:51.

[23] 李丹,刘钻石,章亚玲.中国养老金隐性债务规模估算[J].财经科学,2009(5).

[24] 李洪心,白雪梅.生命周期理论及在中国人口老龄化研究中的应用[J].中国人口科学,2006(4):30-36.

[25] 李惠斌,李义天.马克思与正义理论[M].中国人民大学出版社,2010.

[26] 李秀凤.哈耶克社会保障思想对我国养老保险制度改革的启示[J].山东理工大学学报(社会科学版),2013(3):49-52.

[27] 李元旭.我国转轨时期的代际契约与养老模式的变革[J].学术月刊,2001(5):37-42.

[28] 李珍,王海东.养老金替代水平下降的制度因素分析及对策[J].中国软科学,2013(4):50-59.

[29] 李珍,王海东.基本养老保险个人账户收益率与替代率关系定量分析[J].公共管理学报,2009(10):45-51.

[30] 李珍,王海东.基本养老保险目标替代率研究[J].保险研究,2012(1):97-103.

[31] 李珍.养老社会保险的平衡问题分析[J].中国软科学,1999(12):19-23.

[32] 刘昌平,殷宝明.中国基本养老保险制度财务平衡与可持续性研究——基于国发[2005]38号文件形成的城镇基本养老保险制度[J].财经理论与实践,2011(1):21-26.

[33] 刘昌平.可持续发展的中国城镇基本养老保险制度研究[M].中国社会科学出版社,2008.

[34] 刘贵平.统账结合式基本养老保险制度的缺欠及改进措施研究[J].人口与经济,1999(4):40-44.

[35] 刘贵平.养老保险的理论与模式——人口与经济制约因素分析[J].人口研究,1996(4):61-70.

[36] 刘纪新.拉美国家养老金制度改革研究[M].中国劳动社会保障出版社,2004:37-44.

[37] 刘丽伟.政治哲学视域下的福利国家研究[M].黑龙江大学博士论文,2010.

[38] 卢自华.中国转型期基本养老保险分配效应研究[M].经济科学出版社,2010.

[39] 吕程平. 日本社会保障中的代际差异[N]. 中国社会科学报，2012-2-20.

[40] 吕天阳，杨蕴毅，邱玉慧，黄少滨[N]. 社会保险信息系统差异性分析. 社会保障研究，2012(6)：82-88.

[41] 孟昭喜. 养老保险精算理论与实务[M]. 中国劳动社会保障出版社，2008.

[42] 上海高校退管会. 上海市高校退休人员"老有所为"情况的调查报告[J]. 上海老龄科学，2001(2).

[43] 宋晓梧. 社会保障制度改革[M]. 清华大学出版社，2001.

[44] T. W. 舒尔茨. 论人力资本投资[M]. 北京经济学院出版社，1992.

[45] 王利军. 中国养老金缺口财政支付能力研究[M]. 经济科学出版社，2008.

[46] 王树新，杨彦. 老年人力资源开发的策略构想[J]. 人口研究，2005，3.

[47] 王晓军，康博威. 我国社会养老保险制度的收入再分配效应分析[J]. 统计研究，2009(11)：75-81.

[48] 王晓军，任文东. 我国养老保险的财务可持续性研究[J]. 保险研究，2013(4)：118-127.

[49] 文太林. 中国养老保险的"七宗罪"[J]. 社会福利：理论版，2013(4)：28-31，44.

[50] 香伶. 养老社会保险与收入再分配[M]. 社会科学文献出版社，2008.

[51] 肖严华. 中国养老保险制度公平问题研究[J]. 上海经济研究，2008(8)：18-23.

[52] 徐梅，邱长溶. 不同群体对中国养老保险体系选择的经济学分析[J]. 数量经济技术经济研究，2006(4)：22-29.

[53] 许铁，赵晶晶. 中国养老保险制度中的代际转移研究[J]. 福建论坛，2008(3)：113-117.

[54] 杨俊. 社会统筹养老保险制度收入再分配效应的分析[J]. 社会保障研究,2011(1):164-176.
[55] 杨明洪. 论西方人力资本理论的研究主线与思路[J]. 经济论坛,2001(1).
[56] 杨通进. 论正义的环境——兼论代际正义的环境[J]. 哲学研究,2006(6):100-108.
[57] 袁志刚,何樟勇. 20世纪90年代以来中国经济的动态效率[J]. 经济研究,2003(7):18-26.
[58] 袁志刚. 中国养老保险体系选择的经济学分析[J]. 经济研究,2001(5):55-63.
[59] 约翰·威廉姆森,孙策. 中国养老保险制度改革:从FDC层次向NDC层次转换[J]. 经济社会体制比较,2004(3):72-78.
[60] 张少磊. 日本公共年金制度代际间给付、负担差距的计算及分析[J]. 新乡学院学报(社会科学版),2008(5):75-77.
[61] 张雄. 退休年龄对劳动参与率的影响[J]. 西北人口,2009(6):23-39.
[62] 张艳丽. 日本养老保险遭遇拒缴危机[J]. 金融信息参考,2004(6):125-127.
[63] 赵曼. 针对养老保险的三种成本转嫁风险与脆弱性分析[J]. 中南民族大学学报(人文社会科学版),2012(4):130-136.
[64] 赵耀辉. 我国城镇养老保险体制改革中的激励机制问题[J]. 经济学季刊,2001(1):193-206.
[65] 郑秉文. "名义账户"制:我国养老保障制度的一个理性选择[J]. 管理世界,2003(8):33-45.
[66] 郑秉文. 欧债危机对养老金改革的启示——中国应如何深化改革养老保险制度[J]. 中国社会保障,2012(2):30-33.
[67] 郑秉文. 中国养老金发展报告2013[M]. 经济管理出版社,2013:82.
[68] 郑秉文. 提高养老保险统筹层次化解多重风险[N]. 经济参考

报,2013-7-5.
[69] 郑秉文. 中国养老金发展报告[M]. 经济管理出版社,2011,2012.
[70] 郑功成. 养老保险的公平取向[J]. 法人,2006(1):30.
[71] 郑功成. 中国社会保障改革与发展战略(养老保险卷)[M]. 人民出版社,2011.
[72] 郑伟,孙祁祥. 中国养老保险制度变迁的经济效应[J]. 经济研究,2003(10):75-93.
[73] 中国经济改革研究基金会,中国经济体制改革委员会联合专家组. 中国社会养老保险体制改革[M]. 上海远东出版社,2006.
[74] "中国经济体制改革总体设计"课题组. 变革时期的中国社会安全体系[J]. 经济社会体制比较,1992(5).
[75] "中国社会保障的体制选择与经济分析"课题组. 社会保障:经济分析与体制建议(上、下)[J]. 改革,1994(5):17-28;(6):64-78.

2. 英文文献

[1] Aaron, Henry. "The Social Insurance Paradox", The Canadian Journal of Economics and Political Science, Vol. 32 (3), 1966, pp. 371-374.
[2] Alessandra Casarico, Carlo Devillanova. "Capital-skill Complementarity and the Redistributive Effects of Social Security Reform", Journal of Public Economic, vol. 92, 2008, pp. 672-683.
[3] Aron. H. J., Economic Effects of Social Security, Washington, DC, Brookings Institution, 1982.
[4] Auerbach, A., Kotlikoff, L. and Leibfritz, W., Generational Accounting: a Meaningful Way to Evaluate Fiscal Policy,

Journal of Economic Perspectives, 1999, 8, pp. 73 - 94.

[5] Avner De-Shalit, Why Posterity Matters, London and New York: Routledge, 1995.

[6] Axel Gosseries, Lukas H. Meyer (eds.), Intergenerational Justice, Oxford, New York: Oxford University Press, 2009.

[7] Axel Gosseries, What Do We Owe the Next Generation(s)?, Loyola of Los Angeles Law Review, 2001, 35 (1), pp. 293 - 354.

[8] Bas Van Groezen, Lex Meijdam & Harrie A. A. Verbon., Increased Pension Savings: Blessing or Curse? Social Security Reform in a Two—Sector Growth Model. Economica, 2007, 74, pp. 736 - 755.

[9] Cardarelli, R., Sefton, J. and Kotlikoff, L., Generational Accounting in the UK, Economic Journal, 2000, 110, pp. F547 - F574.

[10] Catalan M, Impavido G, Musalem A R. "Contractual Savings or Stock Markets Development: which Leads?" World Bank Policy Research Working Paper, No. 2421, 2000.

[11] Cesaratto, S. "Three Obstacles to the Transition from Unfunded to Funded Pension Schemes", University of Siena, Economics Working Paper, No. 382, 2003.

[12] Cohen W. J. and M. Friedman. "Social Security: Universal or Selective", Washington D. C: American Enterprise Institute for Public Policy Research, 1972.

[13] Davis, E. and Y. W. Hu. "Does funding of pensions stimulate economic growth?" Journal of Pension Economics and Finance, vol. 7, 2008, pp. 221 - 249.

[14] Disney, R. C. Emmerson and S. Smith. "Pension Reform and Economic Performance in the 1980s and 1990s", NBER

Working Paper，2003.

[15] Feldstein，M. “Transition to a Fully Funded Pension System：Five Economic Issues”，NBER working paper No. 6149，1997.

[16] Holzmann，Robert and Richard Hinz，Old-Age Income Support in the 21st Century：An International Perspective on Pension Systems and Reform[M]. Washington，D. C：World Bank，2005，pp. 55 - 58

[17] Holzmann，Robert et al，Closing the Coverage Gap：the role of social pensions and other retirement income transfer[M]. World Bank. Washington，D. C. 2009，pp. 99 - 110.

[18] Lindbeck，Assar，and Mats Persson. The Gains from Pension Reform. Journal of Economic Literature，March 2003，vol. XLI：pp. 74 - 112

[19] U. S. Social Security Administration. “Social Security Programs Throughout the World：Asia and the Pacific”，Washington，D. C. SSA Publication，2012，pp. 20 - 21.

[20] World Bank. “Notional accounts. Notional defined contributions plans as a pension reform strategy”，World Bank Pension Reform Primer，2001.

[21] World Bank. “Averting the Old-Age Crisis：Policies to Protect the Old and Promote Growth”，Oxford University Press，Inc. 1994.

3. 网络资源

[1] Karen Croucher，Nicholas Pleace and Mark Bevan，2003，Living at Hartrigg Oaks，http://www.jrf.org.uk/bookshop/eBooks/1859351336.pdf.

[2] The Potential for Independent Care Home Providers to

Develop Extra Care Housing, http://www.changeagentteam.org.uk/housing.

[3] Services for older people — A guide to independent living, http://www.heart-of-england.co.uk/images/swha_images/pdf/OPS%20brochure.pdf.

后记

与养老保险改革这个领域结缘已有 15 年，那时候改革伊始，而我硕士在读。我的导师复旦大学李洁明教授带领课题组参加学术会议、翻译国外文献、进行课题研究、撰写学术论文，为后续研究奠定了基础、创造了条件。随着改革深化，问题也层出不穷，2008 年我参与李老师的国家哲学社会科学基金项目，研究期间萌发不少新的想法，并于 2010—2013 年获得教育部资助，研究养老保险制度的可持续性问题。本书就是在课题结题报告基础上以更广阔的视角和更完整的论证所做出的成果。

对于已经进入老龄化的国家而言，养老保险关系到人民的福祉、国家的稳定和社会的进步。我们不仅要解决严峻的现实问题，还必须进行长远规划、调整制度设计以实现公平可持续的目标。与其说制度改革是顶层设计，不如说是多方博弈的结果，当制度不适合经济社会的发展，人们必然以逆向选择的方式提出诉求，结果就是要么强制执行而人们怨声载道，要么制度实施因阻力重重而难以为继。养老保险改革现实与目标之间并非难以逾越的鸿沟，我们需要探索的是不断发展着的经济环境及人们的诉求，让制度去适应这些改变而不是相反，如果说这本书有一定的贡献，可能就在于此吧。

感谢我的启蒙导师李洁明教授，没有您的引领就没有今天的进步。感谢复旦大学的袁志刚教授、封进教授、徐筱凤教授，中国社会科学院的郑秉文教授，上海理工大学的牛海教授，你们的思路让我豁然开朗。感谢上海财经大学的李华教授、岳崟教授,你们为本书写作提供更广阔的视角。感谢教育部人文社会科学研究青年基金项目和上海市哲学社会科学基金项目的资助,让我在无后顾之忧的环境中更攀高峰。感谢上海大学出版社的傅玉芳老师和其他编辑老师的辛勤付出。感谢我的学生杨长昱、吴延东、张阳、张艺鑫、刘啸、纪润之、乔海舟、李琛等,怀念一起研讨的日子。最后,感谢我的家人在写作期间给予的莫大支持和关爱,使我能在愉悦的环境下顺利完稿。

今后我仍将在复旦校训"博学而笃志,切问而近思"和上海大学校训"自强不息;先天下之忧而忧,后天下之乐而乐"的激励下,继续我的研究。

艾 慧

写于上海大学图书馆

2015 年 11 月 24 日